키키 키린의 말

키키 키린의 말

고레에다 히로카즈

이지수 옮김

마음산책

옮긴이 **이지수**

일본어 번역가. 고레에다 히로카즈의 『영화를 찍으며 생각한 것』 『작은 이야기를 계속하겠습니다』, 니시카와 미와의 『고독한 직업』 『료칸에서 바닷소리 들으며 시나리오를 씁니다』 『야구에도 3번의 기회가 있다는데』 등 다수의 책을 우리말로 옮겼다. 저서로 『아무튼, 하루키』 『우리는 올록볼록해』 『할 수 있는 일을 하고 있습니다』(공저) 『읽는 사이』(공저) 『사랑하는 장면이 내게로 왔다』(공저)가 있다.

키키 키린의 말

마음을 주고받은 명배우와 명감독의 인터뷰

1판 1쇄 발행 2021년 4월 10일
1판 4쇄 발행 2024년 1월 15일

지은이 | 고레에다 히로카즈
옮긴이 | 이지수
펴낸이 | 정은숙
펴낸곳 | 마음산책

편집 | 성혜현 · 박선우 · 김수경 · 나한비 · 이동근
디자인 | 최정윤 · 오세라 · 한우리
마케팅 | 권혁준 · 권지원 · 김은비
경영지원 | 박지혜

등록 | 2000년 7월 28일(제2000-000237호)
주소 | (우 04043) 서울시 마포구 잔다리로3안길 20
전화 | 대표 362-1452 편집 362-1451   팩스 | 362-1455
홈페이지 | www.maumsan.com
블로그 | blog.naver.com/maumsanchaek
트위터 | twitter.com/maumsanchaek
페이스북 | facebook.com/maumsan
인스타그램 | instagram.com/maumsanchaek
전자우편 | maum@maumsan.com

ISBN 978-89-6090-668-6 03680

* 책값은 뒤표지에 있습니다.

키키 키린은 재밌다.
훌륭한 것도 즐거운 것도
도움이 되는 것도 아니고,
역시 재밌다.

- 일러두기

1. 이 책은 『希林さんといっしょに。』(SWITCH PUBLISHING, 2019)를 우리말로 옮긴 것이다.
2. 외국 인명, 지명, 독음 등은 외래어 표기법을 따르되 관용적인 표기와 동떨어진 경우 절충하여 실용적 표기를 따랐다.
3. 국내에 정식 소개된 작품명은 번역된 제목을 따랐고, 정식 소개되지 않은 작품명은 우리말로 옮기거나 통용되는 표기를 따랐다.
4. 원서의 주석은 해당 장 말미에 수록했고, 옮긴이 주는 글줄 상단에 달았다.
5. 영화명, TV 프로그램명, 전시·공연명, 잡지와 신문 등의 매체명은 〈 〉로, 책 제목은 『 』로, 단편소설과 기사 등의 제목은 「 」로 묶었다.

들어가며

이 책은 제가 2007년 키키 키린 씨를 처음 만난 순간부터 2018년 그가 세상을 떠날 때까지, 햇수로 12년 사이에 잡지 〈스위치〉에서 연재한 인터뷰를 바탕으로 했습니다. 거기에 당시 이런저런 사정으로 어쩔 수 없이 편집했던 대화를 가능한 한 되살렸습니다. 또 평소 뵙거나 영화 촬영 현장에서 마주한 그의 말과 행동을, 제 스케줄 수첩과 촬영 일지를 들춰보고 떠올리면서 나름의 고찰을 덧붙였고요.

돌아가신 지 곧 1년이 되는데도 키린 씨라는 존재와 그의 말에 관한 책은 끊임없이 나옵니다. 물론 『키키 키린의 말』도 그중 한 권이지만, 되도록 '인생의 교훈'이 아니라 '연기하는 것'에 관한 그의 말에 초점을 맞추고자 했습니다.

추도문에도 적었듯이 그는 결코 '대배우'가 아니었고, 그 점은 본인이 가장 잘 자각하고 있었습니다. 가령 출연 작품의 양이나 질로 따지면 올해 돌아가신 교 마치코 씨가 압도적으로 '대배우'일 테지요.

그럼에도 불구하고 왜 이토록 많은 사람들이 여전히 키린 씨에게서 눈을 떼지 못할까요. 왜 그를 떠올리고 그에 관한 이야기를 나누고 싶어 할까요. 혹은 왜 두 번 다시 떠올리기 싫을 정도로 강렬한 충격을 간직하고 있는 걸까요. 그 이유를 제 나름대로 찾아보려는 마음으로 이 책을 엮었습니다.

기껏해야 12년. 그가 보낸 75년 인생 가운데 만년의 극히 한 시절. 게다가 기본적으로 작품 제작을 사이에 둔 배우와 감독이라는 거리감은 유지하는 사이였습니다. 그러므로 오랜 친구분이나 이 책에 기고해준 따님 우치다 야야코 씨를 비롯한 가족분들이 읽었을 때, 키린 씨의 매력에 얼마나 가깝다고 느낄지 무척 자신이 없습니다. 하지만 그럼에도 연기에 대해 이야기하는 키린 씨 말의 일부를 이렇게 활자로, 책으로 남긴 것은 의미 있는 일이었으리라 자부합니다.

그럼 이제부터 잠시 동안, 키린 씨와 함께하는 시간을 즐겁게 보내시기 바랍니다.

2019년 9월
고레에다 히로카즈

마음이 따라오지 않으면
아무리 해도 재미없거든.

차 례

일상에서 붕 떴다가 돌아오다

뛰어넘어야 해, 이 각본을 뛰어넘어야 해
하는 마음뿐이었지요.

**고레에다
히로카즈**
(이하 고레에다)

제가 키린 씨를 처음 뵌 건 〈걸어도 걸어도〉의 초고가 완성
된 직후였지요.

키키 키린
(이하 키키)

그때는 긴 테이블 건너편에 감독이 있고, 나는 이쪽 편에 혼
자 앉아서 왠지 면접 같았지. 재밌는 말을 해야만 할 것 같아
서 혼자 의미도 없는 말을 잔뜩 하고 돌아온 기억이 있어요.

고레에다

주인공의 어머니 역은 키린 씨께 부탁드리려고 마음먹었던 터
라 초고부터 맞춰쓰기[1]를 했어요. 각본은 아직 완성 단계가 아
니었지만, 핵심적인 등장인물이었기에 빨리 아시는 편이 서로

이 인터뷰는 2008년 5월 20일 니시아자부에 있는 프랑스 요리 전문점 에피스 가네코에서 진
행됐다.

13

안심될 듯해서 만나주십사 청했지요. 그랬더니 각본을 읽지도 않고 그 자리에서 출연을 승낙하셨어요.

키키 읽을 필요 없다고 생각했거든요. "이런 가족 이야기를 할 거예요" "네, 알겠습니다" 한 거지. 난 내가 나온 영화도 안 보고 남의 영화도 안 보니까 〈아무도 모른다〉²도 안 봤거든요. 그렇게 유명한 작품을 말이죠. 하지만 그 영화의 감독이라는 건 알고 있었죠. 〈걸어도 걸어도〉 출연을 왜 수락했냐면, 〈아무도 모른다〉에서 YOU³의 독특한 분위기를 제대로 살려서 절묘하게 썼거든. 그래서 괜찮을 것 같았지. 각본을 안 읽어봐도 아무 걱정 없었어요. 실제로 〈걸어도 걸어도〉의 각본이 완성된 후 읽었더니 굉장히 좋았어. 뛰어넘어야 해, 이 각본을 뛰어넘어야 해, 하는 마음뿐이었지요.

고레에다 정말로 감사했어요. 저는 연출가가 되겠다고 마음먹기 전부터 키린 씨가 출연하시는 작품을 계속 봤는데요. 키린 씨가 한 장면에 등장하기만 해도 화면에 긴장감이 감돈달까요, 너무 좋았어요. 제 작품에 모실 수 있다면, 그렇게 한 장면만 내보내는 게 아니라 충분히 나오시도록 하고 싶었죠. 하지만 제가 연출가가 되고 나서 10년 정도는 작풍이 지금보다 더 다큐멘터리에 가까웠고, 그런 제 작품의 실감과 키린 씨 연기의 방향성을 생각하면 아직은 모실 수 없겠구나…… 생각했어요. 〈걸어도 걸어도〉는 만반의 준비를 하고 제안드린 거였고요. 키린 씨와의 공동 작업이 잘 이루어졌다, 굉장히 좋

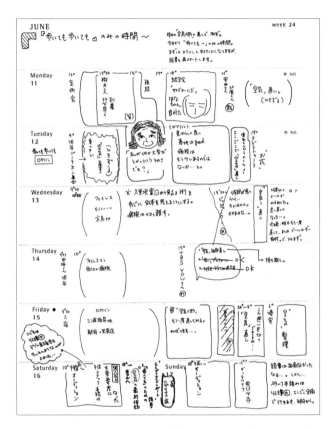

고레에다의 2007년 스케줄 수첩. 6월 11일(월) 칸에 처음 만난 키키를 그린 그림과 코멘트가 있다.

은 형태로 포개졌다고 저는 생각해요.

키키 〈걸어도 걸어도〉는 여름날 어느 하루를 그린 홈드라마인데, 내가 유키 지호[4]라는 이름으로 TV에 처음 출연한 작품도 1964년의 〈일곱 명의 손주〉[5]라는 홈드라마였어요. 거기서 모리시게 히사야[6] 씨를 만난 건 엄청나게 큰 사건이었죠. 모리시게 씨는 인간의 생리적인 부분, 일상에서 피부로 느끼는 것을 매우 중시해서 예를 들면 먹기, 마시기, 인사하기 같은 지극히 평범한 행동으로 '인간'을 표현했어요. 그런 걸 봐버렸으니 나도 그 재미에 눈을 뜬 거지. 연기의 방향성이 그때 결정됐는데, 그건 그걸로 좋았다고 지금도 생각해요. 하지만 한편으로는 각본을 내 쪽으로 지나치게 끌고 오죠. 그 결과 스스로는 굉장히 만족했던 게, 완성되고 보면 엉망이었던 적이 몇 번 있었어요.

전환점은 1981년, 하야사카 아키라[7] 씨가 각본을 쓴 〈유메치요 일기〉[8]를 만난 것이었죠. 이 현장에서는 연출자가 의도한 하나의 그림 속에 배우를 맞춰 넣었는데, 이미 세간에서 좋은 평가를 얻고 있던 나한테는 찬스였지. 묘사하려는 것이 먼저 하나 있고, 거기에 나를 맞춰 넣는 작업을 통해 내 연기를 수정할 수 있었거든요. 계속 예전과 똑같이 했다면 배우로서는 끝났을 거예요.

한데 수정은 할 수 있었지만 이번에는 욕구불만이 생겼달까(웃음), 모리시게 씨한테 배운 게 내 안에 확실히 남아 있어서…… 그건 아마도 CF에서 조금은 표현했지 않았나 해요.

고레에다   키린 씨가 영화에 단역으로 출연하기 시작하신 게 1966년부터였고, 그 뒤로 2007년 개봉한 〈도쿄 타워〉[9]의 어머니 역을 맡기 전까지는 작품을 책임지는 큰 역할을 별로 안 하셨죠. 무슨 이유가 있었나요?

키키   줄곧 영화는 계속 남으니까 싫었거든요. 옛날에는 TV 방송을 비디오로 녹화해두는 경우도 없었으니 순식간에 사라졌죠. 그게 좋았어. 하지만 TV 방송도 남아버리는 시대가 돼서 무서웠어요. 그래서 별생각 없이 빈둥거리다가, 영화도 한 장면만 나오는 일을 계속했네요.
고레에다 감독 같은 분이 나한테 같이 하자고 청한 이유가 뭘까, 내내 생각했는데 그건 역시 '병' 때문이 아닐까 싶어요. 병을 앓음으로써 내가 영화에 출연하는 방식이 바뀐 건 아니지만, 마음가짐은 크게 변했거든. 좀 겸허해진 것 같아요. 살아가는 방식에 있어서도요. 그 겸허한 모습이 문득 남의 눈에도 띄어서 이 사람이랑 해보자, 생각하게 만드는 게 아닐까.
전에 아카시야 산마[10] 씨의 방송에 나간 적이 있는데, "키린 씨, 연예계는 재능이 아니야. 인품이지요"라고 산마 씨가 말했거든. 그때는 '이런 대단한 사람도 저런 말을 하는구나' 싶었지만, 나중에 스스로를 부감俯瞰했더니 역시 그럴지도 모르겠다고 생각했어요. 나 자신을 물처럼 만들어서 세모난 그릇이라면 세모, 네모난 그릇이라면 네모, 동그란 그릇이라면 동그라미가 되어 꾸밈없이 거기에 들어가보는 게 중요하지 않을까, 하고요. 고레에다 감독을 만난 건 그렇게 생각하게 된 무렵이었죠.

이렇게 새삼 내 이력을 살펴보면 '어머, 나 엄청 좋은 곳에 착지해 있잖아?'라는 생각이 들어요. 딸(우치다 야야코)[11]도 "엄마는 뭔가 운이 좋네"라고 하죠. 그래서 내가 말했지. "그건 말이야, 인품이란다."(웃음)

평범한 대목의 평범한 움직임을 뵈주는 게
배우로서 굉장히 기쁘거든요.

고레에다   (웃음) 새삼스럽지만, 〈걸어도 걸어도〉 현장은 어떠셨나요?

키키   고레에다 감독의 "여기서는 이 이상 아무것도 하지 말아주세요"라거나 "거기까지만 하셔도 돼요"라는 지시가 전부 아슬아슬한 선에 닿아 있어요. 그 이상 가버린다 해도 작품이 망가지진 않지만, 멈춰 세움으로써 결과적으로 전체 속에서 개인이 확실하게 떠오르죠. 그런 식으로 만들어주는 현장이 별로 없으니 신선했어요. 그게 말하자면 창작자로구나, 했죠. 감독이랑 함께 일해서 기분 좋았어요. 나는 늘 "그렇게까지는 안 해도 돼요"라는 말을 듣는 타입인데 말이죠(웃음), 고레에다 감독이 그럴 때는 이유를 정확히 아니까 소화불량에 걸리시 않아요.

고레에다   이 작품은 일상에서 일어나는 일만으로 영화를 만들고 싶었어요. 구체적이고 일상적인 일. 행위나 대사까지 포함해서요.

'부엌에서 어떤 일이 일어날까?'라거나 '현관에서 어떤 이야기가 탄생할까?' 같은 것 말이죠. 그런 구체적인 사물이나 장소에 인물이 엮임으로써 인간의 개성과 감정이 드러날 테니, 거기서 멈추려고 했지요. 튀김이라면 튀김을 둘러싸고 드러나는 것만으로 하고 싶었어요. 제가 하려고 했던 구체적인 것과 키린 씨가 생각했던 '일상 속에서 드러나는 것'이 잘 포개진 듯합니다.

가령 주인공을 연기한 아베 히로시[12] 씨가 부인과 의붓아들을 데리고 본가에 오는 장면을 보면 키린 씨가 현관에서 "어서 와" 하고 손을 모아 머리를 숙이는데요, 키린 씨가 가지런히 놓아둔 슬리퍼를 아들이 신지 않고 가버리죠. 그때 키린 씨가 슬리퍼를 손에 든 채 엉거주춤한 자세로 아들 가족의 뒤를 따라가거든요. 제가 각본에 "슬리퍼를 들고 따라간다"라고 쓰지 않았으니 키린 씨가 스스로 그렇게 하신 건데요, 그걸 보고 내심 대단하다 느꼈어요. 안 신은 슬리퍼를 들고 가는 데 특별한 의미가 있는 건 아니지만 '아아, 엄마구나' 싶었죠. 저도 그렇게 생각했고, 촬영감독인 야마자키 유타카[13] 씨도 "저 엉거주춤한 자세 좋은데……"라고 말했어요. 슬리퍼를 놓아두거나 새우 껍질을 벗기거나, 그런 특별할 것 없는 행동 속에서 여러 가지가 드러난다는 사실을 키린 씨를 보고 알 수 있었죠.

또 "저건 분명 우리 아들이야" 하며 키린 씨가 노랑나비를 쫓아다니는 장면과 매해 분향하러 오는 남자에게 "반드시 매년 부를 거야"라고 말하는 장면극 중 가족의 장남은 10여 년 전 물에 빠진 소년을 구하고 죽었는데, 그 소년이 매년 장남의 기일에 분향하러 온다. 그 두

장면만은 어머니의 일상에서 조금 붕 떠 있는데요, 키린 씨는 그러고 나서 곧바로 "목욕탕 가서 씻어" 하며 일상으로 되돌아오죠. 지나치게 가버리지 않고 금방 일상으로 돌아오니까 아들이 더 무서워하고요. 일상에서 붕 뜨는 방식과 다시 돌아오는 방식이 실로 훌륭했어요.

키키   그러니까 말이죠, 그런 걸 우연히 연기하는 게 아닌데도 대부분의 사람들은 안 봐준다고(웃음). 살인을 한다든가 하는 특별한 장면이라면 다들 보지요. 하지만 평범한 대목의 평범한 움직임을 봐주는 게 배우로서 굉장히 기쁘거든요. 그게 바로 내가 홈드라마에서 내내 길러온 거예요. 인간이 살아 있고, 움직이고 있고, 멈춰 있지 않다는 것을 고레에다 감독은 확실히 보고 있고, 또 그런 방식으로 찍어요. 심지어 이 젊은 나이에 말예요. 배우를 벌써 몇십 년째 하고 있지만 이런 감독은 쉽게 만날 수 없어요. 몇십 년에 한 번일까. 지금 미래에 희망을 못 느끼는 배우도 많은 듯한데, 이런 사람이 분명 있으니까 안심들 하세요(웃음). 〈걸어도 걸어도〉는 배우로서 매우 행복했고, 마음 놓고 연기할 수 있는 현장이었어요.

고레에다   감사합니다. 한 가지 여쭤보고 싶은데요, 뜨개질을 하며 아들에게 "그래서 (장남이 구해준 소년을) 부르는 거야"라고 말하는 장면이 있죠. 촬영진도 그 장면이 얼마나 중요한지 알고 있어서 아주 조용하게 준비가 진행됐어요. 본 촬영을 시작하고, 컷을 외치고…… 무척 평온한 촬영이었고 좋은 시간이었죠. 하지만 완성하고 보니 아주 훌륭하면서도 동시에 굉장히 무서운 장면이 나와서 촬영한 야마자키 씨도 오싹했대요. 게다가 롱테이크로 키린 씨의 옆얼굴을 찍었는데, 전혀 눈을 깜빡이지 않았어요. 의식하고 하신 건 아니죠?

키키　　　전혀 의식하지 않았어요. ……의식하지 않았지만 죽은 아들을 생각하며 분한 마음으로 있었죠. 그래서 뜨개질에도 마음이 가 있지 않은 거고.

고레에다　그렇군요. 그랬을 것 같아요.

키키　　　아마 그 어머니에게 뜨개질은 주부의 일로 눈 감고도 할 수 있는 작업일 테니, '그때, 그 아이가……'라는 걸 그저 생각하고 있었을 뿐이에요. 오히려 그 장면에서 대단한 건 내가 마지막에 침을 꿀꺽 삼키는 부분을 오케이 컷으로 쓴 점이지. 그 대목에서 감정이 격해지는 건 좀 아닌 것 같아서, 그렇게 되지 않도록 억눌렀더니 말이 끝날 때 자연스럽게 침을 꿀꺽 삼키게 됐죠. 그 한순간을 제대로 찍었고, 또 확실히 써줬어요. 이 감독님은 그런 면이 있으니 앞으로 어떻게 될지 무섭네(웃음).

고레에다　'이 눈은 뭘 보고 있는 걸까?' 생각했어요. 깜빡이지 말자고 계산해서 연기하는 게 아니라는 건 알고 있어서, 이 시선 끝에 뭐가 있을까…… 편집하면서 생각했죠. 그 장면은 정말 굉장했어요.

제 이야기를 잠깐 하자면, 전작 〈하나〉[14]를 찍던 무렵 어머니가 입원하시고 영화를 한창 마무리하던 중에 돌아가셨거든요. 그건 역시 큰 충격이었고, 자전적 영화는 아니라 해도 여기서 어머니의 이야기를 찍어두지 않으면 앞으로 나아갈 수 없을 것 같다는 느낌이 있었어요. 그게 〈걸어도 걸어도〉가 탄생한 계기 중 하나죠.

단, 바로 얼마 전까지 조금씩 쇠약해져가는 어머니를 보고 있었기 때문에 그대로 작품을 만들려는 생각은 없었어요. 오히려 어머니의 병상 옆에서 떠올린 건 구체적이고 일상적인 일뿐이었거든요. 아주 사소하지만 다시는 돌아오지 않는 것. 어머니의 뒷모습이나 부엌칼을 쥔 손, 독설도 그렇고요. 그게 드라마틱한가 아닌가보다 둘도 없이 소중한 이야기로 봐주시면 좋겠다는 마음으로 영화화했다는 점만은 분명합니다.

실제로 개봉 후 홍보차 오사카에 갔을 때 신문기자분께 "부모가 죽어가는 과정을 조금 더 묘사하려는 생각은 없었나요?"라는 질문을 받았는데요. 저로서는 아들이 본가 욕실에서 더러워진 타일과 새 안전 손잡이를 발견하는 장면에 씨앗을 하나 뿌려두었으니, 그 장면이 관객의 머릿속에 남아 있다면 늙어가는 과정을 그리지 않아도 괜찮을 거라고 생각했죠. 처음에 뿌려둔 불안의 씨앗을 봤으니 그 뒤 암만 건강한 아버지, 어머니를 봐도 뭔가 마음에 걸리잖아요. 저는 그거면 됐을 듯했어요.

키키   그 부분이 고레에다 감독의 품격이죠. 요즘 영화나 드라마를 보면 '사건이 일어났다! 또 일어났다!'로 채워져 있잖아요? 점점 그런 특별한 사건이 없으면 드라마가 아니다, 영화가 아니다, 하는 착각이 드는 건 무서운 일이에요. 아무 일도 일어나지 않는 일상이 있기에 인간 세계가 존재한다고 생각하고요. 〈걸어도 걸어도〉는 바로 그 점이 매력적이라는 걸 관객에게 새삼 일깨워준 작품이죠. 이런 섬세한 작품을 이해하는 관객이 줄어들고 있는 건 확실하고, 보다 드라마틱한 전개를 바라는 사람도 분명 있어요. 하지만 시대의 시련을 겪으며 몇십 년쯤 지나서 돌아보면 이 작품은 반드시 남아 있을 거예요. 애초에 그 점을 목표로 하지 않으면 감독도 만드는 의미가 없잖아요?

고레에다   네(웃음). 저는 무척 좋은 작업을 했다는 마음, 정말로 그뿐이에요. 연출가와 배우가 어느 작품에서 어떤 식으로 만날지는 운이죠. 물론 '인품'도 있지만요(웃음), 역시 운이라고 생각해요. 이 작품에서 키린 씨와 함께할 수 있었던 건 제가 운이 좋았기 때문이에요. 정말 감사했습니다.

    이 대담을 한 곳은 니시아자부에 있는 '에피스 가네코'라는 레스토랑이었다. 〈걸어도 걸어도〉가 개봉해 홍보하는 중이었고, 둘이서 이야기를 나누기에는 아직 긴장이 풀리지 않은 시기의 대화다.
    첫 만남은 이로부터 1년 더 거슬러 올라간 2007년 6월 11일, 히로오. 〈걸어도 걸어도〉의 야스다 마사히로[15] 프로듀서가 회장으로 있는 엔진필름[16]의 회의실에서였다. 키린 씨가 직전에 촬영한 영화 〈도쿄 타워〉 현장에서 감독과 꽤 옥신각신했다는 소문이 업계 전체에 퍼져 있어서, 어쨌든 한번 빨리 뵈어두려고 약속을 잡았다.

키린 씨는 약속 시간보다 30분이나 일찍 도착했다. 자택에서 히로오까지 걸어 오다 아마도 본인의 묫자리가 있는 고린지光林寺에 잠시 들른 모양으로, 절 옆의 '니쿠노하나마사일본의 마트 체인'에서 사왔다는 '고구마 말랭이'를 가방에서 꺼내 테이블 위에 올려두었다. 그러고는 허둥지둥하는 스태프들을 즐겁게 바라보더니 "아직 크랭크인은 한참 멀었는데 이렇게 빨리 불렀다는 건, 내가 좀 까다롭다는 소문이라도 퍼진 거야?"라고 한마디. 전부 꿰뚫어본 것이었다.

대담 장소인 레스토랑은 노출 콘크리트의 모던한 건물이었는데, 전에는 키린 씨가 자택 겸 사무실로 쓰며 가족분들과 함께 살았다고 했고 대담이 끝난 뒤 셰프도 인사차 얼굴을 내밀었다. "나, 지금도 이 건물 주인이야. 그러니까 가끔 먹으러 와줘" 하며 키린 씨는 웃었다. 키린 씨는 이후에도 몇 번인가 그 가게에 데려가주었다. 옥상에서 재배한다는 채소에 닭똥집을 넣은 샐러드가 아주 맛있었고, 키린 씨도 좋아했던 것으로 기억한다.

식사 도중에 "당신, 그건 봤어?" 하며 꺼내는 화제는 요즘 드라마나 영화에 대한 감상 또는 연예 정보 프로그램에서 다루는 연예인의 불상사가 태반이었다. 가식 없는 그 비평은 나도 모르게 무릎을 치게 되는, 그러나 결코 TV 프로그램의 패널이 말하지는 않을 법한 것이었다. 키린 씨 왈, "연예인은 불상사에 어떻게 대처하느냐로 그 사람의 기량을 알 수 있거든. 그러니 '그 질문은 하지 말아주세요'라며 사회자가 막아버리면 아깝게 여겨야지……". 특히 즐겨 했던 건 요즘 같은 때 거의 입에 올릴 수

없게 된 가발, 게이, 성형수술 그리고 이혼 위자료와 부동산에 관한 이야기였다. 그런 즐거운 '잡담' 사이사이에 가끔, 이 대담에도 등장하는 모리시게 히사야 씨나 아쓰미 기요시[17] 씨, 유리 도루[18] 씨, 미키 노리헤이[19] 씨 등과의 추억담을 툭 던진다. "다앙신 말이야……" 하고 살짝 비음 섞인 모리시게 씨의 말투를 능숙하게 흉내 내며 구사하는 1인 2역의 역할극은 '녹음해뒀으면 좋았을 텐데……' 하고 나중에 후회하게 되는 것들뿐이었다.

한번은 식사 약속을 한 뒤 "차로 집까지 데리러 갈게"라고 해 송구스러웠는데, 처음 뵀을 때와 마찬가지로 내가 준비를 마치기도 전에 찾아와 맨션 초인종을 누른 뒤 혼자 엘리베이터를 타고 올라왔다. "들어와서 차라도 드실래요?" 머뭇거리며 여쭸더니 "됐어, 됐어" 하며 현관 앞에서 집 안쪽을 둘러보곤 곧바로 나갔다. 그리고 이동하는 차 안에서 "이 맨션, ○○엔쯤 해?"라고 물었다. 가격은 정확히 일치했다. "별로 비싸게는 못 팔걸. 아마 산 값의 70퍼센트 정도려나……." 약속보다 빨리 온 건 아무래도 맨션 주위를 걸으며 입지를 확인하고 값을 매기기 위해서였던 것 같다. 자주 그런 걸 하는 모양이었다. 이치카와 곤[20] 감독이 세상을 떠났을 때도 "근처에 사니까" 하며 조문을 갔는데, "어, 감독님 작품에 나오셨던가요?" 물었더니 "그건 아니지만" 하며 히쭉. "그 앞을 지나갈 때마다 집이 멋져 보여서 집 안을 한번 보고 싶었거든"라는 것이었다. 도무지 방심할 수가 없다. 그로부터 3년쯤 지나 맨션을 팔았는데, 정확히 키린 씨가 말한 대로 샀을 때 가격의 70퍼센트였다.

1 맞춰쓰기アテ書き

'출연자에 맞춰서 쓴다'는 뜻으로 각본가가 미리 배우를 상정하여 등장인물을 묘사하는 것.

2 〈아무도 모른다〉

2004년 8월에 개봉한 고레에다의 네 번째 영화. 1988년에 일어난 '스가모 아동 방치 사건'을 모티프로 직접 오리지널 각본을 집필, 감독했다. 주연 야기라 유야는 칸 국제영화제에서 역사상 최연소 및 일본 최초로 남우주연상을 수상했다. 그 밖에 기타우라 아유, 기무라 히에이, 시미즈 모모코, 간 하나에, YOU 등이 출연했다.

3 YOU (1964~)

방송인·배우·가수. 도쿄 출생. 모델, 음악 활동을 거쳐 버라이어티 프로그램, TV 드라마, 영화 등에서 폭넓게 활약하고 있다. 고레에다 작품 중에는 영화 〈아무도 모른다〉 〈걸어도 걸어도〉, 연속극 〈고잉 마이 홈〉에 출연했다.

4 유키 지호悠木千帆

키키 키린의 전前 예명. 1961년 극단 분가쿠자에 1기로 들어갔고, 그 뒤 '유키 지호'라는 이름으로 배우 활동을 시작했다. '유키'는 "연예계에서는 '용기일본어로 유키라고 발음한다'기 필요하다"라며 그의 이미지기 제안했고, '지호'는 판화가 마에카와 센판·센펜은 지호로도 읽을 수 있다에서 따왔다. 1977년 방영한 TV아사히 탄생 기념 프로그램의 경매 코너에서 "팔 게 없다"라는 이유로 직접 예명을 경매에 부쳤고, 도쿄 아오야마의 부티크 주인이 40만 엔에 낙찰받았다(2004년 배우 야마다 가즈하가 이 점주에게 무상 양도 받음). 예명을 판 뒤에는 본명 '우치다 게이코'로 활동할까도 생각했으나 결국 '나무樹와 나무木가 모여 보기 드문希 숲林을 이룸, 즉 모두 모여 무언가를 만들어내 키움'을 연상시키는 '키키 키린樹木希林'으로 예명을 정했다.

5 〈일곱 명의 손주七人の孫〉

TBS의 〈내셔널 극장〉에서 1964년과 1965~1966년에 방영. 모리시게 히사야가 연기한 메이지 시대1868~1912 출생 할아버지를 중심으로 다이쇼 시대1912~1926에 태어난 부모와 일곱 명의 손주들이 자아내는 대가족 홈드라마다. 각본가 무코다 구니코와 연출가 구제 데루히코의 출세작이다.

6 모리시게 히사야森繁久彌 (1913~2009)

배우. 오사카 출생. 와세다대학을 중퇴한 뒤 NHK 아나운서가 되어 만주국에 부임했다. 귀국 후 연극 무대와 라디오 프로그램을 통해 희극 배우로 주목받았다. 영화 〈사장 시리즈〉〈역전駅前 시리즈〉〈메오토 젠자이夫婦善哉〉, 드라마 〈일곱 명의 손주〉〈무꽃〉〈아버지의 수염〉 등 다수의 대표작을 남겼다.

7 하야사카 아키라早坂暁 (1929~2017)

소설가·각본가. 에히메현 출생. 신문사 편집장을 거쳐 꽃꽂이 평론가로 활약하면서 TV 각본을 쓰기 시작했고, 닛폰TV 〈논픽션 극장〉의 모든 작품에 방송작가로 참여했다. 대표작으로 〈일곱 명의 형사〉〈천하 공인〉〈유메치요 일기〉〈꽃 순례〉〈필살 시리즈〉 등이 있다.

8 〈유메치요 일기夢千代日記〉

NHK의 〈드라마 인간상〉에서 1981년(총 5화), 1982년(총 5화), 1984년(총 10화)에 방영
한 3부작 드라마. 요시나가 사유리가 주인공인 '하루야'의 주인 역을, 키키는 중년 게
이샤 기쿠얏코 역을 맡았다. 키키는 1985년 이 드라마가 영화화되었을 때도 유일하
게 같은 역으로 출연했다.

9 〈도쿄 타워〉

2007년 4월 개봉한 마쓰오카 조지 감독의 영화로 릴리 프랭키의 동명 소설을 영화
화했다. 주연인 '나'를 오다기리 조, '엄마'를 키키 키린, '젊은 시절의 엄마'를 키키
키린의 딸인 우치다 야야코, '아버지'를 고바야시 가오루가 연기했다.

10 아카시야 산마明石家さんま (1955~)

코미디언·사회자. 나라현 출생. 라쿠고가우스운 내용으로 청중을 즐겁게 하는 일본의 전통
예능인 라쿠고를 하는 사람을 지망했으나 스승의 권유로 코미디언으로 전향했다. 키키
가 출연했다는 아카시야 산마의 프로그램은 〈산마인 채로〉인데, 게스트로 두 번 나
갔다. 고레에다 작품 〈바닷마을 다이어리〉에 출연한 배우 오타케 시노부와 1988년
결혼하여 1992년 이혼했다.

11 우치다 야야코内田也哉子 (1976~)

작가·가수·배우. 도쿄 출생. 키키 키린과 뮤지션 우치다 유야 사이에서 태어났다.
남편은 배우 모토키 마사히로이며 큰딸 갸라는 고레에다의 영화 〈진짜로 일어날지
도 몰라 기적〉에 출연했다. 영화 〈도쿄 타워〉〈내 어머니의 인생〉 두 작품에서 키키

가 연기하는 역의 젊은 시절을 맡았다.

12 아베 히로시阿部寬 (1964~)

배우·모델. 가나가와현 출생. 모델로 활약하다가 1987년 영화 〈하이칼라 씨가 간다〉로 배우 데뷔했다. 1993년 연극 〈아타미 살인 사건 몬테카를로 일루전〉을 통해 실력파 배우로 거듭났다. 대표작으로 영화 〈트릭 극장판 시리즈〉 〈자학의 시〉 〈파랑새〉 〈신참자 극장판 시리즈〉 〈테르마이 로마이〉 등이, 드라마 〈트릭 시리즈〉 〈전업주부〉 〈결혼 못 하는 남자〉 〈신참자〉 〈변두리 로켓〉 등이 있다. 고레에다의 작품 중 영화 〈걸어도 걸어도〉 〈태풍이 지나가고〉, 연속극 〈고잉 마이 홈〉에서 전부 '료타'라는 이름의 주인공을 맡았다.

13 야마자키 유타카山崎裕 (1940~)

촬영감독. 도쿄 출생. 니혼대학 예술학부를 졸업한 뒤 1965년에 기록영화 〈육필 우키요에의 발견〉으로 촬영감독 데뷔했다. 수많은 TV 다큐멘터리와 기록영화를 찍는 한편 다수의 극장용 영화 촬영도 담당했다. 고레에다의 작품 중에는 〈원더풀 라이프〉 〈디스턴스〉 〈아무도 모른다〉 〈하나〉 〈걸어도 걸어도〉 〈진짜로 일어날지도 몰라 기적〉 〈태풍이 지나가고〉를 촬영했고, 2010년에 〈토르소〉로 감독 데뷔했다.

14 〈하나〉

2006년 6월 개봉한 고레에다의 다섯 번째 영화. 원수를 갚기 위에 에도도쿄의 옛 이름로 온 젊은 무사가 인정 넘치는 나가야여러 세대가 살 수 있도록 길게 만들어 칸을 나눈 집에서 지내던 중 '원수를 갚지 않는 인생'을 모색한다. 라쿠고와 47인의 무사주군의 원수

를 갚기 위해 적의 저택을 습격한 아코번藩의 가신들을 말함를 모티프로 그려낸 오리지널 작품
으로 주연은 오카다 준이치가 맡았다. 그 밖에 미야자와 리에, 후루타 아라타, 다마
타 도모코, 가가와 데루유키 등이 출연했다.

15 야스다 마사히로安田匡裕 (1943~2009)

영화·CF 프로듀서·디렉터. 효고현 출생. 메이지대학을 졸업한 뒤 덴쓰영화사에 입
사, 디렉터로 수많은 TV 광고를 기획하고 연출했다. 1987년 제작회사 엔진필름을
설립해 광고를 제작하는 한편, 소마이 신지 감독의 〈도쿄 하늘 반갑습니다〉로 첫
영화 제작을 맡았다. 1999년 고레에다의 〈원더풀 라이프〉를 제작한 이후 〈공기인
형〉까지의 작품을 기획·제작했다.

16 엔진필름

1987년에 설립된 TV 광고 중심의 제작 프로덕션. 영화 제작에도 의욕을 보여 기
획·제작한 작품이 서른 편에 이른다.

17 아쓰미 기요시渥美清 (1928~1996)

코미디언·배우. 도쿄 출생. 주오대학 경제학부에 입학한 뒤 지방을 순회하는 연극
단에 들어가 희극 배우의 길을 걸었다. 1956년 TV 데뷔, 1958년 〈도라 씨 대번성〉
으로 영화 데뷔했다. 내표작으로 〈노래 그릇〉 〈행복의 노란 손수건〉 〈발보손〉 등이
있다. 국민적 스타 '도라 씨'를 연기한 〈남자는 괴로워 시리즈〉는 1969~1997년 사
이 총 마흔아홉 편이 제작되었다.

18 유리 도루由利徹 (1921~1999)

희극 배우. 미야기현 출생. 1942년에 물랭루주신주쿠자座에 입단한 후 1956년 미나미 도시아키, 핫파 무토시와 함께 '탈선 트리오'를 결성했다. 수많은 TV 드라마와 영화에서 주요 역할을 맡았고 〈시간 됐어요〉 〈데라우치 간타로 일가〉에도 출연했다. 고레에다의 두 번째 영화 〈원더풀 라이프〉에서 추억을 이야기하는 죽은 사람 가운데 하나로 출연했는데, 이 영화가 유작이 되었다.

19 미키 노리헤이三木のり平 (1924~1999)

배우·연출가·코미디언. 도쿄 출생. 극단 하이유자 등을 거쳐 미키 도리로방송작가 겸 연출가의 그룹에 들어가 코미디언을 목표로 삼았다. 1956년 〈노리헤이의 3등 남편〉으로 영화에서 처음 주연을 맡았고, 이후 모리시게 히사야와 함께 출연한 〈사장 시리즈〉와 〈역전 시리즈〉 등으로 인기를 얻었다. 캐릭터 모델 및 성우를 맡았던 모모야식품 회사명의 애니메이션 CF로도 유명하다.

20 이치카와 곤市川崑 (1915~2008)

영화감독. 미에현 출생. 교토 J. O. 스튜디오(뒷날의 도호 교토 촬영소)의 토키talkie, 영상과 동시에 음성·음악 등이 나오는 영화의 총칭 만화부에 들어가 애니메이터로 일하다 실사 영화의 조감독으로 전향하여 1948년 〈꽃이 핀다〉로 감독 데뷔, 1955년 닛카쓰로 이적하여 〈버마의 하프〉를 발표했다. 1965년에는 다큐멘터리 영화 〈동경 올림픽〉을 총감독했다. 대표작으로 영화 〈타오름〉 〈열쇠〉 〈들불〉 〈남동생〉 〈도박꾼의 유랑〉 〈행복〉 〈세설細雪〉 〈오한おはん〉 〈47인의 자객〉 〈긴다이치 고스케 시리즈〉 등이 있다.

자연스레 숨 쉬듯 존재하다

드라마에서건 영화에서건 얼마나 실감 나게 사느냐,
얼마나 실감 나게 살았느냐가 다예요.

고레에다 〈바닷마을 다이어리〉에서는 주인공 사치, 요시노, 치카 세
자매의 이모할머니인 기쿠치 후미요를 연기하셨는데요, 돌
이켜보면 어떤 추억이 있으신지요?

키키 내 극 중 이름이 기쿠치였어?

고레에다 (웃음) 모르셨어요?

키키 '오후나에 사는 이모할머니'라고만 인식하고 있었어. 그랬구
나, 기쿠치라는 이름이었구나. 촬영이 한여름이라 너무 더워

이 인터뷰는 2015년 4월 15일 시부야에 있는 키키 키린 자택에서 진행됐다.

서 기억이 별로 없네.

고레에다 한 가지 인상적이었던 건, 키린 씨가 자기 조카딸이기도 한 세
자매의 엄마(오타케 시노부[1])에게 "(네 남편이) 바람난 건 너한
테도 책임이 있어"라는 대사를 꼭 하고 싶다고 말씀하셨던 거
예요.

키키 맞아, 그랬지.

고레에다 그래서 허겁지겁 대사를 추가했죠.

키키 그건 오타케 씨를 보고 있자니 나도 모르게……. 어째서인지
오타케 씨가 날 좋아해줘서, 얼씨구나 하고 현장에서 미주알
고주알 캐물었거든. (아카시야) 산마 씨랑 노다(히데키[2]) 씨에
대해서(웃음). 사생활이랑 배우 생활은 별개니까 그 부분은
뭐라 할 수 없겠지만, 역시 이해가 안 돼서 "난 당신이랑 개
인적으로는 얽히기 싫어"라고 분명하게 말했어. 그랬더니 오
타케 씨가 〈선데이마이니치〉에서 아키 요코[3] 씨랑 대담하던
중에 "키린 씨한테 이런 말을 들었어"라며 한탄했고, "어머,
키린 씨도 지독한 사람이야"라고 한 말이 기사로 나갔지. 그
것도 난 좋지만(웃음).
내가 맡은 이모할머니 역의 대사 중에 세 자매한테 "저 애는
너희 가정을 깨트린 사람의 딸이야"라고 말하는 게 있었잖아.
그것과 짝을 이루는 대사가 있는 편이 좋겠다고 생각했어요.

36

왜냐하면 내 가치관 가운데 '좋고 나쁨과는 별개로 사실을 하나씩 확인해나가는 게 사람 아닐까'라는 게 있어서. 예를 들어 세상에는 '첩'이라는 입장에 선 사람들이 있는데, 그들의 매력이 사라지는 건 남의 남편과 그렇고 그런 사이가 되었다는 사실을 태연하게 떠벌리는 시시함을 보일 때거든. 마음의 빚을 짊어지고 있는 편이 훨씬 매력적인데 말이지. 나한테는 부인과 애인 둘 중 어느 한쪽이 좋거나 나쁘다는 게 없어서, 부인에 대해서는 '당신, 남편이 애인을 만들 정도의 아내였으니까 어쩔 수 없잖아'라는 생각이 분명히 있어. 하지만 애인이라는 사람이 "좋아하는 사람에게 우연히 가정이 있었던 거예요"라고 큰소리로 말하면 '아, 시시한 인생이네' 싶거든. 그게 〈바닷마을 다이어리〉에서 세 자매가 배다른 여동생을 맡는 대목과 겹쳐졌어. 오후나의 이모할머니 입장에서는 "그 애한테 죄는 없지만, 그런 과거를 개가 짊어지고 있다는 건 잊지 마" 하는 거지. 아무리 어린애라도, 혹은 어른이라도 '없었던 셈 치는' 건 그 사람의 인생이 시시해진다는 뜻이거든요.

아쿠타가와 히로시[4] 씨도 "인간은 남자든 여자든 그 시대보다 좀 예스러운 편이 요염하다"라고 말씀하셨지. 그런, 좀 뒤로 물러서는 자세에 인간의 요염함이 있다고 난 생각해. 그런 뜻에서 세 자매에게도 배다른 여동생 스즈에게도 "과거의 사실을 짊어지고서 풍요로운 인생을 살기 바란다"라고 전할 수 있었던 것 같아.

고레에다　　그런 키린 씨의 사려가 작품을 깊이 있게 만든 것 같아요.

키키   아니, 방금 잘난 척 말했지만 연기를 그렇게 좋아하지는 않아(웃음). 영화 보는 것도 안 좋아하고.

고레에다   키린 씨만큼 모든 감독들이 찍고 싶어 하는 배우는 없는데 말이죠.

키키   그런 감독 아무도 없어요. 야마다 요지[5] 씨는 같이 찍자고 안 하던걸.

고레에다   (웃음) 예를 들어 무코다 구니코[6] 씨의 〈아수라처럼〉[7]은 〈바닷마을 다이어리〉와 같은 네 자매 이야기인데요, 만약 그 작품 속 자매들의 어머니 역을 제안받는다면 어떤 느낌이실까요.

키키   어, 드라마 연출은 후카마치 유키오[8] 씨가 했던가요. 주연은 가토 하루코[9] 씨였고. 좋았지, 요염해서. 가토 씨는 무코다 씨 작품에는 빼놓을 수 없는 사람이지.

고레에다   〈아수라처럼〉은 후카마치 씨가 아니라 와다 벤[10] 씨예요.

키키   아, 와다 씨였나.

고레에다   후카마치 씨와는 몇 차례 작업을 함께하셨죠. 좋으셨나요?

키키   후카마치 씨는 〈유메치요 일기〉에서 처음 만났어. 〈유메치요 일기〉는 각본을 쓴 하야사카 아키라 씨한테서 각본이 원고지 한 장밖에 안 왔거든. 그런데도 후카마치 씨는 작품을 만들어나갔으니 기량 있는 사람이구나 했지. 각본이 한 장밖에 없으니 야외 촬영지에서는 그냥 풍경을 찍는 거야, 영하 4도의 바깥 풍경을. 그걸로 NHK 스튜디오에서 편집해가지고 장면을 만들었어. 그 노력이란…….

후카마치 씨는 당연히 높은 평가를 받는 분이지만, 역시 좀…… 연출할 때 자기 감정을 스스로 억제하는 면이 있었던 사람이야. 그냥 "그 부분을 이렇게 해줄래?" 하면 되는데 "당신이 가시는 거예요" "이쪽으로 오셔야 돼요" "돌아보셔야 합니다"라는 식으로 말해. 좀 더 힘을 빼면 좋을 텐데. 본인도 그런 말투를 쓰다 보면 열 받는지 갑자기 폭발하거든(웃음). 하지만 이 사람은 정말로 극劇을 좋아하는구나 했어요. 후카마치 씨는 하야사카 씨와 콤비를 이뤄서 NHK의 호시절을 만들었죠.

이야기를 되돌리자면, 나는 와다 씨의 〈아수라처럼〉은 안 봤어요. 그저 어딘가에서 편집해놓은 걸 보고 '어머, 가토 씨 잘하네!' 생각했지. 그런 건 잠깐만 봐도 알 수 있으니까. 분위기랄까.

고레에다   만약 제가 〈아수라처럼〉을 연출한다면 어떤 배우랑 할지 가끔 생각해요. 구체적으로 그런 얘기가 나온 건 전혀 아니지만요. 만약 키린 씨를 무코다 구니코씨의 각본으로 찍을 기회가 있다면, 그건 하고 싶거든요.

키키	으흠, 고맙네요. 난 무코다 씨의 어머님도 만났고 댁에도 간 적이 있어. 무코다 씨한테서 받은 고양이도 키웠고. 꽤 교류가 있었지요. 하지만 작품으로는 〈데라우치 간타로 일가〉[11]로 결별했다고 봐야지. 어째서 난 결별하고 마는 걸까. 지금은 결별할 기력도 없어. 힘이 없거든. 게다가 남들의 좋은 점을 알게 됐다는 것도 있고.

고레에다	무코다 씨랑은 왜 결별하신 거예요?

키키	결별이랄까, 〈데라우치 간타로 일가〉 이후에 무코다 씨가 암을 앓기도 했고, 그 뒤로는 수준 높은 에세이를 쓰게 돼서 더더욱 문예 작품 쪽으로 가버렸거든. 난 여전히 〈무〉[12]나 〈무일족〉[13] 같은 우스운 것만 하고 있었고. 게다가 내가 (연출가) 구제 데루히코[14] 씨랑 절연[15]해버렸으니 결국은 함께 일을 안 하게 됐지. 구제 씨는 무코다 씨랑 일하니까 난 당연히 안 했고. 그 사이에 낄 수 없으니 말이야. 그래서 난 〈유메치요 일기〉 쪽으로 갔어.
	내가 구제 씨랑 싸운 걸 가장 신경 썼던 사람은 모리시게 씨였어. "키린, 구제 씨랑 일 안 해?" 하고 한마디 툭 던지더라고. 다시 구제 씨랑 일하게 되기 전의 일이에요. 난 모리시게 씨를 무척 좋아했고, 다른 사람들도 모리시게 씨를 좋아했고, 모리시게 씨도 모두를 좋아했어. 그러니 나랑 구제 씨 사이가 틀어진 채 지내는 건 아쉬웠겠지. 그대로 계속 지내는 것도 좀 지치더라고. 꼴사나운 모습을 보이고 끝나겠거니 했어.

고레에다   다시 한번 구제 씨랑 작업한 작품은 〈도련님 님〉[16]이죠?

키키   그랬나?

고레에다   검색해보면 '구제 씨와 화해한 작품이다'라고 나와요.

키키   그 화해라는 게 전혀 기억에 없어(웃음).

고레에다   (웃음) 하지만 그 뒤로 구제 씨와 몇 작품 하셨잖아요.

키키   응. 다시 구제 씨랑 작품을 했지만 무코다 씨도 돌아가셨고,
         예전의 명석함은 서로에게 더는 없었지. 과거의 저금으로 먹
         고사는 느낌이랄까. 그러니 실은 이제 없어도 돼요, 이 할머
         니는(웃음).
         그런 뜻에서 나는 고레에다 감독을 만난 걸 감사히 여겨. 만
         나기 전에 찍은 〈도쿄 타워〉라는 작품은 부끄럽기 짝이 없
         어, 미술도 다들 그렇게 애써줬는데 아깝다는 마음이 내내
         어딘가에 있었어요. 난 무지해요, 무지해. 영화라는 걸 몰라.
         우리 남편(우치다 유야[17])한테도 "당신이 영화에 출연하기 시
         작한 건 최근이잖아. 그러면서 잘난 척 말하지 마"라는 소리
         를 자주 듣거든. 잘난 척 말하진 않았지만…… 아니, 말했나
         (웃음). 근데 영화라는 것에 대해 깊은 생각이 없었기 때문
         에 무지했달까, 〈도쿄 타워〉로 그 점이 분명히 드러나서 영화를
         더 봐뒀다면 좋았을 텐데, 더 알아뒀다면 좋았을 텐데 생각

했어요. 그런 미안함이 있었기 때문에 고레에다 감독을 만나 한시름 놨죠.

고레에다 잡지 〈스위치〉의 '〈도쿄 타워〉 특집호[18]'에서 키린 씨는 본인 이 연기한 주인공의 어머니 역에 대한 질문을 받고 이렇게 대답하셨어요. "살아 있을 때 좀 더 살아 있고 싶었어. 그 편 이 죽었을 때 더욱 '그리운' 느낌이 들 테니까. 어떻게 살아 있는지가 제대로 표현되지 않으면, 죽었을 때 전해지는 게 없을 거라고 생각해요."
외람되지만 저도 영화를 봤을 때 느낀 건 그 점이었어요. 개 인적인 체험이지만, 역시 제 어머니가 점점 쇠약해지면서 죽 어가는 모습을 1년 동안 지켜보는 건 굉장히 강렬한 경험이 었거든요. 오히려 건강한 시절의 추억을 글로 쓰지 않으면 괴로울 정도로요. 그게 〈걸어도 걸어도〉의 기원이 되었죠.

키키 나도 일단 그 작품 안에서 살려고는 했지만 유감스럽게 잘 담기지 않았지. 그렇게 우습고도 슬픈 역을 가뿐히 해내기에 는 나도 실력이 부족했고, 감독까지 포함해서 감싸 안을 만 한 기량이 없었어. 내가 한심해. 그런 반성이 내내 머릿속에 남아 있었기 때문에 그 뒤의 작품에서는 조금은 해낼 수 있 었던 것 같아요.
옛날에 말이야, 구제 씨랑 '홈드라마 속에서 정말로 죽을 수 있는가'라는 이야기를 한 적이 있어. 가령 목욕탕에서 허드 렛일을 하는 사람[19]이 드라마 속에서 죽었을 때, 세상 사람들이 "어제 그 사람 죽었지" 하며 슬퍼할 수 있도록 살자고. 드라마 속에서 매력적으로 살면 죽었을 때 사람들이 상실감을 느끼지 않을까, 그리 되면 홈드라마는 성공 아닐까, 하고 구제 씨가 말했는데 정말 그렇구나 싶었어. 드라마에서건 영화에서건 얼마나 실감 나게 사느냐, 얼마나 실감 나게 살았느냐가 다예요. 뭐, 촬영 땐 대사를 말하는 데 급급해서 그런 건 거의 잊고 있지만(웃음), 그게 배우의 기본이라 생각해요.

고레에다　동감입니다. 작품 속에서 어떻게 제대로 사는가, 생활하는가가 진짜 중요해요.

키키　그걸 제대로 느끼고 찍어주는 사람이 정말 드물어.

고레에다　아마 감독이나 연출자도 대사대로 찍는 데 급급한 거겠죠.

키키　배우랑 감독, 양쪽이 그걸 잘 해낼수록 좋은 영화가 되지 않을까…….

고레에다　키린 씨는 반드시 어떤 동작을 하면서 대사를 말하려 하시죠. 대사를 말하기 위해 거기 있는 게 아니라, 뭔가를 하는 김에 말해요. 그게 역시나 꽤 어려운 것 같아요. 이번 〈바닷마을 다이어리〉에서는 네 자매에게 의식적으로 그렇게 하도록 했어요. 다들 굉장히 능숙해서 여하튼 와구와구 먹으며 대사를 해줬는데요……. 요즘, 특히 TV 드라마 세계에서는 그런 게 요구되지 않는 것 같아요. 분명한 대사만 요구되는 느낌이죠. 아쉬워요.

키키 그렇죠. 배우는 버스트 숏머리부터 가슴까지 화면에 나오는 것만 잘하면 되는 게 아니라 멀리서 찍더라도 잘 움직이는 게 좋은데, 그런 요구가 거의 없어지고 있어요. 그걸 고레에다 씨처럼 제대로 해주는 감독이 있으면 앞으로 20년 안에 굉장한 배우도 나타날 거라고…… 믿고 싶어(웃음).

그나저나 〈바닷마을 다이어리〉는 어떻게 완성됐어요? 우리 딸이 CF인가 중간 광고방송과 방송 사이 또는 방송 중간에 삽입되는 광고인가에서 봤는지 "역시 보고 싶어지게 만들어놨더라"라고 하던걸.

고레에다 (웃음) 감사하네요. 제 입으로 말하긴 쑥스럽지만, '이 네 자매를 계속 지켜보고 싶다'라는 생각이 드는 작품이 된 것 같아요.

키키 영화 속에서 한 사람 한 사람이 살아 있다는 뜻이네요. 마음이 좀 놓이는군요.

키린 씨와 오타케 씨가 처음으로 함께 나오는 신은 고쿠라쿠지極樂寺에서 촬영한 제사 상면이었나. 아야세 하루카[20] 씨의 팬이라는 수시 스님이 준비해주신 바람이 솔솔 드는 방으로 두 분을 모시고 가 그날의 촬영 순서 등을 설명하려고 내가 대본을 보는 틈을 타서, 키린 씨가 불쑥 "저기, 당신은 세 남자 가운데 누가 제일 좋아? 핫토리(세이지)[21] 씨랑 산마 씨랑 노다 씨 중에……" 하고 터무니없는 질문을 던졌다. 오타케 씨는 "아유 참, 순위를 매길 순 없어요" 하며 평소 모습대로 웃었다. 나는 내심 조마조마해서 거기 있어야 할지 자리를 비켜드려야 할지 몰라, 엉거주춤 일어난 채 안절부절못하고 있었다. 내가 당황한 것을 눈치챈 키린 씨가 "감독은 바쁠 테니 같이 안 있어도 돼"라고 한마디. 이대로 질문 공세를 받은 오타케 씨가 마음이 상해 "집에 갈래요" 하면 어쩌나 하는 불안과 과연 누구일지 대답을 들어보고 싶다는 흥미 본위의 호기심이 용솟음쳤지만, 결국 떨치기 힘든 미련을 품은 채 몸을 일으켰다.

〈바닷마을 다이어리〉는 키린 씨와의 네 번째 영화다. 그 현장에서 아야세 하루카 씨와 떡을 먹는 장면을 찍을 때의 일이다. 자리에 앉자마자 키린 씨는 아야세 씨에게 "그 얼굴은 아무 데도 안 고친 거야?"라고 물었다. "네, 현재로서는 아무 데도요" "와, 그렇구나. 좋네" "감사합니다." 아야세 씨는 서글서글한 미소로 키린 씨의 폭력적인 시선과 말을 받아들였다. "당신 말이야…… 누구 닮았다는 소리 안 들어?" "글쎄요. 어디 보자, 나라奈良에 있는 불상이었나……" "불상?" "아…… 반야般若질투나 원한을 품은 여자 귀신의 얼굴을 표현한 가면으로 일본 전통극에서 쓰인다! 반야를 닮았다는 소리를 들은 적이 있어요!" "반야라고……."

자칫하면 연기를 함께하지 못하게 될 위험을 품은 대화이긴 했지만, 어느 질문도 피하지 않고 받아친 아야세 씨의 인품에 키린 씨도 호감을 느꼈는지 촬영이 끝날 무렵에는 "당신…… 아름답다는 건 최고의 재능이야"라고 드물게 칭찬했다. 그러나 모두가 아야세 씨처럼 대처할 수 있는 건 아니다. 키린 씨가 두 번 다시 만나기 싫다고 생각하는 것보다 더 많은 배우와 감독들이, 키린 씨의 이름을 듣기만 해도 할 말을 잃거나 눈동

자가 흔들리거나 하늘을 쳐다볼 게 분명하다.

키린 씨는 인터뷰에 나오는 연출가 후카마치 유키오 씨나 센본 요시코[22] 씨, 스즈키 세이준[23] 감독 등 그 만남에 인연이나 어떤 은혜를 느낀 상대의 작품에는 우직한 태도로 계속 출연하는 경우가 있는가 하면, 무코다 씨나 구제 씨처럼 이런저런 사정으로 인해 절연해버리는 경우도 있다. 함께 작업한 첫 작품 〈걸어도 걸어도〉로 내가 신뢰를 얻었다는 약간의 자부심은 있었지만, 그래도 역시 한 편 한 편이 승부라는 사실에는 변함이 없어서 '관계'나 '신뢰'에 기댄 안일한 태도나 연출을 보였다가는 "이 감독이랑은 이게 마지막이야"라는 말을 언제 들을지 모른다는 불안이 머릿속에서 사라지지 않았다. 그만큼 키린 씨는 자신에게도 타인에게도 엄격한 사람이다.

사실 오타케 씨와 키린 씨는 센본 요시코 씨가 연출한 TV 드라마에서 이미 몇 번인가 함께 출연했다. DVD로 나와 있지 않아서 다시 볼 기회도 딱히 없거니와 필모그래피에도 안 실려 있을 때가 많지만, 예를 들면 1988년에 방송한 〈내일—1945년 8월 8일 · 나가사키〉[24]라는 드라마. 닛폰TV 개국 35주년 기념 특별 프로그램으로 각본은 이치카와 신이치[25], 연출이 센본 요시코다. 나가사키에 원자폭탄이 투하되기 전날, 서민들의 생활을 그린 이야기에서 키린 씨는 출산을 코앞에 둔 오타케 씨의 어머니를 연기했다. 오타케 씨 서른한 살, 키린 씨 마흔다섯 살 때의 공동 출연이다.

키린 씨는 바지런히 임산부를 돌보며 모기향을 툇마루로 옮기고, 땀으로 흠뻑 젖은 유카타여름철에 입는 무명 홑옷를 빨아서 말리는 등 잠시도 가만히 있지 않고 돌아다니며 대사를 친다. 이야기 중반, 막내딸의 결혼사진을 찍어준 촬영기사를 가족 모두가 현관에 나가 배웅하는 평범한 장면이 있다. 여기서 키린 씨는 왼쪽에서 오른쪽으로 카메라 앞을 대담하게 가로질러 능숙하게 이동하더니, 곧이어 몸의 3분의 1을 화면 밖에 둔 채 현관에서 허둥지둥 나오다가 양쪽이 바뀐 신발을 다시 꿰신는 연기를 펼친다. 이 작품 속 여러 장면에서 운동선수 같은 훌륭한 움직임을 보이는데, 특히 여기서 탄성이 터졌다.

컷은 그 뒤 정면으로 바뀌어 배웅하는 가족들의 표정을 담지만 키린 씨가 신발을 다 신을 때까지는 뒷모습에 머문다. 아마 센본 씨도 키린 씨의 이 대담한 움직임이 마음에 들었기에 남겼을 터다. 그런 식으로 연기를 봐주는 연출가라면 작품에 계속 출연하자고 판단했던 좋은 예가 아닐까 싶다.

키린 씨는 오타케 씨와 함께 출연한 작품에 대해서는 별로 이야기하려 하지 않았다. "배우로서는 말이지, 그야……" 하는 대목에서 말을 끊고 금세 연예 정보 프로그램에서 다룰 법한 화제로 이야기를 돌리는 경우가 많았다. 나는 키린 씨가 오타케 씨에 대해 모종의 콤플렉스가 있었을 거라고 생각한다. 그건 10대 시절부터 주연배우로서 작품을 책임지며 내내 영화와 TV의 중심에 있었던 존재에 대해, 라는 뜻이다. 질투와는 다르다. 좋건 싫건 간에 자신은 오타케 씨와는 다른 인생을 걸어왔다. 그 점에 후회는 없다. 그저 난 '그쪽'이 아니야, 하며 몸을 뒤로 빼는 것이다. 분명하게 말하지는 않았지만 오타케 씨와 또 한 명, 다나카 유코[26] 씨가 키린 씨에게는 그런 존재가 아니었을까 멋대로 상상해본다.

고우라구시에서의 제사 촬영이 무사히 끝난 뒤, 키린 씨와 오타케 씨는 사이좋게 손을 흔들며 헤어졌다. 헤어질 때 "우리 휴대폰 번호 교환해요!" 하고 말을 거는 오타케 씨에게 "싫어. 왜 당신한테 알려줘야 해?"라는 키린 씨. "아이 참, 그야 같이 밥도 먹고……" "난 당신이랑 밥 안 먹을 거야" "아유, 왜요?" "당신을 좋아하게 되기 싫거든."

글로 읽으면 꼭 사이가 틀어진 것처럼 보일 수도 있지만 티격태격하는 대화에 나도 모르게 웃음이 터져 나와 언젠가 각본에 쓰고 싶었다. "싫어하거든"이 아니라 "좋아하게 되기 싫거든"이라는 표현이 아주 키린 씨다웠는데, 그건 오타케 씨를 배우로서 존경하기 때문에 유지하고 싶은 거리감이었을 것이다(참고로 인터뷰에서 키린 씨가 언급한 아키 요코 씨와 오타케 씨의 대담에서 "(키린 씨도) 지독한 사람이야"라고 말한 사람은 아키 씨가 아니라 오타케 씨다. 하지만 오타케 씨는 그 바로 뒤에 "(키린 씨한테) 난 꼭 전화 걸 거야!"라고 선언했다).

오타케 씨를 배웅한 키린 씨는 나를 돌아보며 살짝 짓궂은 미소로 이렇게 말했다. "○○○ 씨래. 제일 좋아하는 건."

연기로 뭘 하려는 게 아니라,
자연스레 숨 쉬듯 그곳에 존재하는 거.

고레에다   야마다 다이치[27] 씨가 쓴 류 지슈[28] 3부작[29]의 첫 작품 〈오늘 아침의 가을〉[30]에 대해 여쭤봐도 될까요? 말기 암을 앓는 아들 류이치(스기우라 나오키[31])의 병문안을 온 아버지 고조(류 지슈)가 바람나 집을 나간 전처 다키(스기무라 하루코[32])와 재회한 뒤, 아버지는 아들을 데리고 다테시나의 자택으로 돌아오는데 그 뒤를 전처와 며느리(바이쇼 미쓰코[33])와 딸이 쫓아오는 이야기입니다. 키린 씨가 연기한 건 전처 다키가 운영하는 요릿집에서 일하는 여성, 미요였지요.

키키   맞아요.

고레에다   키린 씨는 가발을 쓰셨죠. 요릿집에서도 병실에 들어올 때도
        가발을 살짝 신경 쓰는 연기가 있어요. 각본에는 가발에 대
        해 아무것도 안 쓰여 있는데요. 그건 키린 씨가 낸 아이디어
        인가요?

키키   아이디어 같은 게 아니야. 그렇게 현장에 가는 거지. 감독한
        테 물어보지 않아.

고레에다   안 물어보시나요(웃음).

키키   가발을 쓴 모습으로 현장에 가서, 거기서 좀 비뚤게 쓰거나
        해. 그뿐이야.

고레에다   그 작품은 등장인물들이 굉장히 진지해요. 말기 암으로 죽어
        가는 주인공과 그 가족들이니까요. 거기서 키린 씨 역할만
        약간 동떨어져 있죠. 다들 죽음 쪽으로 향해가는 가운데 키
        린 씨만 보통 사람을 연기하잖아요. 그 모습이 아주 재미있
        었어요. 키린 씨는 작품 전체의 톤을 따져서 피가 섞이지 않
        은 내가 이 공산에 있나면 나는 '삶' 쪽으로 좀 가야지, 생각
        하신 게 아닌가요. 다테시나의 별장으로 가는 길에도 우유를
        들고 오잖아요. "다 같이 마시자" 하면서.

키키　　맞아, 목장에서 모두에게 주지. 그리고 말한테 "다로야" 하고 부르고(웃음).

고레에다　　다로도 각본에는 없었죠?

키키　　없었어(웃음).

고레에다　　스기우라 씨의 죽어가는 진지한 연기와 균형을 맞춰 정반대편에 있으려고 한 건 계산된 결과인가요?

키키　　계산이랄지, 스스로 움직였을 뿐이야.

고레에다　　스스로 하셨구나. 연출가 후카마치 씨가 시킨 게 아니었군요.

키키　　후카마치 씨도 "좋네" 하면서 내가 "다로야"라고 부르는 장면 같은 걸 잘 찍어줬어요.

고레에다　　저도 그 장면이 채택된 게 좋다고 생각했어요.

키키　　요릿집 주인(스기무라 하루코)의 전 남편(류 지슈)을 처음 만날 때 '아, 이런 남자랑 그런 사이였구나' 하는 마음을 슬쩍 내비치는 등, 요릿집 잔심부름꾼이라면 어떻게 반응할까 생각했던 거지. 무코다 씨, 구제 씨, 모리시게 씨랑 해온 걸 내 나름대로 계속했달까…….

모리시게 씨 이야기가 재밌었어요. 언젠가 본인이 타고 있던 차랑 자전거가 부딪쳤대. 재빨리 뛰어내려서 "어이, 괜찮아?!" 물었더니 그 애는 어디서 피가 좀 나는데도 "이거, 어제 막 산 건데……" 하며 자전거를 신경 쓰더라는 거야(웃음). "알겠어, 알겠어. 몸은 괜찮고?!" "그게, 어제 막 산 자전거가……" 했다나. 그런 걸 늘 재밌어했던 사람이에요. 절친했던 사잔카 규[34] 씨가 돌아가실 때도, 병실에 가서 "힘내!" 했더니 "아아, 시게 씨" 하면서 손을 내밀더래. "그러더니 엄청난 힘으로 내 손을 확 잡아당기면서 '같이 가자'라잖아. 아무리 친한 친구라도 같이 갈 리 없잖아"라나.

고레에다   (웃음) 재밌네요.

키키   인간을 관찰하는 재미를 모리시게 씨한테 헤아릴 수 없이 많이 배웠죠. 홈드라마에서는 그런 게 특히 필요하지 않을까. 연기로 뭘 하려는 게 아니라, 자연스레 숨 쉬듯 그곳에 존재하는 거.

고레에다   키린 씨가 모리시게 씨와 만난 〈일곱 명의 손주〉는 역시 신인이었던 무코다 씨와 구제 씨를 출세시킨 작품이기도 하고, 구제 씨 자신도 이 드라마로 배운 게 많다고 썼어요. 일테면 모리시게 씨가 화장실 설계도를 보는 장면에서 갑자기 "나쓰메 소세키 전집을 준비해줘" 하면서 재래식 변기의 머리 형태로 소세키 전집을 쌓은 적도 있었죠.

키키   맞아, 높이를 조절하려고 그랬지. 변기 머리 모양으로 소세키 전집을 쌓아두고 위치를 직접 확인하는 회장 역할. 그냥 나무토막 같은 걸 쌓았다면 하나도 재미없었겠지만, 소세키 전집을 사용함으로써 이 회장은 고생도 했고 공부도 했을 거라는 게 드러나지. 그런 식으로 모리시게 씨는 온갖 대목에서 "구제, 그게 아니야" 했던 것 같아. 소품 하나라도 "이건 아니야" 했지. 그래서 마지막쯤엔 모리시게 씨가 도바리라는 미술팀 팀장한테 "도바리, 뭔가 여기 말이야"라고 말하기만 해도 딱 알아듣고 준비를 했어. 대단한 팀워크였어요.
그러고 보니 그 작품이 끝난 뒤 모리시게 씨가 〈할아버지와 가정부〉라는 드라마를 만들고 싶다고 했었네. 안 만들었지만.

고레에다   그건 아쉽네요.

키키   TBS 국장이자 드라마 〈나는 조개가 되고 싶다〉[35]를 만든 이시카와 하지메[36]라는 분이 분가쿠자文学座[37]까지 찾아와서 "이 사람 좀 빌려주세요" 하며 머리를 숙이셨지. 이런 분가쿠자의 신출내기한테 말이야(웃음). 근데 거절했어.

고레에다   어째서요?

키키   그야 수지가 안 맞으니까. 그 시절부터 그랬어. 수지 안 맞는 일은 안 해.

고레에다 모리시게 씨가 키린 씨를 마음에 들어했던 이유는 뭘까요?

키키 글쎄, 모르겠네. 그냥 〈일곱 명의 손주〉 때는 신scene이 끝나 모두가 사라진 뒤에 나랑 모리시게 씨 둘이서 남게 되는 설 정을 모리시게 씨가 만들었어. 난 가정부 역할이었는데, 일 테면 가정부가 회장님이랑 둘이서 밥을 먹는다는 설정을 즉 석에서 만드는 거야. 내가 무슨 행동이나 말을 하면 항상 껄 껄 웃고, 그러다 점점 내 손을 잡고 놓지 않기에 늘 "전 신극 新劇38이에요" 했지.

고레에다 과연.

키키 "저는 모리시게 씨가 싫어하는 신극이니까요"라고. 모리시게 씨는 신극을 눈엣가시로 여겼으니까. 그래서 개인적으로는 그렇게 친해지지 않았어.

고레에다 그럼 현장에서만요?

키키 응. 그게 또 내 비뚤어진 부분인데, 나 자신이 비굴한 느낌이 들었거든. 그 정도 급에, 출연료만 해도 그렇게 차이 나는 사 람이랑 딱 붙어서 걷는 게 스스로 봉납이 안 됐어. 그래서 셑 에 가지 않았지. 연기할 때만 "네" 하고 다가갔어(웃음).

고레에다 모리시게 씨는 키린 씨가 계시면 본인의 연기가 산다고 생각했을까요, 아니면 젊은 사람들을 키우겠다는 의식이 있었을까요. 어느 쪽일 것 같으세요?

키키   배우는 기본적으로 자기중심적이니까요. 겸사겸사 성장하면 그걸로 좋겠다는 정도 아니었을까.

고레에다   그럼 본인의 연기를 살리기 위해 주위에 그런 사람을 둔 걸까요?

키키   그렇게까지 계산적이지는 않아. 우연찮게 가까이 온 내가 써먹기 좋았던 게 아닐까? 애초에 모리시게 씨는 남을 통해 자신의 연기를 살리지 않아도 되는, 자기 혼자서도 완성되는 사람이었으니까. 누가 있든, 뭘 하든 상관없어요.
……하지만 왠지 난 예쁨받았어. 모리시게 씨는 늘 못마땅한 표정을 지었어. "어, 또 신극 왔다" 하면서. 싫지만 신경 쓰이는 존재였는지도 몰라. 이제 와 돌이켜보면 고마운 일이었지, 배우로서의 시작점에서 모리시게 씨를 만날 수 있었던 건. 모리시게 씨를 만나지 않았다면 〈오늘 아침의 가을〉에서의 그냥 그곳에 있는 연기는 못 했겠지. 다테시나로 향하는 차 안에서 모두와 함께 숙연하게 목장을 보고 있었을 거야.

고레에다   〈오늘 아침의 가을〉에 같이 출연한 스기무라 하루코 씨는 키린 씨에게 어떤 존재였어요? 분가쿠자의 대선배이기도 한데요.

키키 스기무라 하루코라는 사람은 그야말로 소녀예요. 오즈(야스지로[39]) 씨의 영화에서 "당신, 좀!"같은 대사를 하는 얼굴을 보면 심술궂게 느껴지지만 사실은 아냐. 난 그분의 배우 기질은 타고났다고 생각해.

왜냐면 그분은 본인보다 나이가 어리거나 말거나 연출가와 감독을 존경했거든. 그러다 보면 가끔은 존경할 만한 가치가 있는 사람들을 만났지. 스기무라 씨는 스스로 뭔가를 생각해내거나 '이 역할은 이 위치니까 이렇게……' 하고 궁리하는 게 아니라, 그 얼굴이랑 분위기로 거기에 가만히 서서 그저 대사를 읊어. 그뿐이에요. 화면을 보면 도무지 그렇게 안 보이지. 스기무라 씨가 스스로 생각해서 여러 가지를 하고 있는 것 같지만, 평소의 스기무라 씨를 알고 보면 그게 아니거든. 결코 나쁜 뜻으로 하는 말이 아냐. 자신을 그림물감의 한 색깔로서 감독한테 맡길 수 있는 사람이었지. 난 스기무라 씨가 구로사와(아키라[40]) 씨의 연출에서도 오즈 씨의 연출에서도 "아뇨"라고 말하는 걸 본 적이 없어요. 전부 "네." 그건 책임이 자기한테는 없다고 생각하기 때문일 거야.

오즈 씨의 마지막 영화 〈꽁치의 맛〉[41]을 찍을 때, 나는 스기무라 씨의 조수로서 촬영장에 같이 간 적이 있어요. 이른 아침부터 한 촬영이었는데, 내가 봐도 해야 할 연기가 다 정해져 있어서 새로 나올 게 없는 컷을 몇 번이고 몇 번이고 다시 찍어 현장도 쥐 죽은 듯 조용해졌지. 오즈 씨는 어디가 잘못됐다든가 하는 말 한마디 없이 그저 "다시 한번"이라고만 했어. 그러다 점심시간이 돼버려서 음식을 배달시켜 스기무라 씨랑 나랑 둘이 먹었는데, "흠흠흠……" 콧노래를 부르는 거야. 변명도 뭣도 없이. 나한테 분한 마음을 보이지 않으려고 했다든가, 그런 것도 아니야. '어머, 점심시간이 됐네'라는 느낌으로. 그 소녀 같은 순수함과 명랑함으로 진심으로 감독을 존경해서 모든 걸 맡기는 거니까, 감독 입장에서는 귀엽겠지. 게다가 감독한테 알랑거리는 것도 결코 아니고. 그건 난 못 하거든.

고레에다   저는 예전에 키린 씨는 모리시게 씨와 스기무라 씨 양쪽의 DNA를 물려받았다고 얘기한 적이 있는데요.

키키   당치도 않아(웃음). 모리시게 씨한테는 "당신은 내 연기를 전부 훔쳤어"라는 말을 들었어. 여하튼 스기무라 씨의 그런 자세에서는 상당히 많이 배웠지요.

3년 전쯤, 내가 가르치던 대학교 수업에서 야마다 다이치 씨를 모신 적이 있다. 한 시간 반의 흥미진진한 이야기가 끝나고, 강사진 몇 명과 다이치 씨와 함께 가게에서 회식 자리를 마련했다. 무코다 구니코와 더불어 가장 존경하는 각본가를 눈앞에 둔 나는 약간 흥분한 상태였다. 이 기회다 싶어 〈오늘 아침의 가을〉의 키린 씨 연기에 대해 적극적으로 질문했다. 그 순간 줄곧 온화하던 다이치 씨의 표정이 어두워졌다. "나는 방송이 나간 뒤 후카마치 씨한테 전화를 걸어서 항의했어요."

실은 이 드라마로부터 11년 거슬러 올라간 때. 다이치 씨 각본의 〈벚꽃의 노래〉[42]라는 연속극이 있었는데, 구제 씨와 키린 씨 콤비가 다이치 씨의 각본을 무시하고 애드리브를 연발하자 다이치 씨가 항의했고, 그 뒤로는 구제 씨도 키린 씨도 일절 애드리브 없이 대처했던 '전과'가 있다. 그 일이 있고서 찍은 〈오늘 아침의 가을〉이었으니 어떻게 보면 키린 씨는 '확신범'인 것이다. 나는 나름대로 각본도 쓰고 연출도 하므로 양쪽의 기분을 다 이해한다고 생각한다. 확실히 키린 씨가 연기하는 요릿집 종업원이 가발을 고쳐 쓰거나 땀이 차는 걸 신경 쓰는 건 이 작품 전체의 '높은 격조'와 명백히 동떨어져 있다. 내가 연출가라면 적어도 가발 묘사는 편집으로 잘라냈을지도 모른다. "다로야"라는 애드리브 대사도 다이치 씨는 30년이 지난 지금까지 납득하지 못한 모양이었다. 그 기분도 절실하게 이해한다.

하지만 내 나름대로 키린 씨를 변호하자면 아마도 키린 씨의 머릿속에는 (오즈의) 〈만춘〉[43]의 스기무라 하루코가 있었던 게 아닐까, 이번에 영화를 다시 보며 생각했다.

〈만춘〉은 류 지슈가 연기하는 아버지와 하라 세쓰코가 연기하는 결혼으로 출가하게 된 딸의 이별, 그리고 서로를 깊이 생각하는 마음을 기이할 정도로 '성聖'스러운 것으로 묘사했다(플라토닉이라는 뜻이 아니다. 오히려 그 반대다). 스기무라 씨가 연기하는 다구치 마사라는 인물은 쓰루가오카 하치만궁에서 오빠(류 지슈)와 참배한 뒤 경내에서 지갑을 줍는데, 그걸 재빨리 품속에 넣은 뒤 다가오는 경찰에게서 종종걸음으로 달아나는 캐릭터이니 그야말로 '속俗' 그 자체로서 존재한다. 〈만춘〉이 걸작이 된 이유의 절반은 이 성스러운 부녀의 대극에 있는, 스기무라 하루코가 연기한 마사의 리얼리티에 있다고 나는 생각한다. 키린 씨가 〈오늘 아침의 가을〉에서 노린 것은 이 작품 속에서의 스기무라 하루코와 같은 '속'이 아니었을까.

문제의 목장 장면은 각본에는 이렇게만 쓰여 있다.

다테시나·목장

렌터카가 멈춰 있다. 고조·류이치·다키·미요가 내려서 그 풍
경을 보고 있다. 말수는 적다.

실제 드라마에서는 차가 목장에 도착하여 운전석에서 내린 미요(키린
씨)가 홀로 가족들과는 다른 방향으로 달려가더니 컵에 든 새하얀 우유를
쟁반에 받쳐 들고 온다. "자아, 자, 진해요…… 어르신, 자아." 그렇게 말하
고 한 사람 한 사람에게 나눠주며 돌아다니는 것이다. 고조(류 지슈)는 그걸
받아들고 한마디, "건배할까……"라고 밝게 말한다. 여기까지가 전부 각본
에는 없다. 미요만 혼자 각본을 거스르듯 말수가 많다.

〈오늘 아침의 가을〉에는 멋진 대사가 수도 없이 나와서 나는 몇 번이나
필사를 했는데, 그중에서도 먼저 죽어가는 아들(스기우라 나오키)에게 늙은
아버지(류 지슈)가 "약간의 시간 차는 있지만 모두 죽는다, 그러니까 너만
'특별한 듯한 얼굴 하지 마'"라고 위로하듯, 타이르듯 말하는 대사가 인상
적이었다(각본에는 '특별하다는 듯한 얼굴 하지 마'라고 쓰여 있는데 류 씨는 '한'
이라고 말한다). 아마도 (그냥 억측이지만) 키린 씨는 이 대사를 보고 자신은
시종일관 이 '특별한 얼굴을 하지 않는' 쪽에 있자고 생각했을 것이다. 가
족들은 다들 죽음을 앞둔 남자 곁에서 남은 석 달 동안 좋은 아버지, 어머
니, 아내를 '특별한 얼굴' 하지 않고 끝까지 연기해내려 한다. 키린 씨의 역
할은 연기가 아니라 더욱 그 '바깥'에 있어야 한다. 그렇게 생각했을 터다.

작품의 클라이맥스. 다 함께 불꽃놀이를 하던 중 고조가 "잊을 수 없어"
라고 하며 핑키 앤 킬러스의 〈사랑의 계절〉[44]을 부르기 시작한다. 다키가
집을 나간 뒤 고조가 취해서 자주 이 노래를 불렀던 듯하다. 그 노랫소리에
모두 입을 모으기 시작한다. 이때 툇마루 근처에서 불꽃을 구경하는 가족

들에게서 혼자 떨어져 있던 미요가 자신의 팔뚝을 툭툭 치며 "아이 참……나만 문다니까……" 하고 모기를 쫓는 연기를 한다. 이런 대사와 동작은 전부 각본에는 없다. 모기향을 피워놓았다는 묘사는 이 장면 전에 한 컷 있다. 툇마루로 나 있는 유리문은 불꽃을 보기 위해 열려 있다. 여름의 다테시나다. 세트에서 촬영하면 아무래도 상상력을 펼치기 어렵지만, 누군가 모기를 신경 써야 하지 않을까? 그렇다면 나겠지……. 키린 씨는 틀림없이 그렇게 생각했을 것이다. 나는 작품을 멀리서 바라보고 절묘한 균형 감각으로 자신의 자리를 정하는 배역 연구야말로 키린 씨의 진면목이라고 생각하기에, 이 장면에서의 행동은 높이 사고 싶다. 적어도 키린 씨는 이 역할을 통해 예전에 자신이 조수로 따라다녔던 스기무라 하루코를 상대로 승부를 펼치려 했던 것이다. 하지만 유감스럽게도 키린 씨가 다이치 씨 작품에 기용되는 일은 그 뒤로 한 번도 없었다.

"언젠가 야마다 다이치 씨가 쓴 키린 씨를 연출해보고 싶어요." 지하철 와세다역 계단에서 헤어질 때 나는 진심을 담아 다이치 씨에게 그렇게 말했다. 역시 꿈은 입 밖으로 꺼내면 이루어지지 않는 법이다.

구제 데루히코가 모리시게 히사야에게 들은 말을 엮어 쓴 『뒤늦은 대유언서』[45]라는 책에 키린 씨에 대한 모리시게 씨의 평가가 실려 있다. 좀 길지만 인용해보겠다.

　　—그 애는 머리가 좋았어. 남다르게 좋았지. 연기에 도움되는 영리함이었는데, 누구를 닮았냐면 미키 노리헤이예요. 그런데 지금이니 하는 말이지만 노리헤이도 못 따라갈 거야. 연기의 발상이 좋아. 터무니없는 곳에서 갑자기 불쑥 날아오거든. 게다가 타이밍도 좋고. 상대의 연기가 돋보이도록 잘 안배해주

지. 뭐니 뭐니 해도 같이 연기하기 편해. 상대의 연기를 잡아먹는 녀석들은 널렸지만, 상대의 연기를 돋보이게 해주고 그로써 오히려 자기 연기의 값어치도 높이는 배우는 그리 흔치 않아요. 천재일까요.

—그 애는 진정한 '인텔리'라고 생각해요. 다른 분야에는 일테면 야마후지 쇼지[46] 씨가 있지요. 이 사람도 진짜 '인텔리'예요. 하지만 연기의 세계에는 웬만해선 없거든. 가장 놀라운 점은 아무리 기괴한 모습을 해도, 아무리 추잡한 역할을 해도, 프레임 아웃한 뒤에는 보는 사람의 기억 속에 여자로서 사랑스러움을 남긴다는 거예요. 대부분의 배우는 그 자리에서 무마하거든. 여운이라고나 할까. 그 애는 그렇게까지 할 수 있는 배우예요.

그런 다음 모리시게 씨는 "그래서 지금 난 키키 키린이랑 연기를 하고 싶어"라고 마무리한다. 구제 씨가 질투할 정도로 키린 씨를 칭찬한 건, 아마도 구제 씨에게 그런 드라마를 찍으라는 무언의 압박이었을 터다. 구제 씨도 그 말을 받아들여 "이제 내가 나설 차례일지도 모른다"라고 썼다.

온갖 도깨비들이 설치는 세계이기 때문에
좋구나, 재밌구나 생각해요.

고레에다 　구제 씨 이야기를 좀 더 자세히 들려주세요. 구제 씨는 'TV에서 노는' 것을 1970년대 내내 하셨고, 키린 씨는 그런 구제

씨와 함께 놀았던 분이라고 생각해요. 우리는 그걸 보고 자랐고요. 거기에 무코다 구니코 씨와 마차아키(사카이 마사아키)[47] 씨 등도 합류했고, 우리는 바로 그게 TV 드라마라고 생각하며 즐겁게 봤죠. 그 뒤 무코다 씨는 여러 사정이 있긴 했지만 진지한 방향으로 나아가셨어요. 그리고 1981년에 비행기 사고로 돌아가셨고요.

한편 구제 씨도 무코다 씨가 돌아가신 뒤 〈무코다 구니코 신춘 시리즈〉[48]라는 걸 찍었죠. 그때까지 했던 일종의 '놀이'에서 한 걸음 떨어져 진지한 방향을 향해 갔어요. 그런 가운데 키린 씨는 구제 씨와 결별하고, 그 뒤로도 계속 노셨잖아요.

키키　　요컨대 나는 진지한 쪽으로…….

고레에다　　가지 않으셨죠.

키키　　뭔가 작품을 남기자거나, 그런 느낌은…….

고레에다　　없었다고 생각해요. 하지만 구제 씨도 돌아가셨고, 키린 씨도 딱히 진지한 방향으로 쓱 가신 건 아니지만, 어쩐지 이 세 사람은 각자가 서로의 죽음을 받아들인 뒤 작품을 고르는 방식과 본인의 모습을 변화시켜나갔다는 느낌이 들어요. 키린 씨는 그런 것을 의식하진 않으셨겠지만요.

키키　　난 전혀 의식 안 해. 연예계, 연예 활동을 하면서 나의 작품을 남기자거나 예술 작품이라거나, 그런 사고방식이 없거든. 물론 좋은 건 좋다고 생각하지만, 그쪽으로 가야겠다고는 생각하지 않아.

고레에다 일테면 구제 씨는 '무코다 씨가 살아 있었다면 아마 이런 걸 하려고 하지 않을까' 싶은 작품을 계속 만들어나간 것 같아요. 게다가 구제 씨는 돌아가시기 전에 키린 씨랑 몇몇 일을 함께하셨고요. 구제 씨는 키린 씨와 함께 자라온, 함께 즐겨 온 동지라고 생각합니다. 키린 씨는 지금 '구제 씨라면 어떤 연출을 할까'라는 식의 생각을 하시나요?

키키 전혀 안 해. 단, 고레에다 감독의 영화를 보면 분명 구제 씨가 질투할 거라는 생각은 해요. 하지만 질투가 난다는 말은 절대 안 할 거고, 얘기하기 싫으니까 담배를 물면서 "거긴 말이야……"라는 식으로 잘난 척을 할 것 같긴 하네(웃음). 그분은 연출가로서는 고레에다 감독처럼 깊이 있고 진지하게 작품을 마주하는 타입이 아니에요. 그럴 때도 있지만, 나랑 구제 씨가 공통적으로 지닌 건 순발력 있는 개인기 같은 거라서 지속이 안 돼. 구제 씨는 기량과 역량이 있으니까 그 능력을 보여주지만 포기도 빠르거든. 연출을 깊게 파고드는 경우는 별로 없어. 그보다는 예쁜 여자가 살기를 좀 봐주는 게 더 좋다는 사람이에요(웃음).

고레에다 (웃음) 그래요?

키키   좋은 뜻으로든 나쁜 뜻으로든 남자의 시시한 면과 흥미로운
        면을 동시에 가지고 있었지. 그래서 구제 씨랑 연기에 대해
        차분하게 얘기를 나눈 적은 없어.

고레에다   정말요?

키키   응. 그런데 한번은 돌아가시기 세 달쯤 전이었나. 우리 남편
        이 "구제랑 그렇고 그런 사이였지?"라면서 너무 날 의심하는
        거야. 나는 아니라고 하기도 귀찮아져서 부정도 안 했지만,
        전화로 구제 씨한테 "왜 우리는 그렇고 그런 사이가 안 됐을
        까요?"라고 물어봤지(웃음). "난 그럴 마음이 없고 구제 씨도
        없겠지만, 그런 사이가 될 상황은 얼마든지 있었는데 아무
        일도 없었잖아요"라고 했더니 구제 씨는 뭔가 달변으로 "당
        신은 아주 위험한 느낌이 들었어"라는 요지의 말을 했어. 동
        시에 우리가 함께한 작업은 120퍼센트 재밌었으니 연애 같은
        시시한 걸로 관계를 망치고 싶지 않았대. 구제 씨랑은 그걸
        로 끝이었지만 물어봐두길 잘했다 싶어.
        연예계라는 곳에는 정말이지 무시무시할 정도로 색정과 욕망
        이 줄줄 흐르고 있지만, 한편으로는 엄청나게 고요한 것, 깨끗
        한 것이 줄줄 흐를 때도 있어. 그것들이 꼬인 새끼줄처럼 공존
        하는 와중에 어떻게 살아남을 것인가, 하는 세계예요. 살아남
        기 위해서 하는 건 아냐. 하지만 살아남은 사람을 보면 나름대
        로…… 납득이 가. 그래서 재밌어. 스님처럼 수행하는 세계였
        다면 도저히 해나갈 수 없지. 하지만 온갖 도깨비들이 설치는

세계이기 때문에 좋구나, 재밌구나 생각해요.

돌아보면 저마다 자기가 살아가려 했던 길에 결국은 서 있어. 구제 씨도 무코다 씨도 모리시게 씨도 한 시대를 풍미할 만한 정도의 매력은 분명 있었고, 그들을 만날 수 있었던 난 운이 좋았던 것 같아요.

유감스럽게도 구제 씨를 직접 만나뵐 기회는 없었다. 단, 내가 TV의 세계로 들어온 '입구'에 그와의 거대한 만남이 있었던 것은 사실이다.

내 과거사에 관한 이야기라 송구하지만, 대학 졸업을 코앞에 두고 구직 활동을 하던 나는 모든 방송국의 1차 면접에서 떨어졌고 마지막으로 티브이맨유니언[49]이라는 방송 제작회사의 면접만 남은 상황이었다. 한편으로는 방송국보다 더 동경하던 제작자 집단이어서, 이곳에 합격하면 내게 상처만 주는 구직 활동은 그날로 때려치우자고 생각했다.

티브이맨유니언의 본사는 아카사카 히토쓰기 거리의 빌딩 3, 4층에 있었다. 최종 면접 전에 대기실에서 읽으라고 주어졌던 게 「50년간 살아오며 25년간 한 가지 일을 해서 나에게는 '얼굴'이 없다……」라는 제목이 붙은 구제 데루히코의 에세이였다.

―얼굴이 없는 치욕을 스스로의 재능이나 인간의 기량 혹은 인생의 빈곤함 탓으로 돌리는 건 너무도 쓸쓸한 일이다. 목이라도 매다는 수밖에 없다. 목을 매날고 장례는 지르지 말라는 유서라도 남기는 수밖에 없다. 그래서는 너무나 분하므로, 나는 쉰 살이 되어서도 '사이비' 얼굴밖에 가지지 못한 무정함을 이제껏 종사해온 일 탓으로 돌리려 한다. 이제까지 나를 먹여

살려온 TV 일이다. (중략) TV는 놀이다, 라는 말을 거침없이 할 수 있는 동안은 아직 괜찮다. 이제 슬슬, 나는 말을 더듬는 다. 영리한 아이는 어느 틈에 집으로 돌아가 혼자 공부하고 있 는데도 미련을 가득 품고 땅거미 속에서 어슬렁어슬렁 친구를 찾고 있다니 처량한 그림이다. (중략) 죽을 때의 얼굴을 갖고 싶다. 놀이가 어울리는 나이에 힘껏 놀던 때는 좋았지만, 이제 제정신으로는 놀지 못한다. 이대로라면 이도 저도 아니게 된 다. 은혜를 입은 TV에 대해 어중간하게 굴어서야 면목이 없을 것이다.

거기에는 쉰 살이 넘자 집단 작업인 드라마 제작에 흥미가 떨어지기 시작했다는 구제 씨의 솔직한 마음이 적혀 있었다. 호명되어 들어간 회 의실에는 '멤버'라고 불리는 열두 명 정도의 디렉터와 프로듀서가 한 줄 로 앉아 있었다.

에세이에 대한 감상을 묻기에 "구제 씨도 나이를 먹었구나 싶었습니다" 하고 솔직하게 이야기했다. 자기 경력의 한복판에 있던 TV 연출가가 집단 작업에서 손을 떼려고 하는 태도에 대해, 경멸까지는 아니더라도 부정적인 뉘앙스로 이야기했던 것 같다. 정면에 앉아 있던 빡빡머리에 눈이 땡그란 남자가 "그 말투는 방송계 선배한테 실례잖아"라고 거칠게 말했다(이분은 우스이 씨라고, 4년 뒤 정규 프로그램을 망쳐버리고 망연자실해 있던 나를 후지TV 의 〈NONFIX〉[50]라는 프로그램의 프로듀서에게 소개해준 은인이다).

면접이라는 것을 알고는 있었지만 확 열이 받은 나는 "TV는 만드는 사 람의 얼굴이나 이름 같은 작가성에 갇히지 않는다는 데 그 매력이 있으 며, 그것이 영화나 소설과는 다른 TV의 아이덴티티가 아닌가? 티브이맨유니언은 그런 철학으로 TV를 이해하고 만든 집단이 아닌가?" 하고, 스물네 살 한창 건방질 때의 청년답게 엉겁결에 그런 취지의 말을 내뱉었다(필시 여기 쓴 것처럼 정리해서 말하지는 못했겠지만). 어른의 눈에는 그저 말만 번지르르한 못된 녀석이었을 터라, 지금의 내가 면접관이었다면 반드시 불합격시켰을 것이다.

'아, 떨어졌구나. 그건 그렇고 진짜 열 받는 녀석들이야.' 그렇게 생각하면서 집으로 돌아갔는데, 며칠 후 합격했다는 연락을 받아 기쁨을 넘어 복잡한 심경이 됐다. 그게 좋았는지 어땠는지는 모르겠지만, 그 '합격'으로 인해 영화가 아니라 TV의 길로 들어선 것은 내 안에서는 '구제 씨 덕분'으로 결론이 나 있다.

앞서 말한 에세이 후반에서 구제는 고이케 히카루[51]의 "죽은 반딧불이/ 툭 떨어지니/ 가을이 되었구나/ 풀의 아이들/ 그리고 그다음은"이라는 단카를 인용하며 다음과 같은 말을 이어갔다.

> ─TV 드라마 일에 대해서는, 나는 스스로를 때늦은 반딧불이라고 생각한다. 여름 동안 몇 번쯤 빛났던 듯도 하지만, 그것도 지금은 짧은 밤의 환상이었던 양 여겨진다. 시원한 유카타를 입고 손에 손에 부채를 든 사람들이 치켜세워준 기억도 있으나 그건 꿈이었을지도 모른다. 앞다퉈 빛나던 동료들도 이제는 뿔뿔이 흩어졌다. 조만간 반딧불이는 툭 떨어지겠지. 그리고 가을이 된다.

나도 쉰 살이 넘은 지 한참인 지금, 누가 이 에세이에 대한 감상을 물어보면 "나이를 먹었네요"라고는 말하지 않을 것이다. "구제 씨는 고독했다고, 외로웠다고 생각해요"라고 대답할 것이다. 키린 씨와는 절연한 상태. 무코다 구니코는 이제 세상에 없다. 그 슬픔에 대한 상상력이 스물네 살의 내게는 없었다. 구제 씨는 이 에세이를 쓴 이듬해 『쇼와 환등관』[52]으로 작가 데뷔했다. 반딧불이는 다시 태어나 또 다른 빛을 내뿜게 된다.

예전에 일본의 TV 버라이어티사史를 돌아보는 방송[53]을 만들었을 때 키린 씨와 구제 씨의 드라마를 꽤 다시 봤다. 〈일곱 명의 손주〉는 유감스럽게도 영상이 남아 있지 않으니 내 기억 속에서 가장 오래된 (젊은) 키린 씨는 〈시간 됐어요〉[54]의 '하마 씨'인 셈이다(단, 1966년에 방영했으며 최근 DVD로 나온 키린 씨 주연의 연속극 〈도시코 씨〉[55]는 과거의 맞선 상대로 아쓰미 기요시 씨가 등장하는 등 에피소드 면에서도 〈일곱 명의 손주〉를 계승하고 있어서, 거기서 키린 씨가 연기한 '도시코'를 상상할 수 있다).

〈시간 됐어요〉는 1970년에 시리즈가 시작되었는데, 그보다 5년 전으로 거슬러 올라가면 TBS의 〈도시바 일요 극장〉에서 방영된 단발성 파일럿 방송이 존재한다. 각본은 하시다 스가코[56]로 방송 뒤의 평판이 좋아서 시리즈화가 결정된 모양이다. 그런데 『〈시간 됐어요〉를 만든 남자―구제 데루히코의 드라마 세계』[57]에 쓰여 있는 경위에 의하면 당초 오카모토 노부토[58]와 사와다 마사미[59]가 캐스팅되어 있었지만, 구제가 프로듀서 야마모토 가즈오에게 "생각하는 바가 있어서 두 사람을 바꾸고 싶어"라고 하여 사카이 마사아키 씨와 키린 씨로 교체를 강행한 모양이다. 오카모토와 사와다는 당시 큰 인기를 끌었던 정통파 홈드라마 〈대장부 엄마〉[60]의 출연자이며 훗날 하시다가 각본을 쓴 〈세상살이 원수 천지〉[61]의 고정 출연자가 되었다는 점을 생각하면, 당초 〈시간 됐어요〉에서 무엇을 목표로 했는지 잘 알 수 있다.

시리즈 첫 화의 연출을 담당한 구제는 사카이와 키키에게 각본에는 없는 애드리브 장면을 수두룩하게 마련해줬다. 그것을 방송으로 본 하시다는 3화에서 하차해버린다. 대大사건이다. 그러나 그 강판으로 인해 결과적으로 이 드라마가 70년대의 새롭고 발랄한 홈드라마로 탄생하여 시대의 큰 흐름을 만들어나가게 되었으니 재미있는 일이다.

『집의 냄새 거리의 소리』[62]라는 구제 씨의 책에 「〈시간 됐어요〉 시절」이라는 제목이 붙은 짧은 산문이 실려 있는데, 거기에 〈시간 됐어요〉의 제1화 각본에 대해 이야기하는 대목이 있다. 며느리가 처음으로 집을 방문한 날의 일이다. 아들이 사사건건 아내 편을 드는 모습을 보고 시어머니 역의 모리 미쓰코[63]가 이렇게 말한다. "아들이 아내를 얻으면 가족이 한 사람 늘어날 줄 알았는데, 줄어드는 거였네." 나는 하시다 드라마의 열혈 시청자라고는 할 수 없지만 확실히 이 대사는 인상적이었다. 구제 씨도 "명대사였습니다"라고 썼다.

하지만 그 뒤 구제 씨와 하시다 씨가 한 번도 콤비를 이루지 않았다는 점까지 생각하면, 구제 씨에게는 이 '명대사'가 필요치 않았던 게 아닐까 싶다. 그는 적어도 TV 드라마라는 것을, 그 각본이라는 것을, 종래의 '연극'이나 '영화'에서의 그것과는 다른 방식으로 받아들이려 했을 터다. 그리고 거기에 가장 공감한 사람이 키린 씨였을 것이다.

일흔이 넘은 지금은 여기가
아주 좋은 거처라는 걸 실감해요.

키키　　예전에 〈아사히신문〉의 인터뷰란[64]에서 고레에다 감독이 정치에 대해 아주 부드러운 어조로 이야기한 적이 있잖아요. 스모 선수 다카노하나[65]가 오른쪽 무릎에 부상을 입었음에도 불구하고 무사시마루[66]와의 결승전에서 이겨, 당시 총리였던 고이즈미 준이치로[67] 씨가 "아픔을 참고 잘 싸웠다. 감동했다!"라고 외치며 트로피를 건넸죠. 그건 그걸로 좋지만 패배한 무사시마루에 대해서는 왜 언급하지 않는가, 부상을 무릅쓰고 경기장에 오른 다카노하나와 싸워야만 하는 무사시마루나 그를 응원하는 사람의 마음은 왜 살피지 못하는가, 하면서요. 그런 예를 들면서 쉬운 말로 정치를 얘기해줘서 굉장히 좋았어요. 그전에도 영화감독으로서 사물을 선택하는 방식이 센스 있다고 생각했지만, 그 신문기사를 읽고 창작을 하는 한 인간으로서 신뢰가 더 깊어졌어요.

그러니까 당신이 이제부터 다른 길로 나아간대도 정말 괜찮으니, 앞으로 20년은 자유롭게 날갯짓해줬으면 해. 고레에다 감독이 한 배우를 다른 작품에도 몇 번씩 기용한다는 건 알지만, 관객으로서는 좀 색다른 캐스팅도 보고 싶은 거예요.

고레에다   본인에게 요청하는데도 "이 역은 ○○ 씨가 좋지 않아요?" 하며 다른 배우의 이름을 꺼내는 분은 키린 씨뿐이에요(웃음). 하지만 그런 경험은 다른 데선 좀체 하지 않으니 재밌어요.

키키   그야 정말 그렇게 생각하니까. 〈걸어도 걸어도〉 때도 오디션인 줄 알고 "나 말고 후보가 있어요?"라고 물었더니 고레에다 감독이 "○○ 씨"라기에, "아, 그 사람보다는 (이 역할에는)

내가 나을지도 몰라"라고 한 뒤 돌아갔죠.

고레에다 　그거, 몇 번이나 말씀드렸지만(쓴웃음), 전 다른 사람은 염두에 두지 않았어요. 키린 씨가 "내가 거절하면 누구한테 맡길 거야?" 하고 끈질기게 물으시니까, 그 자리에서 필사적으로 생각해서 이름을 내놓은 거예요.

키키 　독자 여러분이 오해하지 않도록 말해두자면, 그 배우분도 아주 매력적이에요. 하지만 역할이 대형병원 의사의 아름다운 아내가 아니라 개인병원 의사의 평범한 아내였으니, 그거라면 내가 낫겠다 싶었지. ……왜 그리 생각했을까. 그때는 이미 암에 걸려 있었던가. 걸려 있었구나……. 뭐, 여하튼 난 이 각본에는 뭐가 가장 어울릴지를 무의식중에 생각해버리는 타입이에요.

고레에다 　프로듀서의 눈이랄까요.

키키 　아 맞아, 그럴지도 몰라. 어디 보자, 고레에다 감독, 올해 나이가?

고레에다 　쉰눌이 됐습니다.

키키 　그럼 나랑 스무 살 차이네. 난 일흔둘. 쉰부터 일흔, 이때가 중요해요. 가장 좋을 때지요.

고레에다   50대 때는 어떤 생각을 하셨어요?

키키   노년층 대상의…… 노년층이 몇 살부터인지는 모르겠지만, 그 세대를 대상으로 한 잡지가 나온다고 해서 표지 모델을 한 적이 있어. 그때 표지라는 걸 싫어했던 기억이 나네요. 아직 병에도 걸리지 않았던 때였어요.
      그 뒤로 10년쯤 지나 발병했고, 이제 일흔이 넘었고, 대체로 병과 함께 살아가는 법을 알게 돼서……. 50대 땐 어떤 생각을 했을까. 과거와 미래를 별로 생각하지 않는 타입이라서. 난 일흔이 넘은 이제부터가 가장 좋을 때인 것 같아요. 아무 생각 안 해도 돼. 이 연예계라는 어중이떠중이들의 세계 속에서 결국은 나 자신도 포함해 여러 사람을 마구 휘저어왔지만, 일흔이 넘은 지금은 여기가 아주 좋은 거처라는 걸 실감해요.

고레에다   일테면 되돌아봤을 때, 쉰 살이면 그 작품을 했던 즈음이구나 하고 회상하는 일은 별로 없으세요?

키키   누가 물어보면 떠올리죠. 〈미소라 히바리 이야기〉[68]에서 미소라 히바리[69]의 어머니 역을 했던 건 마흔다섯 살 즈음이었나, 라든가 NHK의 연속 TV 소설 〈왈가닥 아가씨〉[70]에서 주인공의 어머니를 연기해 예술선장[71]을 받았는데 그건 아직 쉰 살이 되기 전이었지, 라든가. 근데 "이런 걸 했습니다" 하고 큰소리로 말할 수 있는 작품은 글쎄……. 그런 것치고는 남의 작품에 대고 불평이 많지.

고레에다 (웃음) 그 불평을 듣는 것도 즐거운걸요.

키키 나도 참, 어째서 그렇게 남 얘길 하는 걸까. 그게 신경 쓰이냐 하면 딱히 그렇진 않지만. 그렇다고 비평가처럼 정확하게 분석해서 뭔가를 말하는 것도 아니고, 그저 우물가에서 빨래하며 주고받는 잡담처럼 되는 대로 말할 뿐이야. 그걸로 오늘까지 와버렸어.

고레에다 예전에 〈진짜로 일어날지도 몰라 기적〉 촬영차 가고시마에 머무를 때, 튀김집 카운터에 나란히 앉아서 키린 씨가 하시즈메 이사오[72] 씨와 여러 배우의 연기에 대해 말씀하시는 걸 들었더니 악담은 악담이지만 동시에 굉장히 풍성한 연기론이 되던걸요. 센스가 뛰어나시달까요.

키키 아, 그래? 그렇게 말해주니 좋네.

고레에다 두 분 사이에 '이런 건 싫어'라는 게 공유되어 있어서 재밌었어요.

키키 하지만 나이를 먹고 나도 이렇게 쭈글쭈글해지고 보니, 내 취향의 틀 속에 잘 들어가지 않는 것도 손재만큼은 인정하게 되었어요. 일흔이 지나고부터였나. 예전에는 존재조차 부정했지만, 지금은 내가 이러쿵저러쿵할 만한 게 아니라는 걸 알게 돼서. 내가 그 정도의 사람도 아니라고 생각하게 됐기 때문일까. 감독은 배우를 고를 때 '무슨 일이 있어도 싫은데' 라고 생각하는 경우는 없고?

고레에다　싫은데, 인가요.

키키　싫다는 건 이상한가. 감독은 그게 아니라 '아, 이건 좋다'라는 지점에서 고를 테니까.

고레에다　배우를 보면서 '이런 연기를 하는 사람, 좋구나'라거나 '잘 조화가 안 되네'라는 식의 호불호는 있지만요……. 선택하는 기준이 좀 다른 측면에 있는 것 같아요.

키키　여자로서, 라는 건 있어요?

고레에다　여자로 보고 매력적이라서 고른다는 뜻인가요? 그건 없어요.

키키　반하는 경우는?

고레에다　반한다라(웃음). 아니요, 제가 선택한 배우를 찍고 그걸로 반하는 경우는 있지만, 반했기 때문에 고르는 일은 이제까지는 없었어요. 물론 찍을 때는 그 사람을 제 나름대로 상당히 집중해서 보고요, 그만큼 사람을 물끄러미 보는 건 역시 좋아하지 않으면 할 수 없는 일이고요, 물끄러미 보고 있으면 역시 좋아지고요……. 그런 경우는 있지만 처음부터 '이 녀석을 현장에서 내 것으로 만들겠어'라는 건 없어요(웃음).

키키 　　　뭐, 내 것으로 만들거나 말거나는 내버려두고.

고레에다 　단, 한 작품 해보고 또 한 번 같이하고 싶은 사람은, 역시 현
　　　　　장에서 같은 공기를 마시고 무언가 공유하는 게 있는 사람.
　　　　　그런 사람과 거듭해서 함께해나갈 때가 많은 것 같아요.

키키 　　　그게 관객 입장에서는 재미없을 거라고 생각한 적은 없고?

고레에다 　별로 없네요. 제가 이 사람이랑 좀 더 할 수 있다는 생각이
　　　　　든다면, 좀 더 하고 싶어요.

키키 　　　아, 그래. 관객이 '이제 됐어' 할 거라고는?

고레에다 　생각 안 해요. 제가 그렇게 생각한다면 그만하겠지만요.

키키 　　　흐음, 인간이란 게 그렇게 깊게 파고들 수 있는 존재일까요.

고레에다 　예컨대 한번 이런 역할을 했으니까 다음에는 그것과는 다른
　　　　　타입의 역할을, 하는 식으로 의뢰하는 게 아니에요. 역할이
　　　　　이러저러한 게 아니라 '좀 더 이 사람이랑 하고 싶다'라고 생
　　　　　각하죠. '이건 전에도 했으니까 관두자'라거나 '관객이 또야,
　　　　　하지 않을까'라는 생각은 안 해요. 저 스스로 '이번에는 바꿔

볼까' 하고 판단할 때는 있지만요.

키키 그럼 키키 키린 같은 사람을…… 더 이상 이 할머니한테서 아무것도 안 나오는데도 다시 한번 출연을 부탁하거나, 이렇게 이야기를 들어보려고 하는 건 대체 어째서일까 궁금해서. 물론 인간이니까 다양한 각도에서 얘기할 수 있지만, 나는 (하고 노래하기 시작한다) '이것뿐 이것뿐 이제 이것뿐이네요야 마구치 모모에가 부른 〈요코스카 스토리〉의 가사를 바꿔 부른 것으로 원문은 '이것 뿐인가요.'라는 느낌의 캐릭터니까요(웃음).

고레에다 아뇨, 아뇨. 예전에도 "나한테 그렇게 다양한 역을 제안해도 꺼내 보일 게 없으니 못 해" 하셨지만요……. 조연이었던 〈바닷마을 다이어리〉는 차치하고, 〈걸어도 걸어도〉랑 〈태풍이 지나가고〉에서는 완성된 게 완전히 달라요.

키키 의상도 이름도 설정도 다르지만 등장하는 사람의 목소리와 몸은 같으니까, 결과물이 다른 건 고레에다 씨가 지닌 감독으로서의 역량이지. 배우로서는 그냥 "안녕하세요" 하면서 나간 것뿐이랄까.

고레에다 같은 감독한테서 몇 번이나 출연 제안을 받는 건 싫으세요?

키키 싫다기보다 왠지 부끄러워. ……그렇다고 다른 분장을 하면 달라진 것처럼 보이는가 하면, 그런 건 아니라서. 안 보이는 부분이 바뀌어야 한다고 생각하는 편이야.

고레에다　분명 "뭔가 의지할 데가 있는 역할이 하기 편해"라고도 말씀
하셨죠.

키키　아, 고레에다 감독의 촬영 현장에서 하기 어려운 건 일절 없
어요. 감독의 영화에 참여하는 건, 아마도 출연한 사람은 모
두 그렇게 생각하겠지만 오히려 중독이 될 정도야. 나도 원
래 가지고 있는 것보다 좋은 평가를 받으니 내심 '그렇군, 이
걸로 앞으로 2년쯤은 먹고살겠군' 해. 그런 타입의 인간이니
까, 나는(웃음).

고레에다　(웃음).

키키　그래서 몇 번이나 제안을 받아도 싫지는 않고, 현장에서 감독
이 엄청나게 집중해 극 속으로 들어가는 모습을 보면 저렇게
역할을 느끼면서 만들고 있구나, 역시 감독 덕분에 좋은 곳에
와 있다고 실감해. 그와 동시에 이건 딱 한 번일 거라는, 그리
오래 이어지지 않을 거라는 느낌도 들어. 만약 이어진다면 내
수준도 좀 더 높게, 인간으로서의 격이랄까, 말이 이상하지만
영혼의 품격도 끌어올려두지 않으면 냄새일 거라는 생각이 있
어요. 촬영이 끝나면 잽싸게 까먹지만(웃음). 요컨대 일이 이
어지는 건 나로서는 고맙지만, 내가 감독한테 묻고 싶은 건 내
어느 면을 보고 계속 같이하고 싶다고 느끼냐는 거예요.

고레에다   으음, 왠지 칭찬하러 온 것 같은데요(웃음).

키키   이것만큼은 말해줘야지.

고레에다   그런가요. 키린 씨의 연기를 좋아하는 건 당연하고요, 함께 있으면 '제대로 된 감독이 되고 싶다'라는 생각이 들어요.

키키   또 이런 대충대충인 사람을 두고.

고레에다   아뇨, 아뇨. 설명하기 어렵네요. 어떤 배우에게 '이 사람은 제대로 된 연출가다'라고 진심으로 인정받는 존재가 되고 싶다는 느낌, 그런 느낌을 주는 배우가 있다는 건 연출가에게 중요한 일이라고 생각해서요. 배우의 연기를 제대로 보고, 배우에게 '아아, 그런 부분을 보는구나'라는 인상을 주는, 연기를 통한 커뮤니케이션을 할 수 있는 연출가이고 싶어요. 제 손바닥 위에 배우를 줄 세워놓고 굴리면서 "내 세계의 주민이 되세요" 하는 게 아니라, 보다 등을 쭉 펴고 대치하는 상대로서 키린 씨를 선택하고 있다는 느낌이에요.

키키   으음, 그런가. 그건 완전히 무의식이야. 무의식이지만 우선은 고레에다라는 한 인간의 매력, 존재, 살아온 역사가 굉장히 풍성하다는 게 보이고, 그게 좋거든. 난 촬영이 끝나면 대본을 휙 버리는 무례한 배우고(웃음), 남과 비교하지 않고 재미있게 태연하게 살 수 있으면 된다는 식으로 오늘까지 살아온 인간이야. 하지만 그렇게 고레에다 감독이 나 자신조차 싫어하는 나를 꺼리지 않고 '이런 각도에서 봐볼까' 하는 느낌으로 매력적으로 이끌어내주는 거니까, 그런 사람이 그렇게 말해준다면…… 아직 목숨에 여유가 있다면 좀 더 살 수 있겠구나 하고, 지금 그렇게 생각했어요. 이건 내 보물이네요(웃음).

예전에 도호東寶의 촬영소에서 〈걸어도 걸어도〉를 찍을 때, 나는 늘 집에서 주먹밥을 획획 만들어 가져가니까 식당에서는 된장국이랑 다른 반찬 하나 정도밖에 안 받거든. 그릇을 반납하러 갔더니 식당 아주머니한테 "당신은 일본의 보물이에요!"라는 말을 들었어. 무심코 주위를 둘러보고는 '엇? 지금 뭐라고 했어? 틀림없이 일본의 보물이라고 했지' 생각했어(웃음). "아, 그래요?" 대답하고 그대로 돌아왔지만, 그때랑 거의 비슷하게 기쁘네요.

1 　오타케 시노부大竹しのぶ (1957~)

배우·가수. 도쿄 출생. 1973년 TV 드라마 〈나는 여학생〉으로 데뷔했다. 대표작으로
드라마 〈남녀 7인 여름 이야기〉〈다정한 시간〉〈그래도, 살아간다〉 등이, 영화 〈청
춘의 문 자립편〉〈아아, 노무기 고개〉〈영원의 1/2〉〈아수라처럼〉〈엄마 시집보내
기〉〈애도하는 사람〉〈후처업의 여자〉〈사나다 10용사〉 등이 있다. 고레에다 작품
중에는 〈바닷마을 다이어리〉에 출연했다.

2 　노다 히데키野田秀樹 (1955~)

극작가·연출가·배우. 나가사키현 출생. 1976년 도쿄대학 연극연구회를 모체로 극
단 유메노유민샤夢の遊眠社를 결성, 언어유희와 리메이크가 특징인 수많은 명작을
발표했다. 1993년 연극 기획 제작회사 노다지도野田地図를 설립. 대표작으로 〈야
수 강림〉〈반신〉〈안작贋作·활짝 핀 벚꽃나무 아래에서〉〈기루キル〉〈오일〉〈더 비
THE BEE〉〈로프〉〈파이퍼〉〈더 캐릭터〉〈남쪽으로〉〈에그〉〈미와MIWA〉〈역린〉〈발
자국 공주―시대착오 겨울 유령〉 등 다수가 있다. 오타케 시노부와는 1994년부터
1997년까지 사실혼 관계였다.

3 　아키 요코阿木燿子 (1945~)

작사가·배우·소설가. 가나가와현 출생. 대표 작사곡으로 〈항구의 요코·요코하
마·요코스카〉〈요코스카 스토리〉〈플레이백 파트 2〉〈반해버려서〉〈디자이어―열
정〉 등이 있다. 본문의 대담은 2014년 9월 14일호 〈선데이마이니치〉에 실린 「아키
요코의 윤기도 절정」을 가리킨다.

4 아쿠타가와 히로시芥川比呂志 (1920~1981)

배우·연출가. 도쿄 출생. 작가 아쿠타가와 류노스케의 큰아들이다. 게이오기주쿠
대학 문학부 시절 극작가 가토 미치오 등과 학생 연극을 시작했다. 1947년 가토와
그의 아내 가토 하루코 등과 함께 무기노카이麦の会를 결성, 1949년 분가쿠자에 합
류하여 중심 배우로 활약했다. 1963년부터 극단 구모雲에서 리더로 활동하며 배우
일을 하는 한편, 연출가로서의 재능도 발휘하여 〈스카팽의 간계〉로 예술선장 문부
과학대신상, 〈해신 별장〉으로 문화청예술제상 우수상을 수상했다. 그 뒤 연극 집단
엔円을 창립하여 대표에 취임했다.

5 야마다 요지山田洋次 (1931~)

영화감독. 오사카 출생. 도쿄대학 법학부를 졸업한 뒤 신문사에서 근무하다 영화
및 연극 제작·배급 회사 쇼치쿠에 입사했다. 1961년 〈2층의 타인〉으로 감독 데뷔
후 1968년에 후지TV 연속극 〈남자는 괴로워〉의 원안과 각본을 담당했고, 이듬해
영화화했다. 대표작으로 〈가족〉〈키네마 천지〉〈아들〉〈학교〉〈무지개를 잡은 남
자〉〈황혼의 사무라이〉〈숨겨진 검, 오니노쓰메〉〈무사의 체통〉〈엄마〉〈남동생〉
〈동경가족〉〈작은 집〉〈어머니와 살면〉〈가족은 괴로워 시리즈〉 등이 있다.

6 무코다 구니코向田邦子 (1929~1981)

각본가·작가·소설가. 도쿄 출생. 짓센여자선문학교(현 짓센여사내학) 국문과를 졸
업한 뒤 한 회사의 사장 비서로 근무하다 출판사 온도리샤로 이직했다. 〈영화 스토
리〉 편집부에서 편집자로 일하다가 1960년 자유 기고가로 독립하여 1962년 라디
오드라마 〈모리시게의 중역독본〉의 각본을, 1964년 TV 드라마 〈일곱 명의 손주〉의

각본을 집필했다. 대표작으로 〈시간 됐어요〉 〈데라우치 간타로 일가〉 〈겨울 운동회〉 〈가족열〉 〈아수라처럼〉 〈아·웅〉 〈사갈蛇蝎처럼〉 등이 있다. 1981년 취재 여행 도중 항공기 추락 사고로 사망했다.

7 〈아수라처럼阿修羅のごとく〉

NHK의 〈토요 드라마〉에서 1979년(총 3화), 1980년(총 4화)에 방영된 드라마. 주연인 네 자매는 가토 하루코, 야치구사 가오루, 이시다 아유미, 후부키 준이 연기했다.

8 후카마치 유키오深町幸男 (1930~2014)

연출가·영화감독. 도쿄 출생. 1963년 NHK에 입사하여 하야사카 아키라, 무코다 구니코, 야마다 다이치 등과 콤비를 이뤄 많은 작품을 발표했다. 대표작으로 〈사건 시리즈〉 〈아·웅〉 〈유메치요 일기 시리즈〉 〈월동 준비〉 〈셔츠 가게〉 〈아버지의 사과 편지〉 〈친구〉 〈봄의 사막〉 〈봄의 일족〉 〈무희〉 〈마취〉 〈가을의 일족〉 등이 있다. 키키는 〈유메치요 일기〉 이후 〈꽃 순례·바람의 쇼와 일기〉 〈오늘 아침의 가을〉 〈부엌의 성녀〉 〈더럽혀진 슬픔에〉 〈오누이〉 〈대왕생〉 〈물고기 마음 있으면 며느리 마음〉 등 후카마치의 대표작에 단골로 출연하게 됐다.

9 가토 하루코加藤治子 (1922~2015)

배우. 도쿄 출생. 1939년 〈꽃 따는 일기〉로 영화 데뷔 후 1941년 뒷날 남편이 되는 가토 미치오와 아쿠타가와 히로시 등이 결성한 신新연극연구회에 입단했다. 전후戰後제2차 세계대전 후 무기노카이 멤버로 재출발했고, 1949년에 합류한 분가쿠자에서는 주연급으로 활약했다. 1964년 〈일곱 명의 손주〉에서 어머니를 연기했고 그 뒤로

홈드라마의 어머니 역으로 특히 호평받았다. 대표작으로 무코다 구니코의 드라마 〈데라우치 간타로 일가〉 〈겨울 운동회〉 〈가족열〉 〈아수라처럼〉 〈무꽃〉 등이, 영화 〈하나이치몬메花いちもんめ〉 〈마루사의 여자 2〉 〈내가 낼게〉 〈남동생〉 등이 있다. 스 튜디오 지브리의 애니메이션 〈마녀 배달부 키키〉 〈하울의 움직이는 성〉에서 성우 로도 활약했다.

10 와다 벤和田勉 (1930~2011)

연출가·영화감독. 미에현 출생. 1953년 NHK에 입사하여 TV 드라마 디렉터와 프로 듀서로 활약했다. 대표작으로 〈료마가 간다〉 〈로쿠메이칸〉 〈금색야차〉 〈아마기 고 개〉 〈짐승의 길〉 〈더 상사〉 〈여살유지옥女殺油地獄〉 〈동트기 전〉 등이 있다. 1987년 정년퇴직했다. 〈아수라처럼〉의 연출은 1979년의 총 3화 가운데 제1화와 제3화만 담당했다.

11 〈데라우치 간타로 일가寺内貫太郎一家〉

TBS의 〈수요 극장〉에서 1974년에 방영(총 39화)된 드라마로 무코다 구니코 각본, 구제 데루히코 제작, 고바야시 아세이가 주연을 맡았다. 쇼와 시대1926~1989 도쿄의 번화가를 배경으로 석재상을 운영하는 가족과 그들을 둘러싼 사람들의 인간미 넘 치는 일상을 코미디풍으로 그려 평균 시청률 31.3퍼센트를 기록했다. 속편(총 30화) 이 1975년, 스페셜 드라마가 1991년, 1998년, 2000년에 방영뇌었다. 가족의 할머니 를 연기한 키키는 당시 불과 서른한 살이었다.

12 〈무ム─〉

　　TBS의 〈수요 극장〉에서 1977년에 방영(총 26화)된 드라마로 〈시간 됐어요〉〈데라우
치 간타로 일가〉에 이어 구제 데루히코가 연출과 제작을 맡았다. 도쿄 신토미의 버
선 가게 '우사기야'를 무대로 한 홈코미디로 버라이어티의 요소가 늘어나 생방송한
회차도 많았다.

13 〈무 일족ム──族〉

　　TBS의 〈수요 극장〉에서 1978년부터 1979년에 〈무〉의 속편으로 방영(총 39화)된 드
라마. 드라마 안에서 당돌하게 정보 방송풍의 코너(〈무 정보〉)를 시작하거나 고 히
로미와 키키 키린이 노래한 삽입곡 〈사과 살인 사건〉을 부르는 등 전작보다 버라이
어티의 색깔이 한층 짙어진 작품이다.

14 구제 데루히코久世光彦 (1935~2006)

　　연출가·프로듀서. 도쿄 출생. 도쿄대학 문학부를 졸업한 뒤 라디오도쿄에 입사했
다. 1965년 무코다 구니코의 TV 드라마 각본 데뷔작이 된 〈일곱 명의 손주〉를 연출
했다. 이후 〈시간 됐어요〉〈데라우치 간타로 일가〉〈무〉〈무 일족〉 등 일본 TV 역
사에 길이 남을 드라마를 만들었다. 1979년 퇴사한 뒤 제작회사 카녹스를 설립했
다. 대표작으로 〈잠자는 술잔〉〈한밤중의 장미〉〈여자의 집게손가락〉〈시간 됐어
요 다시 한번〉〈거친 녀석들〉〈내일은 나의 바람이 분다〉〈고이시카와의 집〉〈멜로
디〉〈선생님의 가방〉〈무코다 구니코의 연애편지〉〈나쓰메가의 식탁〉 등이 있다.
1987년부터는 〈쇼와 환등관〉을 시작으로 소설, 평론, 에세이 등 다수의 저작을 남
겼다.

15 절연

　1979년 1월, 〈무 일족〉의 뒤풀이 파티에서 키키는 연설 도중 프로듀서인 구제 데루히
코와 '지카마쓰야극 중 신발과 우산을 파는 가게의 도모코' 역을 연기한 노구치 도모코가
불륜 관계이며 이미 노구치가 임신 8개월이라는 사실을 폭로했다. 구제는 모든 것을
인정하고 이 작품을 마지막으로 TBS를 퇴사했으며, 정식으로 이혼한 뒤 노구치와 재
혼했다. 키키와 구제는 1996년 방송한 드라마 〈도련님 님〉 전까지 절연했다.

16 〈도련님 님坊ちゃんちゃん〉

　TBS에서 1996년에 방영된 드라마로 나쓰메 소세키 원작의 『도련님』을 헤이세이
1989년부터 2019년 4월까지 사용된 일본의 연호 버전으로 재탄생시킨 인간미 넘치는 코미
디다. 연출은 구제 데루히코가 맡았고 도련님은 고 히로미가 연기했다. 키키는 여
기서 기요와 구로, 두 역할을 맡았다.

17 우치다 유야内田裕也 (1939~2018)

　뮤지션. 효고현 출생. 키키 키린의 남편이다. 1959년 니혼 극장 웨스턴카니발에서
본격 데뷔 이후 '우치다 유야와 더 플라워스'의 보컬리스트 등을 거쳐 1970년대 후
반부터는 배우로도 활동했다. 영화 〈코믹 잡지 따위 필요 없어!〉〈생선에서 다이옥
신!!〉에서는 각본가와 주연을 겸했다.

18 〈도쿄 타워〉 특집호

　2007년 3월 20일에 발매된 〈스위치〉의 권두 특집 「오다기리 조의 '나인 스토리즈
프롬 도쿄 타워'」를 가리킨다.

19 목욕탕에서 허드렛일을 하는 사람

드라마 〈시간 됐어요〉에서 키키가 연기한 종업원을 가리킨다.

20 아야세 하루카綾瀬はるか (1985~)

배우·가수. 히로시마현 출생. 2001년 드라마 〈소년 탐정 김전일〉로 배우 데뷔했다. 대표작으로 드라마 〈세상의 중심에서 사랑을 외치다〉〈호타루의 빛〉〈진〉〈야에의 벚꽃〉〈정령의 수호자〉〈이다텐〉 등이 있고, 주연을 맡은 영화로는 〈사이보그 그녀〉〈이치ICHI〉〈가슴 배구단〉〈잃어버린 마법의 섬—홋타라케〉〈만능감정사 Q—모나리자의 눈동자〉〈더 고다이 패밀리〉〈혼노지〉〈오늘 밤, 로맨스 극장에서〉 등이 있다.

21 핫토리 세이지服部晴治 (1940~1987)

TBS 프로듀서·드라마 연출가. 1980년에 방영한 연속극 〈연인들〉의 연출을 맡았다. 주연이었던 오타케 시노부와 1982년에 결혼하여 아들을 낳았으나 1987년 암으로 사망했다.

22 센본 요시코せんぼんよしこ (1928~)

TV 연출가·영화감독. 중국 다롄 출생. 1953년에 닛폰TV에 입사해 1959년부터 1962년의 〈사랑의 극장 시리즈〉로 주목받았다. 1988년 〈내일—1945년 8월 8일·나가사키〉를 마지막으로 퇴사했다. 대표작으로 〈인연〉〈덴쓰쿠텐天佃天〉〈하이칼라 고이 씨〉〈엄마라는 건 지옥 같아〉〈산을 달리는 여자〉 등이 있다. 2006년 영화 〈붉은 고래와 흰 뱀〉으로 첫 영화를 연출했다.

23 스즈키 세이준鈴木淸順 (1923~2017)

영화감독·배우. 도쿄 출생. 1948년 쇼치쿠 오후나 촬영소의 제1회 조감독 시험에 합격한 뒤 조감독으로 일했다. 1954년 닛카쓰로 이적, 1956년 〈항구의 건배, 승리를 나의 손에〉로 감독 데뷔하고 1977년 쇼치쿠로 이적했다. 대표작으로 〈육체의 문〉 〈살인의 낙인〉 〈치고이너바이젠〉 〈아지랑이좌〉 〈유메지〉 〈피스톨 오페라〉 〈오페레타 너구리 저택〉 등이 있다.

24 〈내일—1945년 8월 8일·나가사키明日—1945年8月8日·長崎〉

1988년 8월 9일 닛폰TV에서 방영한 드라마로 원작은 이노우에 미쓰하루의 동명 소설이다. 오타케 시노부는 출산을 코앞에 둔 큰딸과 성매매 여성 두 역할을 연기했다. 제4회 문화청예술제상 TV 드라마 부문 작품상을 수상했다.

25 이치카와 신이치市川森一 (1941~2011)

각본가·극작가·소설가. 나가사키현 출생. 1966년 어린이 대상의 특수 촬영 방송 〈괴수 부스카〉 제4화로 각본가 데뷔했다. 〈울트라 세븐〉 〈돌아온 울트라맨〉 〈코멧 씨〉 등 어린이 방송을 거쳐 드라마로 중심축을 옮겼고, 1974년 하기와라 겐이치와 미즈타니 유타카 주연의 〈상처투성이 천사〉로 각광받았다. 대표작으로 드라마 〈이슬방울 목걸이〉 〈친척들〉 〈유혼幽婚〉 등이, 영화 〈이인異人들과의 여름〉 〈나가사키 부라부라 부시나가사키에 전해지는 민요〉 〈다조마루TAJOMARU〉 등이 있다.

26 다나카 유코田中裕子 (1955~)

배우. 오사카 출생. 대학 재학 시절 분가쿠자에 입단한 후 1979년 NHK 연속 TV 소

설 〈마 언니〉로 데뷔했다. 대표작으로 드라마 〈무코다 구니코 신춘 시리즈〉〈마더〉
〈우먼〉 등이, 영화 〈스물네 개의 눈동자〉〈오사카 이야기〉〈히비火火〉〈시작의 길〉
등이 있다.

27 야마다 다이치山田太一 (1934~)

각본가·소설가. 도쿄 출생. 와세다대학 교육학부를 졸업한 뒤 쇼치쿠에 입사하
여 기노시타 게이스케 감독을 사사했다. 1965년에 퇴사하고 프리랜서 각본가가 되
었다. 1968년 드라마 프로그램 〈기노시타 게이스케 아워〉의 〈3인 가족〉을 집필하
여 높은 시청률을 기록했다. 대표작으로 〈남자들의 여로〉〈강변의 앨범〉〈추억 만
들기〉〈초봄 스케치북〉〈들쑥날쑥한 사과들〉〈티롤의 만가〉〈언덕 위의 해바라기〉
〈퀼트 집〉 등이 있다.

28 류 지슈笠智衆 (1904~1993)

배우. 구마모토현 출생. 1925년 쇼치쿠에 입사해 10년 정도 단역 배우로 지내다 오
즈 감독의 눈에 띄어 〈대학은 멋진 곳〉에서 조연을 맡았다. 이후 〈아버지가 있었
다〉〈가을 햇살〉〈동경 이야기〉〈꽁치의 맛〉 등에 출연하며 오즈 작품에 빼놓을 수
없는 배우가 되었다.

29 류 지슈 3부작

야마다 다이치 각본, 류 지슈 주연의 명작 〈오래 살면〉〈월동 준비〉〈오늘 아침의
가을〉을 가리킨다.

30 〈오늘 아침의 가을今朝の秋〉

1987년 NHK에서 방영한 드라마(총 6화)로 생이 얼마 남지 않은 아들을 간호하는 노인의 모습을 통해 생과 사, 인간의 업業을 날카롭게 파고들었다.

31 스기우라 나오키杉浦直樹 (1931~2011)

배우. 아이치현 출생. 1958년 개봉한 영화 〈녹슨 나이프〉로 주목받았다. 쇼치쿠를 퇴사한 뒤 무코다 구니코의 〈아버지의 사과편지〉〈아·웅〉, 야마다 다이치의 〈강변의 앨범〉 등 다수의 명작에 출연했다.

32 스기무라 하루코杉村春子 (1906~1997)

배우. 히로시마현 출생. 1937년 극단 분가쿠자 결성에 참여했고 1940년 〈퍼니〉로 주역을 연기하며 분가쿠자를 대표하는 간판 배우가 되었다. 같은 해 개봉한 영화 〈오쿠무라 이오코〉로 영화 첫 주연을 맡았고, 이후 구로사와 아키라, 기노시타 게이스케, 오즈 야스지로, 나루세 미키오, 미조구치 겐지 등의 거장들에게도 높은 평가를 받아 140편 이상의 작품에 출연했다. 대표작으로 연극 〈여자의 일생〉〈욕망이라는 이름의 전차〉〈하나오카 세이슈의 아내〉〈쏟아지는 미국 비에 소매는 적시지 않으리〉〈화려한 일족〉 등이, 영화 〈내 청춘에 후회는 없다〉〈만춘〉〈초여름〉〈밥〉〈동경 이야기〉〈흐르다〉〈부초〉〈꽁치의 맛〉〈붉은 수염〉〈묵동기담濹東綺譚〉〈오후의 유헌장〉 등이 있다.

33 바이쇼 미쓰코倍賞美津子 (1946~)

배우. 이바라키현 출생. 1967년 친언니 바이쇼 지에코와 이복 자매를 연기한 영화

〈순정 이중주〉로 데뷔했다. 대표작으로 〈히토키리人斬り〉〈복수는 나의 것〉〈살아
있는 게 최고야 죽으면 끝이지 당党 선언〉〈연애편지〉〈아웃〉 등이 있다. TV에서도
활약했으며, 2007년 방영한 〈도쿄 타워〉의 어머니 역할이 호평을 받아 그 뒤로 주
인공의 어머니와 할머니 역을 많이 맡았다.

34 사잔카 규山茶花究 (1914~1971)

배우·코미디언. 오사카 출생. 소극단 카지노폴리의 가수, 아사쿠사오페라자座의 배
우를 거쳐 1937년 도호의 롯파자座에 입단하여 모리시게 히사야를 만났다. 희극 배
우로 연극과 영화를 오가며 활약하는 가운데, 모리시게의 권유로 1955년 개봉 영화
〈메오토 젠자이〉에 출연하게 됐다. 이후 모리시게 주연의 〈사장 시리즈〉〈역전 시
리즈〉에 출연하는 한편, 구로사와 아키라와 가와시마 유조의 영화에도 단골로 등
장했다.

35 〈나는 조개가 되고 싶다私は貝になりたい〉

라디오도쿄(현 TBS)의 〈산요 TV 극장〉에서 1958년에 방영된 드라마로 주연은 프랭
키 사카이가 맡았다. 전 육군 중위 가토 데쓰타로의 옥중 수기 「광기 어린 전범 사
형수」의 유서 부분을 토대로 창작한 픽션으로, 제2차 세계대전 중에 포로를 척살한
이발소 주인이 체포·처형되기까지의 일을 그렸다. 1959년과 2008년에 영화로 만들
어졌고 1994년에 TV 드라마로 리메이크되었다.

36 이시카와 하지메石川甫 (생몰연도 미상)

연출가. 라디오도쿄(현 TBS)에 입사해 1961년부터 1967년에 방영한 〈긴테쓰 금요

극장〉의 프로듀서를 맡았다. 연출 대표작으로 〈로쿠메이칸〉〈텐텐 아가씨〉〈매머 드 타워〉 등이 있다. 장편 기록영화 〈일본 잔혹 이야기〉의 구성도 담당했다.

37 분가쿠자文学座

1937년 기시다 구니오, 구보타 만타로, 이와타 도요오가 발기인이 되어 결성한 극 단. 1949년 아쿠타가와 히로시, 가토 미치오, 가토 하루코 등의 무기노카이가 합류 했다. 창립자 세 명으로 시작하여 모리모토 가오루, 가토 미치오, 미시마 유키오, 아 리요시 사와코 등의 작품을 동시대의 신작으로 상연했고 셰익스피어, 체호프, 테네 시 윌리엄스, 손턴 와일더의 번역극도 적극적으로 공연했다. 1963년 아쿠타가와 히 로시, 다카하시 마사야, 가토 가즈오, 고이케 아사오, 기시다 교코, 가토 하루코 등 멤버 29명이 퇴단하여 후쿠다 쓰네아리와 함께 극단 구모를 설립했다. 1966년에 는 기시다 신, 유키 지호(뒷날의 키키 키린), 구사노 다이고 등도 퇴단하여 극단 6월 극장六月劇場을 결성했다.

38 신극新劇

구극(가부키를 가리키며 구파旧派라고도 한다), 신파(新派, 메이지 시대에 시작된 소시시바 이壮士芝居, 쇼세이시바이書生芝居들 다 지식 계급 청년이 자유 민권 사상을 민중에 고취하고자 시작한 아마 추어 연극 등을 전신으로 한 현대극)에 대항하는 말로 유럽류의 근대적·예술 지향적 연극을 기리킨다. 신극 운동의 확립은 간토 대지진 후에 만들어진 극단 쓰키지소극장築地小 劇場에서 이루어졌으며, 이에 이어지는 극단으로는 분가쿠자(1937년 결성), 하이유자 (1944년 결성)가 있다.

39 오즈 야스지로小津安二郎 (1903~1963)

영화감독·각본가. 도쿄 출생. 1927년 시대극 〈참회의 칼〉로 감독 데뷔했고, '오즈 풍'이라 불리는 독특한 영상 세계로 수많은 명작을 남겼다. 대표작으로 〈만춘〉 〈초 여름〉 〈동경 이야기〉 〈안녕하세요〉 〈꽁치의 맛〉 등이 있다.

40 구로사와 아키라黒澤明 (1910~1998)

영화감독. 도쿄 출생. 1936년 P.C.L. 영화제작소(뒷날 도호와 합병)에 조감독으로 입사 후 1943년 〈스가타 산시로〉로 감독 데뷔했다. 역동적인 영상 표현과 휴머니 즘 짙은 작풍으로 '세계의 구로사와'라고 평가받았다. 대표작으로 〈라쇼몬〉 〈살다〉 〈7인의 사무라이〉 〈요짐보〉 〈천국과 지옥〉 〈붉은 수염〉 〈란〉 등이 있다.

41 〈꽁치의 맛〉

1962년 개봉한 오즈 야스지로 감독의 영화로 그의 유작이다. 딸을 시집보낸 아버지 의 노년과 고독이 주제인데, 류 지슈가 연기하는 아버지가 친구들과 주고받는 말 이 희극미를 더한다. 그 밖에 이와시타 시마, 사다 게이지, 오카다 마리코 등이 출 연했다.

42 〈벚꽃의 노래さくらの唄〉

TBS의 〈수요 극장〉에서 1976년 방영된 드라마로 도쿄 구라마에서 작은 접골원 을 운영하는 남편(와카야마 도미사부로)과 그 아내(가토 하루코)는, 연인의 아이를 임 신했지만 결혼하지 않는 큰딸(유키 지호)과 유부남을 사랑하는 둘째 딸(모모이 가오 리) 때문에 골머리를 앓는다. 구제 데루히코는 총 26화 가운데 첫 화와 마지막 화를 포함하여 아홉 편을 연출했다.

43 〈만춘〉

1949년 개봉한 오즈 야스지로 감독의 영화로, 처음으로 '딸의 결혼을 둘러싼 홈드
라마'를 그렸다. 이 작품과 〈가을 햇살〉〈동경 이야기〉에서 하라 세쓰코가 연기한
주인공의 이름이 모두 '노리코'라서 '노리코 3부작'이라고도 불린다. 출연은 류 지
슈, 하라 세쓰코, 쓰키오카 유메지, 스기무라 하루코 등이다.

44 핑키 앤 킬러스Pinky&Killers의 〈사랑의 계절〉

1968년에 발매된 핑키 앤 킬러스의 데뷔 싱글로 제10회 레코드 대상 신인상을 수
상, 270만 장의 판매고를 올렸다. 핑키는 가수 곤 요코, 킬러스는 남성 4인조 백 밴
드를 가리킨다.

45 『뒤늦은 대유언서今さらながら 大遺言書』

2004년 신초사에서 출간. 〈주간 신초〉의 연재 기사를 묶은 단행본으로 『대유언서』
『살아 있기 때문에』『잘 있거라 대유언서』까지 4부작으로 이루어져 있다.

46 야마후지 쇼지山藤章二 (1937~)

풍자 만화가·일러스트레이터. 도쿄 출생. 무사시노미술대학 디자인과를 졸업한 뒤
1960년 내셔널선전연구소에 입사 후 수많은 디자인상을 수상했고 1964년에 프리랜
서가 되었다. 1976년부터 〈주간아사히〉에 「야마후지 쇼지의 블랙 앵글」을 연재하기
시작했다. 연예인이나 화제의 인물을 현대의 세태와 합치시킨 작품이 특징이다.

47 사카이 마사아키堺正章 (1946~)

코미디언·가수·배우·사회자. 도쿄 출생. 열여섯 살이던 1962년 음악 밴드 '더 스파이더스'에 보컬로 들어갔고, 1970년부터 시작한 드라마 〈시간 됐어요〉에 출연하여 키키와 함께 인기를 얻었다.

48 〈무코다 구니코 신춘 시리즈向田邦子新春シリーズ〉

구제 데루히코가 무코다 구니코 사후 1985년부터 2001년에 연출한 드라마 시리즈.

49 티브이맨유니언TVMAN UNION

1970년 TBS에서 나온 하기모토 하루히코, 무라키 요시히코, 곤노 쓰토무 등의 연출가가 중심이 되어 설립한 일본 최초의 독립 TV 방송 제작회사. 고레에다는 1987년에 들어갔다가 2014년에 독립하여 영화감독 니시카와 미와, 스나다 마미 등과 함께 제작자 집단 '분부쿠'를 설립했다.

50 〈NONFIX〉

후지TV에서 1989년 방영을 시작한 다큐멘터리 프로그램으로 현재는 간토 지방에서 비정기적으로 방영한다. 모리 다쓰야, 제제 다카히사 등 수많은 TV 연출가와 영화감독을 배출했다. 고레에다도 이 프로그램에서 〈그러나…… 복지를 버리는 시대로〉 〈또 하나의 교육—이나초등학교 봄반의 기록〉 〈공해는 어디로 갔나……〉 〈그가 없는 8월이〉 〈시리즈 헌법—제9조·전쟁 포기 '망각'〉 등을 만들었다.

51 고이케 히카루小池光 (1947~)

시인. 미야기현 출생. 도호쿠대학 대학원 이학연구과 석사 과정 수료 후 1972년 단카 결사 '단카진短歌人'에 들어갔다. 1975년부터 2006년까지 이과 교사로 일했다. 1978년 첫 번째 시집『발사나무의 날개』로 현대가인협회상을, 2001년 다섯 번째 시집『정물』로 예술선장 문부과학대신 신인상(문학 부문) 수상을, 2016년 아홉 번째 시집『오모이가와의 강변』으로 요미우리문학상을 수상했다.

52 『쇼와 환등관昭和幻燈館』

1987년 쇼분샤에서 출간된 후 1992년에 같은 제목으로 주코문고에서 재출간됐다.

53 일본의 텔레비전 버라이어티사史를 돌아보는 방송

후지TV의 〈채널 Σ〉에서 2010년 3월 27일에 방영한 〈나쁜 것은 모두 하기모토 긴이치다〉를 가리킨다.

54 〈시간 됐어요時間ですよ〉

TBS에서 1970년부터 1973년까지 세 시리즈에 걸쳐 방영(총 95화). 도쿄 고탄다에서 대중탕 '마쓰노유'를 운영하는 마쓰노가家를 중심으로 한 홈드라마로 주연은 모리 미쓰코다. 마쓰노가의 후계자 문제를 그리는 한편, 각 시리즈의 오디션으로 뽑은 신인(가와구치 아키라, 니시 마스미, 아사다 미요코)과 사카이 마사아키, 유키 지호가 연기하는 종업원 '트리오 더 목욕탕'이 개그를 연발하여 안방극장의 인기인이 되었다.

55 〈도시코 씨とし子さん〉

TBS에서 1966년에 방영된 드라마로 〈일곱 명의 손주〉에서 키키가 연기한 가정부 (도시코)가 호평을 받아 그 캐릭터 그대로 제작되었다.

56 하시다 스가코橋田壽賀子 (1925~)

각본가·극작가. 서울 출생. 1949년 쇼치쿠 최초의 여성 사원으로 입사하여 각본부에 배치되었다. 1959년에 독립하여 1964년 〈봉투를 건네면〉으로 각본가 데뷔 후 같은 해 〈사랑과 죽음을 응시하며〉가 화제를 모았다. 대표작으로 〈민들레〉〈마음〉 〈오싱〉〈가스가노 쓰보네〉〈세상살이 원수 천지〉 등이 있다. 대사가 길며 연출가나 배우의 대사 변경을 허용하지 않는 것으로 유명하다.

57 『〈시간 됐어요〉를 만든 남자─구제 데루히코의 드라마 세계〈時間ですよ〉を作った男─ 久世光彦のドラマ世界』

2007년 후타바샤에서 출간. 가토 요시히코가 6년에 걸친 인터뷰를 통해 전설적인 드라마의 제작 비화를 밝혀냈다.

58 오카모토 노부토岡本信人 (1948~)

배우. 야마구치현 출생. 1962년 NHK 드라마 〈후쿠자와 유키치〉로 아역 데뷔했고, 〈대장부 엄마〉 출연을 계기로 TBS 홈드라마의 명 조연으로서 이시이 후쿠코가 만드는 작품의 단골손님이 되었다. 이시이와 콤비를 이룰 때가 많은 하시다 스가코의 각본에도 다수 출연했다. 대표작으로 드라마 〈고마워 시리즈〉〈세상살이 원수 천지〉, 영화 〈악마의 공놀이 노래〉〈도련님〉 등이 있다.

59 사와다 마사미沢田雅美 (1949~)

배우. 가나가와현 출생. 1964년 TV 드라마 〈지금 열한 명〉으로 데뷔했다. 대표작으로 드라마 〈아쓰미 기요시의 울까 보냐〉〈대장부 엄마〉〈고마워〉〈세상살이 원수 천지〉〈강변의 앨범〉 등이, 연극 〈여자의 집〉 등이 있다.

60 〈대장부 엄마肝っ玉かあさん〉

TBS에서 1968년부터 1972년까지 세 시즌에 걸쳐 방영(총 117화)된 드라마로 연출은 이시이 후쿠코, 각본은 히라이와 유미에가 맡았다. 30퍼센트 전후의 시청률을 자랑하며 〈고마워〉〈세상살이 원수 천지〉로 이어지는 인기 노선의 선구가 되었다. 교즈카 마사코, 야마구치 다카시, 나가야마 아이코, 사와다 마사미 등이 출연했다.

61 〈세상살이 원수 천지渡る世間は鬼ばかり〉

TBS의 〈수요 21시〉에서 방영한 드라마로 1990년부터 2011년에 시리즈로서 비정기적으로 방영(총 510화)됐다. 이즈미 핀코, 나가야마 아이코, 나카다 요시코, 후지오카 다쿠야, 야마오카 히사노 등이 출연했다.

62 『집의 냄새 거리의 소리―옛날 소반이 있었던 무렵家の匂い 町の音―むかし卓袱台があったころ』

2001년 슈우노노보샤에서 출간. 야마모토 나쓰히코의 의뢰로 잡지 〈실내〉에 연재한 글을 단행본으로 엮은 것이다. 2006년에 『옛날 소반이 있었던 무렵』이라고 제목을 바꾸어 지쿠마문고에서 재출간됐다.

63 모리 미쓰코森光子 (1920~2012)

배우. 교토 출생. 1935년 영화 〈나리히라 고조·봄의 안개 에도의 거리들〉로 데뷔
후 1961년 연극 〈방랑기〉의 주연으로 발탁됐다. 1966년부터 〈천국의 아버지 안녕
하세요〉 〈시간 됐어요〉 등 다수의 TV 드라마에 출연하여 확고한 인기를 얻었다.

64 인터뷰란

2014년 2월 15일자 〈아사히신문〉에 실린 「지금이야말로 정치를 이야기하자—'이분
법의 세계관'」을 말한다. 본문의 다카노하나와 무사시마루의 대결은 2001년 5월 경
기 마지막 날의 결승전을 가리킨다.

65 다카노하나貴乃花 (1972~)

전 프로 스모 선수(제65대 요코즈나스모 선수의 등급에서 가장 높은 단계)·방송인. 도쿄 출생.
본명은 하나다 고지이며 아버지는 다카노하나 도시아키, 큰아버지는 초대 와카노하
나인 스모 명문가에서 자랐다. 1990년 처음으로 마쿠우치스모 계급 가운데 상위 5개
계급의 총칭에 들었고, 형 와카하나다와 함께 '와카다카 피버fever' 현상을 일으키
며 인기를 얻었다. 1994년 요코즈나로 승격됐고 2003년 1월 대회의 아홉째 날에 현
역 은퇴를 표명(당시 서른 살)했다. 은퇴 후에는 다카노하나베야스모 선수를 양성하는 기
관이자 그들이 소속된 각 그룹을 '헤야(部屋, 명사 뒤에서는 '베야'로 발음)'라고 한다의 사부가 되었고,
2010년 일본스모협회 이사에 취임했다가 2018년 퇴임했다.

66 무사시마루武蔵丸 (1971~)

전 프로 스모 선수(제67대 요코즈나)·방송인. 하와이주 오아후섬 출생. 본명은 피아말

루 페니타니. 경제적 이유로 대학 진학을 단념하고 스모 선수 제의를 받아 무사시가
와베야에 입문했다. 선수명 무사시마루는 소속된 무사시가와베야와 본명 피아말루
를 합친 것이다. 1991년 처음으로 마쿠우치에 들었다. 1999년에 요코즈나로 승격됐
고 2003년 11월 대회 여덟째 날에 현역 은퇴를 표명했다. 은퇴 후에는 무사시가와베
야의 감독으로서 후진을 양성했다. 현재는 연예계 활동 외에 스모협회의 감찰위원으
로 일하고 있다.

67 고이즈미 준이치로小泉純一郎 (1942~)

정치가. 가나가와현 출생. 2001년부터 2006년까지 제87~89대 내각총리대신을 역임
했다.

68 〈미소라 히바리 이야기美空ひばり物語〉

TBS에서 1989년 방영. 미소라 히바리 본인의 다큐멘터리 영상도 삽입되는 등 실제
모습에 가깝게 만들어졌다. 미소라 히바리는 기시모토 가요코가 연기했다.

69 미소라 히바리美空ひばり (1937~1989)

가수·배우. 1937년 가나가와현 출생. 열두 살 때 주연을 맡은 영화 〈슬픈 휘파람〉
이 대히트했고 동명의 주제가도 45만 장(당시 사상 최고 기록)이 팔려 국민 가수가
되었다. 1960년 〈애수 부두〉로 일본 레코드 대상 가창상을 수상하며 '가요계의 여
왕'이라는 별명을 얻었다. 대표작으로 〈도쿄 키드〉〈사과 갈림길〉〈부두예요, 아버
지〉〈항구 도시 13번지〉〈야와라柔〉〈슬픈 술〉〈새빨간 태양〉〈뒷골목 술집〉〈흐트
러진 머리〉〈흐르는 강물처럼〉 등이 있다.

70 〈왈가닥 아가씨はね駒〉

1986년에 방영한 NHK 연속 TV 소설(36번째 작품). 당시 아이돌로 인기 절정이던 사이토 유키가 주연을 맡아 메이지 시대부터 다이쇼 시대까지 활약한 여성 신문기자의 반생을 그렸다. 키키는 마흔세 살로 어머니 역을 호연하여 이듬해 제37회 예술선장 문부과학대신상을 수상, 문부과학대신 신인상을 수상한 사이토와 '모녀 수상'을 이루었다.

71 예술선장芸術選奨

일본 문화청이 주최하는 예술가 표창 제도. 1950년 발족되어 연도별로 각 예술 분야에서 뛰어난 업적을 거둔 인물에게 '문부과학대신상'을, 그 업적으로 새로운 영역을 개척한 인물에게 '문부과학대신 신인상'을 수여한다. 고레에다도 제64회 문부과학대신상을 수상했다.

72 하시즈메 이사오橋爪功 (1941~)

배우. 오사카 출생. 1961년 분가쿠자 부속 연극연구소 1기생에 합격했고 1975년 연극 집단 엔 창립에 참가했으며 현재는 대표를 맡고 있다. 연극, 영화, 드라마에서 코믹한 역부터 진지한 역까지 폭넓게 활약했다. 대표작으로 영화 〈축하합니다, 애도합니다〉 〈동경가족〉 〈가족은 괴로워〉 등 다수가 있다. 고레에다 작품 중에는 〈진짜로 일어날지도 몰라 기적〉 〈태풍이 지나가고〉 〈세 번째 살인〉에 출연했다.

뼈를 빼고 움직이다

키린 씨의 권유로 낫토 CF를 만든 적이 있다. 〈걸어도 걸어도〉의 촬영이 끝난 2007년 가을, 10월의 일이다. "긴노쓰부낫토 브랜드명으로 '금 알갱이'라는 뜻 먹자"라는 그 선전이다. 세트장 부엌의 테이블에 앉아 키린 씨가 그저 맛있게 낫토를 먹는, 그저 그뿐인 CF. 그런데 이 먹는 연기가 실로 대단했다. 아니, 무시무시했다. 흰밥과 끈끈하게 늘어지는 알 굵은 낫토를 볼이 미어져라 젓가락으로 퍼먹고, 입 주위에 남은 밥알을 흰밥과 함께 호쾌하게 후루룩 빨아들이고는 맛있다는 듯 "으흠" 감탄사를 흘린다. 멋졌다. 모리시게 씨는 잘 자빠지는 게 좋은 배우의 조건이라고 여러 곳에 썼는데, 나는 먹으면서 대사를 할 수 있는 것 또한 뛰어난 배우의 조건 중 하나라고 생각한다.

그러나 클라이언트 시사회에서는 악평을 받았다. 전해들은 말이긴 하지만 먹는 모습이 '지저분하다'라는 이유인 듯했다. CF의 경우 이런 삐걱거림이 자주 있어서 "다큐멘터리 터치로 부탁합니다"라고 의뢰해놓고

이 인터뷰는 2016년 4월 11일 롯폰기에 있는 한 스튜디오에서 진행됐다.

"좀 더 알기 쉬운 코멘트가 필요해요"라는 클라이언트인지 광고 회사인지 누구의 말인지 모를 감상이 돌아오거나 최종 결정권이 누구한테 있는지도 모르는 채 현장이 우왕좌왕해서 결과적으로 여러 버전으로 촬영하거나, 나중에 CG로 보태거나 지우는 일뿐이다.

이때도 어쩔 수 없이 키린 씨 입 주위에 붙은 낫토 몇 알을 CG로 지우는 너무나도 아쉬운 경험을 했다. 뒷날 키린 씨에게 그 이야기를 했더니 "난 (요시나가) 사유리 씨가 아니니까……" 하며 웃었지만.

이처럼 키린 씨와는 영화 말고도 CF나 내가 출연한 NHK 프로그램 〈과외수업─어서 오세요 선배님〉[1]의 내레이션을 부탁드리는 등 몇 가지 일을 함께했다. 영상을 보며 즉석에서 덧붙이는 내레이션은 사전에 준비한 글을 읽는 게 아니라 문득 떠오른 감상을 던지듯 말해 영상과 합쳤다. 그 뛰어난 동체 시력과 반사 신경, 담백한 단어를 고르는 센스는 드라마나 영화 현장에 설 때의 그것과 통하는 면이 있어서 정말로 배울 점이 많다.

지난번 인터뷰에서 "내 어느 면을 보고 계속 같이하고 싶다고 느껴요?"라는 돌직구 질문을 받았을 때는 대답이 궁했지만, 한마디로 말하자면 역시 "재밌어서"가 아닐까. 키키 키린은 재밌다. 훌륭한 것도 즐거운 것도 도움이 되는 것도 아니고, 역시 재밌다.

연기를 해나가면서 동시에 실제로 먹어나가는 것.
당연한 일이라고 생각해요.

고레에다　　이번에는 구체적인 작품의 영상을 보며 이야기를 나누고 싶은데요. 먼저 아무래도 〈도쿄 타워〉에 대해 여쭙고 싶습니다. 왜냐하면 이 작품을 안 봤다면 키린 씨께 〈걸어도 걸어도)를 제안하지 않았을 것 같거든요.

키키   아아, 그래.

고레에다   그전까지 키린 씨는 조연으로 잠깐 나오는 경우가 많았죠.

키키   맞아, 조금밖에 안 나왔지.

고레에다   조금밖에 안 나오지만 극을 완전히 장악하죠.

키키   그렇지도 않아, '단역'인걸(웃음).

고레에다   이 영화부터는 작품을 대하는 태도랄까 자세가 명백하게 달
            라진 것 같아요.

키키   출연하는 장면이 많으면 '단역' 때처럼 악착같은 연기는 안
            하지(웃음).

고레에다   그런 거였나요. 잠깐 출연할 때는 그 잠깐으로 인상을 남기
            려고 하신다는 거죠?

키키   맞아. 짧은 시간에 알기 쉽게 보여주자, 하는 거지.

고레에다   키린 씨는 2005년에 유방암 수술을 받았고 이 작품은 2007년

에 개봉했죠. 병을 앓던 것과 이 역을 수락하신 것 사이에 밀접한 관계가 있나요?

키키   밀접한 관계 같은 건 하나도 없어. 요시나가 사유리[2] 씨는 암 환자인 내가 이 역할_{암으로 죽는 역할}을 하는 모습을 차마 볼 수 없었다고 했지만요. 내 병은 그 정도로 대단치 않았으니까. 그냥 연기했을 뿐이야. 딱히 관계는 없어.

고레에다   그렇다면 이 작품을 하겠다고 결심한 계기는요?

키키   구제 데루히코 씨가 〈도쿄 타워〉를 TV로 만들 건데 나와달라고 했어. 원작자 릴리(프랭키)[3] 씨가 구제 씨 드라마를 좋아해서 언젠가 구제 씨랑 나랑 일을 하고 싶다고 생각했던 모양이라, 영화화 제의는 많았지만 릴리 씨 본인이 구제 씨한테 책을 맡겼지. 그래서 구제 씨가 나한테 책을 보냈는데 읽어보니 재밌더라고. 재밌다고 하면 어폐가 있지만, 아아, 인생이란 이런 거구나…… 했지.

그러더니 구제 씨가 "후지TV가 수락했으니 TV로 내보낼 거야"라잖아. 난 "이제 TV는 안 할 거야" 했어. 실은 안 할 마음까지는 없었는데, 구제 씨랑 끝내기 위해 그렇게 말하고는 "영화라면 하겠지만" 했지. 구제 씨는 예전에 바보짓을 해서 영화는 안 하니까. "TV로" "영화로" 옥신각신 하던 끝에 결국 "한 장면 정도면 나갈까"라고 말해버려서, (처음으로 영상화된 단편 드라마[4]에) 집주인인가 뭔가로 나갔어요. 뭐…… 크랭크인 전에 구제 씨가 세상을 떠나서 연출자는 다른 사람으로 바뀌었지만. 그 뒤 "영화라면"이라고 말을 해버렸으니 영화에서 어머니 역할을 하게 된 거지.

고레에다   영화 속에서 한 군데, 대단한 장면은 아니지만 아주 인상적인 컷이 있어요. 어머니가 신칸센을 타고 상경하는 부분인데요.

> **〈도쿄 타워〉 01:17:20~**
> 신칸센 차내. 홀로 좌석에 앉아 창밖을 바라보는 엄마(키키). 골똘히 생각에 잠긴 듯 진지한 표정이다.

고레에다   여기서 키린 씨는 의자 등받이를 앞으로 살짝 세우는 연기를 하셨죠?

키키   나의 결심이지.

고레에다   그 연기는 키린 씨가 직접 생각해내셨어요?

키키   감독은 아무 말도 안 했던 것 같은데…….

고레에다   그게 굉장히 좋았어요. 신칸센 안에서 앞을 보며 의자 등받이를 쓱 세우는 느낌이, 이제 고향에는 안 돌아가고 도쿄에서 살아갈 거라는 엄마의 각오를 아주 명쾌하게 드러내고 있죠.

키키   과연. 난 그런 생각은 아무것도 안 하고 있었는데.

고레에다   앞 좌석 너머로 키린 씨의 표정을 포착한 가사마쓰 노리미치[5] 씨의 카메라 포지션도 훌륭해요. 다음은 키린 씨가 소면을 먹는 부분인데요.

> **〈도쿄 타워〉 01:23:49~**
> 나(오다기리 조)의 집. 부엌 식탁에서 엄마와 내가 점심을 먹고 있다. 식탁 위에는 소면과 반찬 몇 가지가 놓여 있다. 저금과 연금 이야기를 하는 나. 엄마는 그 말을 들으며 한 입 두 입 소면을 먹는다.

키키   이 대목의 어디가 좋아요?

고레에다   키린 씨가 소면을 먹는 방식이요.

키키   다들 그렇게 안 먹어?

고레에다   보통 여자 배우는 그렇게 많이 안 먹어요. 키린 씨는 먹는 양이 엄청 많죠. 두 입 드시는데, 그 한 입 한 입마다 입에 넣는 소면 양이 굉장히 많거든요.

키키   확실히 그렇네. 또 먹으면서 말도 많이 하니까.

고레에다   맞아요. 대사도 있으니 웬만해선 그만큼 못 먹죠.

키키 　　　과연. 고레에다 감독은 그런 부분을 보고 있구나. 나로서는 당연한 일이지만.

고레에다 　　요즘 여자 배우들은 못 할 거예요. 키린 씨는 먹으면서 말하는 연기를 아주 잘하시죠?

키키 　　　잘한달까, 그렇게 안 하면 거짓말이 되거든.

고레에다 　　그건 누구한테 배우셨어요?

키키 　　　모리시게 씨, 구제 씨지……. 그리고 무코다 씨가 먹는 장면을 각본에 엄청 집어넣어. 지마키떡 혹은 찹쌀을 삼각형으로 만들어 대나무 잎으로 감싸고 등심초 등으로 묶은 것 만드는 법 같은 것도 진짜로 배웠고. 빙그르르 감싸서 마지막에는 획 끼워 넣는다든가. 그런 것도 전부 했으니까요. 음식을 실제로 만드는 것, 혹은 실제로 먹는 것. 연기를 해나가면서 동시에 실제로 먹어나가는 것. 당연한 일이라고 생각해요.

고레에다 　　지금은 그게 당연하지 않아지고 있어요.

키키 　　　공주님 역할이었다면 소면을 그런 식으로는 안 먹겠지(웃음). 근데 공주님 역할은 안 들어오니까.

고레에다 　　캐스팅에 대해서도 좀 들려주세요. 따님인 우치다 야야코 씨가 젊은 시절의 어머니 역으로 나오는데요, 출연 제안은 마쓰오카 조지[6] 감독이 직접 한 건가요, 아니면 키린 씨가 하신 건가요?

키키   그건 야야코의 산문집을 편집하고 〈도쿄 타워〉 영화 기획과 제작을 담당한 아키야마 미치오[7] 씨랑 얘기를 나누다가, "야야코가 하면 되지 않아?" 했지. 나중에 "엄마, 끼워 팔기 하지 말아줘" 하고 혼났지만(웃음). 맞다, 아키야마 씨는 아버지 역할을 송강호 씨에게 맡기고 싶어 했어. 하지만 "일본어를 못하고 그렇게까지 외울 수도 없다"라고 거절한 모양이야.

고레에다   그렇군요. 송강호 씨는 저도 지금 가장 찍고 싶은 배우예요. 오다가리 조[8] 씨는 어땠나요?

키키   난 싫지 않아. 근데 포스터를 촬영할 때 아키야마 씨가 "그 녀석은 싫은 놈이야" 하더라고. "뭐, 어떤 점이?" 물었더니 "왠지……"라나. 질투려나?(웃음)

고레에다   멋있어서일까요? 폼 잡는 것처럼 보였을까요.

키키   아아, 폼 잡는 것처럼 보였으려나. 하지만 나쁘다고 해야 하나, 뭔가…… 연기하고 싶다는 느낌이 가득한 사람 같았어. 그 점이 멋졌어요.

그런 식으로
난 가지고 있는 걸 뭐든 써버려.

고레에다   다음은 〈악인〉[9]에 대해 여쭤볼게요. 이상일[10] 감독은 한 신
         한 신 굉장히 공을 들이는 타입의 감독이죠. 리허설을 몇 번
         이나 하고, 본 촬영도 몇 번이나 찍잖아요.

키키   맞아.

고레에다   그건 어떠셨어요?

키키   뭐…… 출연 장면이 적으니 참을 수 있었지(웃음).

고레에다   파마머리와 복장은 어떤 식으로 완성하신 건가요?

키키   되는 대로 한 거야. 뽀글머리 가발을 처분하고 싶었거든(웃
         음). 만날 썼으니까. 의상 피팅할 때 들고 가서 감독한테 "미
         안하지만 이 뽀글머리 가발을 쓰고 싶은데요"라고 말했더니
         "(무대인 나가사키에) 로케이션 헌팅을 하러 갔는데 어시장 아
         주머니들이 모두 뽀글머리였어요" 하더라고. "같은 미용실에
         서 하는 게 아닐까 싶을 정도로 모두 머리 모양이 같더군요.
         그러니까 쓰셔도 돼요"라잖아(웃음).

고레에다   그럼 이건 키린 씨가 가지고 있던 가발이네요?

키키   맞아. 하지만 아니나 다를까 야야코가 "엄마, 또 그거 쓰는
        거야? 이제 그만해!" 하면서 화냈지(웃음).

고레에다 어느 작품에서 쓰셨어요?

키키   단역 같은 거 하면서 몇 번이나 썼어.

고레에다 복장 말인데요, 늘 보라색의 무언가를 입고 계시잖아요. 이
        건 키린 씨가 직접 고르신 거예요?

키키   아니, 안 골랐어. 입을 수 있는 사이즈의 옷을 입은 것뿐이야.

고레에다 그러셨군요. 또 등이 약간 굽은 것처럼 둥그스름한데요. 이
        건 옷 속에 뭔가 넣으신 거예요?

키키   응, 안 넣으면 그런 모양은 안 나오지.

고레에다 영화 설정상 배경이 나가사키인데, 현장에서 사투리 지도는
        받으셨어요?

키키   받았어.

고레에다 사투리 말고 그 지방의 특색을 드러내기 위해, 키린 씨는 늘
        어떤 걸 하세요?

키키   아무 생각이 없는데……. 기억이 안 나네. 뭔가 특색이 있었
      어요?

고레에다 있어요. 키린 씨는 도쿄분이시잖아요. 얘기를 나눌 때도 느
      껴지지만 '도쿄 사람'이죠.

키키   그렇지.

고레에다 하지만 이 작품도 그렇고 〈대유괴 레인보우 키즈〉[11]에서도
      그렇고, 아주 훌륭하게 지방 사람을 연기하세요.

키키   그런 말 들어본 적 없어.

고레에다 뭔가 비결이 있으세요?

키키   비결은 없는데……. 분가쿠자에 들어갔을 때 귀가 좋다는 얘
      기를 들은 적은 있지만 말이야. 그래서 간사이 사투리를 쓰
      는 역을 하는 게 싫어. 차이를 내가 금세 알아차리거든. 대사
      를 하면서 '아, 틀렸다' 하지.

고레에다 과연.

키키   억양이 다른걸. 게다가 간사이 사투리는 다른 사투리랑은 달
      리 아는 사람이 너무 많잖아.

고레에다	간사이 사투리를 쓰는 역할이 들어오면 거절하실 거예요?
키키	응. 지금까지도 "못 해요" 하면서 꽤 많이 거절해왔어. 별것 아닌 애드리브가 먹히지 않으니까.
고레에다	그걸 스스로 아신다는 거죠.
키키	응, 먼저 알아차리니까 싫은 거야.
고레에다	〈악인〉 이야기로 돌아가자면, 이 작품에서는 애드리브가 없었어요?
키키	없었던 것 같아. "흠"이나 "어휴" 같은 건 있지만 그 정도야.
고레에다	구체적으로 볼까요. 아들 역의 쓰마부키 사토시[12]씨와 키키 씨가 얘기를 나누며 밥을 먹는, 제가 아주 좋아하는 장면이에요.

〈악인〉 00:28:33~

유이치(쓰마부키 사토시)와 후사에(키키 키린)의 집. 고타쓰밥상에 이불을 덮은 형태의 온열 기구로 상 아래에 전기난로가 붙어 있다에서 유이치가 저녁밥을 먹고 있다. 무덕에서 된장국을 가져온 후사에가 있는나. 후사에는 그닐 집에 경찰이 왔다는 이야기를 하며 난로에서 데우던 무언가를 빈 그릇에 따른다. 후사에는 그것을 한 모금, 두 모금 마시며 경찰에게 들은 살인 사건 이야기를 계속한다. 유이치는 저녁밥을 먹으며 그 말을 듣고 있다.

고레에다   여기서 키린 씨가 난로에 올려뒀던 냄비를 들고, 그 속에 든 것을 그릇에 따른 뒤 다시 난로에 되돌려놓잖아요.

키키   거기, 뭐가 담겨 있었을 것 같아요?

고레에다   그걸 모르겠어요. 식탁 위에 이미 그릇 하나가 있는데요, 그건 휘젓고 있었으니 된장국이겠지요.

키키   맞아.

고레에다   그렇다면 키린 씨가 따른 것은 뭘까요.

키키   약이라고 설정했어. 직접 매실 엑기스인지 뭔지를 가져가서 그걸 달여 마시는 걸로 했지. 써서 맛없다는 느낌으로.

고레에다   냄비에서 직접 그릇에 따른 뒤에 다시 원래 자리로 되돌려두는 느낌이 너무 좋았어요.

키키   이 사람의 일상이라는 느낌이지.

고레에다   네. 일상이 아주 잘 보여요.

키키   그런 식으로 난 가지고 있는 걸 뭐든 써버려. 〈도쿄 타워〉에서도 수술을 하루 앞두고 다림질하는 장면을 찍는다기에, 다림질보다 재밌는 건 못 하나 싶었어. 어디서 본 듯한 연기는 시키지 말라고 생각했지만 "다림질 따윈 누구라도 하잖아"라고 현장에서 말하면 어른스럽지 못하잖아?(웃음) 그래서 까맣게 변색된 우리 집 부엌칼을 신문지에 싸고 밤을 냄비째 가져가서 그걸 깎아 먹었어. 위암으로 수술해야 하는데도 밤을 남겨두지 못해서 먹어치우는……. 뭔가 그런 걸 나도 모르게 하고 말아. 그래서 실패한 적도 있어요. 극 중에서 페트병을 썼더니 "그 시대에 있었나요?"라는 소리를 들었지.

고레에다 (웃음) 〈사이드카의 개〉[13]지요.

키키 대본을 받아도 내 대사가 있는 부분밖에 안 읽으니까 시대를 몰랐어. 누가 좀 귀띔해줬다면 좋았을 텐데(웃음).

고레에다 쓰마부키 씨에 대해서도 여쭙고 싶은데요, 어떠셨어요? 함께 연기해보시니.

키키 순수한 배우라는 느낌이에요. 멋진 청년이야.

고레에다 그래서 〈악인〉의 주연으로서 보면, 어딘가 착한 아이의 일면이 남아 있어서……

키키 그가 가진 자질이지. 그건 역시 그 애가 갖고 있는 거니까 어쩔 수 없어. 하지만 열심히 했어요. 일본 아카데미상 시상식

에서 최우수 남우주연상을 받은 순간 으흐흑 울었잖아, 그 애가. 그래서 정말로 노력했구나…… 했지.

고레에다 　정말 그래요. 이미 좋은 평가를 받은 영화고, 제가 뭔가를 말할 입장도 아니지만요. 쓰마부키는 〈조제, 호랑이 그리고 물고기들〉[14]에서처럼 다정한 연약함이 있는 역할에 굉장히 강해요.

키키 　성격이 좋달까, 밉지 않게 올곧은 사람이야. 그래서 일테면 〈가족은 괴로워〉[15]에서의, 주위 사람 모두가 우당탕탕 소란을 떠는 가운데 꼿꼿이 순직하게 거기에 있는 역할에 꽤 어울리지 않았나 싶어. 도요타 자동차 CF에서도 어른이 된 노비타[만화영화 〈도라에몽〉에 등장하는 주인공 소년으로 한국어판 이름은 '노진구']를 연기했는데 그런 건 아주 찰떡이지.

고레에다 　동감입니다. 하지만 쓰마부키는 아마도 배우로서 더욱 멀리 가고 싶을 거예요. 그런 욕심이 무척 크니까 열심히 해줬으면 해요. 진심으로요.

키키 　그렇구나. 응, 열심히 하면 좋겠네.

길을 걷다 보면 그런 노인을 보잖아.
그렇게 되고 싶다고 생각했어.

고레에다　다음은 〈내 어머니의 인생〉[16]에 대해 여쭤볼게요. 하라다 마
　　　　　사토[17] 감독의 작품에는 〈내 어머니의 인생〉과 〈뛰어드는 여
　　　　　자와 뛰쳐나가는 남자〉[18]에 연속으로 출연하셨는데요, 그건
　　　　　같이 해보니 재밌었기 때문인가요?

키키　　　하라다 씨는 아주 호쾌해. 끙끙거리며 고민하지 않거든. 상
　　　　　황이 어떻게 변하든 대처를 잘하지.

고레에다　대처를 잘한다는 건 구체적으로 어떤 것인가요?

키키　　　예를 들어 한여름 장면인데 눈이 많이 와버린 적이 있었어, 가
　　　　　루이자와에서 촬영할 때. 스태프는 당황했지만 "찍을게" 하더
　　　　　니 결국 대본을 다시 써서 눈 내린 장면으로 만들더라고. 만사
　　　　　가 그런 식이야. 배가 떠나는 장면에서도 촬영 당일 갑자기 비
　　　　　가 왔는데 금세 우산을 잔뜩 구해오고 말이지. 우산 덕분에 오
　　　　　히려 화면이 휑뎅그렁하지 않게 마무리됐다든가.

고레에다　상황 판단이 빠르다는 뜻이에요?

키키　　　빠를 뿐만 아니라 결과도 좋아.

고레에다   이 작품에서 키린 씨는 영화의 진행과 함께 '나이 듦'을 연기
           하죠. 그 뛰어난 연기가 또렷하게 보여요. 키린 씨는 점점 작
           아져요.

키키   응. 그건 의식하고 했어.

고레에다   어떻게요?

키키   몸을 작게 만들었지, 나 스스로. 가령 앉아 있을 때, 젊은 시
           절에는 등을 쭉 펴고 앉았지만 점점 작아져서 마지막에는 얼
           굴 바로 아래에 가슴이 오도록 했어. 목이 없어지는 거야.

고레에다   확실히 그렇게 되었어요. 등을 구부리는 정도라면 알겠는데, 명
           백하게 목 위치가 달라요. 하지만 나이를 먹는 건 그런 거지요.

키키   맞아.

고레에다   서툰 사람일수록 등을 구부리죠. '나이를 먹었어요'라는 느
           낌을 알기 쉽게 내려고 해요.

키키   얼굴에 주름을 그리거나.

고레에다   키린 씨의 연기 설계는 그런 것과는 다른 느낌이 들어요.

키키 　 뼈를 빼고 있는 거야.

고레에다 　 뼈인가요. 그 뼈를 빼는 느낌은 어디서 왔어요?

키키 　 〈데라우치 간타로 일가〉에서 데라우치 긴이라는 할머니 역
할을 했잖아. 그때 진짜 할아버지가 나왔거든. 이와 역의 반
준자부로[19] 씨. (주인공 간타로를 연기한) 고바야시 아세이[20]
씨는 당시 마흔이 좀 넘었고, (간타로의 아내를 연기한) 가토
하루코 씨는 자세가 꼿꼿했지. 하지만 반 준 씨는 진짜 할아
버지잖아. 그 사람이랑 함께 연기해야 하는 거야.

고레에다 　 큰일이네요.

키키 　 "긴 짱" "왜 그래, 이와 짱" 하면서 둘이 연기하는데, 말투만
그렇게 해봤자잖아. 그래서 중심을 확 아래에 두고 밑위를
길게 해서 다리를 짧아 보이게 만들었지. 무릎을 구부리고
있는 게 티가 안 나도록 좀 헐렁헐렁한 걸 입고. 그 부분은
의상 덕도 있지만, 그로써 전체적으로 몸이 쪼그라드는 거
야. 그 방법밖에 없을 것 같아서.

고레에다 　 반 준 씨를 보고 그 체형을 차용한 건가요?

키키 　 여러 노인을 보고 그렇게 했던 것 같아.

고레에다 〈내 어머니의 인생〉 후반부에 딸 역의 기무라 미도리코[21] 씨
랑 둘이서 툇마루에 앉아 있는 장면이 있는데요, 그때 앉아
있는 자세가 놀라워요.

〈내 어머니의 인생〉 01:45:43~

유가시마에 있는 야에(키키 키린)의 집. 툇마루. 가을 햇살 속에서 야
에가 무릎을 꿇고 방석에 앉아 있다. 옆에는 딸 시가코(기무라 미도리코)
가 붙어 앉아 있다. 야에는 무언가를 입안 가득 먹으며 평온한 표정으
로 정원을 바라보고 있다.

고레에다 여기서 키린 씨가 작게 나오지요?

키키 확실히 여기서는 작았어. 이건 말이지, 허리를 굽히고 앉아
서 옆으로 두꺼워지게 만든 거야.

고레에다 간단히 말씀하시지만 보통은 그렇게 안 되잖아요.

키키 몸 어딘가가 유연한 거지. 그렇게 어려운 체조는 못 해. 하지
만 유연하긴 한 건지도 모르겠네.

고레에다 거울을 보고 연구하기도 하세요?

키키 그런 건 안 해요.

고레에다 근데 뼈는 빼시잖아요.

키키 응, 빼는 느낌이 들어. 실제로는 못 빼지만.

고레에다 저는 "CG인가 싶을 정도"라고 메모했는데요(웃음). 〈데라우치 간타로 일가〉 때 '늙음'을 연기했던 것과는 또 조금 다르다는 느낌도 받았어요.

키키 〈데라우치 간타로 일가〉는 그런 면에서는 좀 만화처럼 했으니까. 하지만 덕분에 구제 씨 드라마에서 할머니를 했으니 지금도 금방 할 수 있어. 아주 득을 봤지.

고레에다 뼈를 빼는 것 말고도, 일테면 입 주위의 움직임을 바꾸셨죠? 입 주위 근육을 느슨하게 만든 거지요?

키키 그랬지.

고레에다 키린 씨가 실제로 하시는 걸 보면 '노인은 여기가 느슨해지는구나' 아주 잘 알 수 있지만, 누가 해서 보여주지 않으면 웬만해서는 알기 힘들죠. 뭔가를 먹을 때 입 주변 근육이 이완되는 느낌은 관찰을 통해 적용하신 거예요?

키키 그렇지. 길을 걷다 보면 그런 노인을 보잖아. 그렇게 되고 싶다고 생각했어. 〈걸어도 걸어도〉에서도 했어요. 그때는 부분

틀니를 꼈는데, 내가 "이거 빼서 씻어도 될까?" 하고 감독한
테 물어봤더니 감독이 "그 대신 넣는 장면까지 보여주셔야
해요" 했지. 보통 여자 배우는 안 하잖아(웃음).

고레에다   그 장면은 훌륭했어요. 다음은 키린 씨가 날뛰는 장면을 보시죠.

〈내 어머니의 인생〉 01:22:40~

도쿄에 있는 고사쿠(야쿠쇼 고지)의 집. 집 안에서 어머니 야에(키키
키린)가 날뛰고 있다. 저지하려 하는 고사쿠의 아내 미쓰(아카마 마리
코), 둘째 딸 노리코(기쿠치 아키코), 셋째 딸 고토코(미야자키 아오이),
가사도우미 사다요(마노 에리나). 그러나 야에는 좀처럼 수그러들지 않
는다. 서재에서 고사쿠가 나타나자 야에는 갑자기 조용해진다.

키키   이 부분, 실은 아들(야쿠쇼 고지[22])의 아내가 나를 달래서 진정
시키는 장면이었는데 전혀 달래지지 않았어. 팔을 쓰다듬기만
하는걸. "뭘 쓰다듬는 거야!" 하고 고함을 친 기억이 있어.

고레에다   노인을 연기할 때 속도를 신경 쓰시나요?

키키   글쎄. 늙은이니까 천천히 움직이자고는 생각 안 해. 이 장면
에서도 첫 테스트 때 다들 나를 말리지 못했어.

고레에다   보통은 움직임을 굼뜨게 하려 하죠.

키키   맞아, 그렇지.

고레에다   근데 키린 씨는 그걸 안 하세요.

키키   안 하지. 이 장면에서도 감독은 "제대로 말려봐"라고 했지만
        아무도 내 기세를 꺾지 못했어. 역할상 필사적인 감정이었거
        든. 그래서 며느리가 나를 달래지 못하니까…….

고레에다   야쿠쇼 씨가 나오게 된 거군요?

키키   그렇지, "제가 할게요" 하면서. 야쿠쇼 씨가 나오자 갑자기
        마음이 가라앉아서 스스로 납득한다는 연기로 바꾼 거야.

고레에다   과연.

키키   감각으로 아는 거지. 아들한테 붙잡힌 순간 저항할 수 없다
        는 걸. 그런 식으로 '몸'으로 움직이는 거예요.

고레에다   마지막으로 야쿠쇼 씨가 키린 씨를 업는 장면을 볼까요.

〈내 어머니의 인생〉 01:44:44~

누마즈의 바다. 새벽녘 해변. 고사쿠(야쿠쇼 고지)가 어머니 야에(키키
키린)를 업고 서 있다. 맨발에 바짓단을 걷어 올린 고사쿠는 야에를 업은
채 물가로 걸어간다. 고사쿠는 등에 업힌 야에에게 말을 건다. 야에는 고

사쿠의 어깨를 붙잡고 얼굴을 등에 기댄 채 고사쿠의 이야기를 듣는다.

고레에다   여기서도 키린 씨는 작아서 아주 가볍게 업혀 있어요.

키키   작지. 근데 실은 야쿠쇼 씨가 힘이 없어서 나를 좀체 들어 올리지 못했거든. 그래서 내가 높은 데 올라가서 거기서 업혔어. 그리고 조그맣게 업혀 있는 거야.

고레에다   야쿠쇼 씨는 어떤 배우였나요?

키키   아주 좋았어. 쓸데없는 게 없어서.

고레에다   쓸데없는 것이라 하면요?

키키   쓸데없는 연기로 감정을 표현하지 않아.

고레에다   저도 야쿠쇼 씨는 정말이지 뭘 봐도 굉장하다고 느껴요. 배역 연출을 위해 뭘 바꾸고 나오는 것도 아닌데, 등장한 순간…….

키키   다른 사람이 되어 있지.

고레에다   네, 다른 사람으로 보여요. 왜 그럴까요?

키키   겉모습으로 바꾸지 않지.

고레에다   문득 나타난 순간 엄청난 인텔리로도 보이고, 시골 농민으로
         도 보여요.

키키   역시 마음이 그렇게 되어 있는 게 아닐까?

고레에다   마음만 바꿨다고요. 형태 모사의 정반대네요.

키키   맞아. 반드시 그 역할이 되어가지. 어떤 면에서는 릴리 씨한
         테도 그런 부분이 있어.

그런 살벌한 대사를 칠 때는
뭔가를 좀 하면서 말하고 싶어.

고레에다   다음은 제 작품인데요, 〈걸어도 걸어도〉를 살펴보려 합니다.
         키린 씨는 의상에 레이스 옷깃을 덧대셨는데요, 첫 의상 피
         팅 때 직접 가져오셨죠. 기억하세요?

키키   응, 기억하고 있어.

고레에다   이 역할의 의상에 레이스 옷깃을 붙이자는 생각은 각본을 읽
         고 바로 하셨어요?

키키   응, 곧바로 했어. 우리 집에 남아돌아서 써버리려고.

고레에다   〈악인〉의 가발과 마찬가지네요(웃음).

키키   그 이유도 있지만 의상이 평범한 홈드레스였잖아. 내 사이즈
            에 맞춰서 만들었는데, 의사 부인이라는 역할이었으니 젊은
            시절에 취미가 있었다거나, 그런 게 없을까 했지. 게다가 이
            틀 동안의 이야기니까 옷을 안 바꿔 입잖아? 그래서 "좀 붙
            일게"라고 했어. 그 옷깃, 원래는 하얬던 걸 내가 염색한 거
            야. 그게 있는 거랑 없는 건 좀 다르잖아. 집이나 인물의 배
            경이 슬쩍 보인달까.

고레에다   네, 굉장히 좋았어요. 다음은 키린 씨가 밤에 부엌에서 레이
            스를 뜨면서 "겨우 10년 정도로 잊으면 곤란해"라는 가장 중
            요한 대사를 하는 장면을 볼게요.

〈걸어도 걸어도〉 01:14:36〜

요코야마가家의 부엌. 밤. 도시코(키키 키린)가 부엌 식탁에 앉아 뜨
개질을 하고 있다. 담배를 피우려고 환기 팬이 있는 곳으로 오는 료타
(아베 히로시). 두 사람은 대화를 시작한다.

고레에다   여기서 레이스를 뜨면서 대사하는 것과 의상에 옷깃을 붙이
            는 건 동시에 생각해내셨어요?

키키   아니, 뜨개질 소품이 나와 있었던 것 같은데.

고레에다 아아, 놔뒀던 것 같네요. 그걸 본 다음에 생각하신 거예요?

키키   그렇지. 역시 거기까지는 머리가 안 돌아가서. 단, 그런 살벌
         한 대사를 칠 때는 뭔가를 좀 하면서 말하고 싶어.

고레에다 "손을 움직이고 싶어"라고 말씀하셨던 걸 기억해요. 이 장면
         에서 또 하나, 키린 씨의 연기가 대단했던 부분이 있어요.

〈걸어도 걸어도〉 01:15:24~

요코야마가의 부엌. 밤. 료타가 가슴 주머니에서 만 엔짜리 지폐를
꺼내 뜨개질을 하고 있는 도시코에게 건넨다. "기분 좋아라" "그럼 사양
안 할게" 하며 두 손으로 받는 도시코. "뭘 살까" 하면서 스모 선수가 상
금을 받을 때 하는 손동작을 흉내 낸다. 도시코는 스모 선수 이야기를
시작한다.

고레에다 이 스모 선수의 손동작. 이건 키린 씨의 애드리브예요.

키키   아아, 그랬지.

고레에다 각본에서는 여기서부터 스모 선수 얘기를 하기로 되어 있었
         는데요, 아마도 그게 좀 갑작스러웠나 봐요. 키린 씨가 이 손
         동작을 넣음으로써 아주 자연스럽게 흘러갔죠.

키키　　　　과연, 그건 전혀 의식하지 않았어.

고레에다　　이건 제가 각본에 쓰지 못한 부분이에요. 현장에서 키린 씨가
　　　　　　이 손동작을 했을 때 대단하다 싶었죠. 제 각본의 약점을 멋지
　　　　　　게 커버해주셨어요. 이대로 좀 더 이어지는 장면을 보죠.

〈걸어도 걸어도〉 01:18:12~

요코야마가의 부엌. 밤. 남편(하라다 요시오[23])이 욕실에서 나오는 소
리를 듣고 료타에게 손자와 함께 목욕을 하라고 권하는 도시코. 뜨개질
하던 손을 멈추고 며느리 유카리(나쓰카와 유이)의 이름을 부르면서 일
어선 뒤 남편 욕을 하면서 컵에 물을 따르고, 찬장에서 남편의 약을 꺼
내 쟁반에 담는다. 부엌에 온 유카리에게 손자를 욕실로 보내라고 말하
고, 료타의 잠옷을 꺼내기 위해 부엌에서 나간다.

고레에다　　이렇게 움직이면서 대사를 하는 장면이 너무 좋아요.

키키　　　　아아…… 좀처럼 이런 식으로 연기하지 않으니까.

고레에다　　게다가 웅얼웅얼 말하죠. 각본에는 대사가 쓰여 있지만요.

키키　　　　남편 욕이니까. 험담할 때는 또박또박 말하지 않으려고 해.

고레에다　　"유카리"하고 며느리를 부르고 목욕 준비, 남편 약 준비를
　　　　　　하면서 남편 욕을 하죠. 여러 가지를 동시에 하는 게 그야말

로 엄마 같아요. 방금 전에 가장 무거운 대사를 한 뒤에 훌쩍 일상으로 돌아와, 엄마의 동작과 감정이 두둥실 움직이기 시작하죠. 그 조바꿈하는 느낌을 훌륭하게 표현하셨어요.

키키 　　그렇구나. 히라 미키지로[24] 씨가 "〈걸어도 걸어도〉를 봤는데, 그런 연기는 나는 못 해요"라고 하더라고요. 정말 기뻤지.

고레에다 　한 군데만 더 볼게요. 영화의 마지막, 하라다 요시오 씨랑 키린 씨가 버스 정류장에서 아들 가족을 배웅한 뒤 언덕을 올라가는 장면이에요.

〈걸어도 걸어도〉 01:45:28〜

버스 정류장에서 요코야마로 향하는 언덕길. 아들 가족이 탄 버스가 사라진 뒤 교헤이(하라다 요시오)가 언덕을 올라간다. 남편의 뒤를 쫓듯 조금 떨어져서 도시코(키키 키린)도 언덕을 오른다.

고레에다 　이 장면을 찍을 때 키린 씨를 보면서 '스기무라 하루코 씨랑 걸음걸이가 닮았다'라고 생각했어요.

키키 　　아아, 그랬어?

고레에다 　심플하게 '아, 스기무라 하루코다' 하고요.

키키 　　내가 입은 홈드레스가 〈동경 이야기〉[25]의 스기무라 씨를 떠오르게 만든 거야.

고레에다 입은 옷의 영향도 있을까요……. 얼마 전에 사쿠마 요시코[26] 씨가 주연한 영화 〈호수의 거문고〉[27]를 다시 봤거든요. 첫 장면부터 키린 씨는 사쿠마 씨와 함께 등장해서 누에고치 실을 뽑는 데까지 걸어가죠. 그 걸음걸이가 역시 스기무라 씨예요.

키키 기모노를 입으면 다들 그렇게 돼.

고레에다 아뇨, 모두 그렇게 되진 않아요(웃음).

키키 다이치 기와코[28] 씨도 오가와 마유미[29] 씨도 그렇게 됐다고 하니까.

고레에다 정말요? 스기무라 하루코가 된다는 뜻이에요?

키키 그렇게 된다니까. 분가쿠자의 여자 배우는 모두 그렇게 돼.

고레에다 왜 그렇게 되는 거예요?

키키 기모노를 입으면…… 아, 홈드레스를 입고도 그렇게 됐었나(웃음).

고레에다 무릎 언저리를 쓰는 방식이 다른 것 같아요. 아니, 허리인가요.

키키 (한쪽 어깨를 조금 아래로 내리며) "저기, 당신", 이것만으로도 스기무라 씨가 되는걸. 어깨를 내리는 모양새만으로 왠지 모르게 말이야. 신기한 일이지. ……아, 알겠다! 스기무라 씨는 허리뼈 위치가 높아요. 일본인 치고는 말이지. 나도 그렇거든. 다리가 긴 거랑은 또 달라. 그래서 기모노를 입는 게 엄청 힘들어. 몸통이 뭉툭하고 길면 수습이 되는데, 옷자락이 휙 올라가버리거든.

고레에다 그래서일까요, 걸음걸이가 좀 경쾌해요.

키키 과연. 쓰잘데기 없는 걸 보고 있네.

고레에다 쓰잘데기 없을지도 모르지만요(웃음), 어째서일까 내내 의문이었어요. 명백하게 키린 씨만 걸음걸이가 다르니까요.

키키 그랬어? 다음에 한번 자세히 볼까. 그나저나 이 영화, (프로듀서인) 야스다(마사히로) 씨는 뭐라고 했어?

고레에다 야스다 씨는 〈걸어도 걸어도〉를 무척 좋아하셨어요. 제 작품 가운데 가장 좋아하셨을 거예요. 하지만 흥행은 별로 안 됐죠.

키키 그랬지.

고레에다 흥행은 별로였지만 야스다 씨는…… 아마 저를 위로하려고 그랬던 것도 있을 텐데, 둘이서 밥을 먹으러 갔을 때 시계를 주셨어요. "선물받은 건데 안 쓰니까 너 줄게" 하면서 메밀국숫집 카운터에서 까르띠에 시계를 말이죠. 나중에 들었더니 일부러 샀던 모양이지만요. 그때 "그런 영화를 만들어줘서 고마워"라고 하셨어요.

키키　　이야······. 그렇구나. 좋게 평가해주셨구나. 조금 마음이 놓이네요.

　키린 씨와의 긴장되는 첫 만남으로부터 한 달 뒤, 〈걸어도 걸어도〉의 각본이 완성되어 7월 6일에 아베 히로시 씨, 나쓰카와 유이[30] 씨, YOU 씨, 하라다 요시오 씨, 키린 씨를 불러 모아 대본 리딩을 했다.
　나중에 들은 이야기인데, 대본 리딩 직전에 아베 씨는 나쓰카와 씨에게 전화를 걸어 "이 각본을 어떻게 즐겨야 할지······ 파악이 잘 안 돼" 하고 불안감을 털어놓았던 모양이다. 하지만 그 정도의 거리감이 딱 좋을 듯했다. 그 편이 어머니인 키린 씨와 아버지, 누나, 아내, 아들에게 놀림받는 료타의 희극미가 배어날 터였다.
　대본 리딩을 마친 뒤 키린 씨가 "좋은 각본이야. 재밌어" 하고 모두의 앞에서 감상을 말해주었고, 하라다 씨도 "정말 그래······"라며 동조해줘서 무척 기뻤다. 또 하라다 씨가 연기하는 아버지가 노래방에서 다니무라 신지의 〈스바루〉[31]를 부르는 것을 두고 "엔카일본의 대중음악 장르로 트로트와 비슷하다를 부른다"라며 아내(키린 씨)에게 놀림당하는 장면에 대해 하라다 씨가 "〈스바루〉는 엔카가 아니지 않나······" 하고 나직이 중얼거리자, "그럼 그건 무슨 장르야? 가요인가?" 하고 모두가 왁자지껄 떠들었던 것이 재밌었다. 그걸 활용해 나는 다음 수정고에 "〈스바루〉는 엔카가 아니야……" 하고 하라다 씨가 반론하는 대사를 추가했다.

고사가 7월 17일, 크랭크인이 19일로 정해져서 서둘러 준비가 진행되었다. 키린 씨가 연기하는 어머니가 요리를 하는 신, 그중에서도 옥수수 튀김을 만드는 장면은 내 기억과도 깊게 연결되어 있어 소중히 하고픈 신이라 사전에 리허설을 하기로 했다. 하지만 어떤 식으로 옥수수 낱알을 풀어놓을 것인가? 기름 온도를 몇 도로 할 것인가? 180도인가, 200도인가. 튀김옷의 양은? 기름 온도와 튀김옷 양의 조합을 바꾸었더니 냄비 안에서 옥수수 알이 엄청난 소리를 내며 튀어 올라 부엌 주변이 거의 폭발 사고가 일어난 것 같은 꼴이 되었다. "이걸 배우에게 시키는 건 너무 위험해"라고 말하는 스태프에, "감독님 어머님이 정말로 이렇게 튀기셨어요?" 하고 내 기억을 의심하는 사람까지 나왔다. 어찌 된 일일까? 조금 더 안전한 방법은 없을까? 하며 걱정하는 소리를 우연히 들은 키린 씨는 이렇게 말했다. "나는 괜찮아. 만약 얼굴에 화상을 입으면, '얼굴에 화상 자국이 있는 여자'라는 역할을 할 테니 걱정하지 마." 그 한마디에 우리에게도 각오가 생겨 결과적으로는 무사히 촬영할 수 있었는데, 이런 때 키린 씨의 유머와 언어 센스에 진심으로 감동했던 것이 기억난다.

이 일련의 준비 과정 속에서 구로사와 가즈코[32] 씨가 준비해준 의상의 목둘레에 직접 뜬 레이스를 달고 싶다는 아이디어와 욕실 장면에서 틀니를 빼서 닦고 싶다는 아이디어가 키린 씨에게서 나왔다. 각본에 "이는 괜찮니? 솜 보여줘" 하며 다 큰 아들에게 옛날에 하던 대로 말해서 아들이 싫어하는 장면을 썼는데, 아마도 거기서 '어머니 이가 틀니인 편이 이 대사에 설득력이 생기겠군' 하고 생각한 것이겠지.

이처럼 키린 씨가 내는 아이디어는 얼핏 기발하게만 보일지라도 실은

아주 논리적이면서 부감적인 시선으로 작품을 생각하는 것이라서, 어딘가 다른 장면이나 다른 대사와 연결되어 있는 경우가 대부분이다. 그걸 눈치채지 못한 채 그 아이디어를 채용 또는 기각하면 연출가로서 신뢰를 얻지 못한다는 걸 알기에 '긴장을 풀지 못하겠군……' 하며 스스로 경계했다.

〈걸어도 걸어도〉는 한여름에 촬영을 해서 도호의 세트장에 들어가도 한 걸음 밖으로 나오면 찌는 듯 더웠다. 그래서 점심을 먹은 뒤에는 스태프들이 모여 진 사람이 모두에게 아이스크림을 사는 '아이스크림 가위바위보'를 매일같이 하게 되었다.

참가 멤버는 나날이 늘었다. 물론 진검 승부지만 가장 어린 스태프가 지면 주위를 거닐던 프로듀서를 억지로 데려와서 진 스태프와 대결하게 했고, 결국은 프로듀서가 전부 사게 만들어 속 시원히 마무리하고는 했다. 이 '게임'에는 중간부터 나쓰카와 씨와 아베 씨, YOU 씨도 참가하여 더욱 열기를 띠었다.

촬영 현장에서 보여준 아베 씨의 배려는 보통이 아니었는데, 간식 코너에 놓여 있는 과자가 줄어들면 매니저를 불러서 "차가운 게 먹고 싶으니까 그 젤리를 준비해줘"라고 하거나(이때 먹은 토마토 젤리는 정말로 맛있었다), "다들 지치기 시작했으니 단 게 좋겠어. 미스터도넛의 도넛으로 하자. 어디 보자, 이렇게 생긴 쫀득쫀득한 거 열 개에 크림이 든 거 다섯 개……" 하고 하나하나 지시하며 공을 들이는 모습이 무척 고마웠다. 그 몸집 큰 아베 씨가 아주 세세한 부분까지 신경 쓴다는 갭이 재미있어서, 언젠가 또 아베 씨를 캐스팅하면 대사에 써먹으려고 생각 중이다.

키린 씨는 그런 스태프 및 출연진과 평온한 시간을 즐기고 있는 듯했

야스다 씨(오른쪽)가 좋아했던 사진.

는데, 촬영도 얼마 남지 않은 어느 날 "난 간식 준비 같은 건 잘 못하니까 저녁밥을 한번 살게"라고 제안했다. 모처럼 사준다 하니 다들 좋아하는 조조엔일본의 고깃집 체인점의 '서비스 도시락'을 주문했다. 마침 그날은 불꽃놀이가 있어서, 도호 빌딩의 옥상에 올라가 불꽃놀이를 보며 맛있는 불고기도시락을 먹었던 것이 어제 일처럼 떠오른다.

덧붙여 키린 씨의 이야기 마지막에 등장한 '야스다 씨'는 소마이 신지[33] 감독과 함께 〈이사〉[34]와 〈도쿄 하늘 반갑습니다〉[35]를 만든 프로듀서인데, 데뷔작부터 쭉 아버지처럼 나를 돌봐줬던 은인이다. 키린 씨는 야스다 씨를 무척 신뢰해서, 아니 재미있어 해서 "당신, 가끔 정말로 어두운 눈을 하네……" 하고 만날 때마다 절절히 중얼거렸고, 얼마 지나지 않아 야스다 씨를 보면 나이토 야스코의 히트곡 〈남동생이여〉[36]의 가사를 흥얼거리게 되었다. "어두운, 어두운 눈을 하고 토라져 있던…." 그런 식으로 야스다 씨를 놀리는 사람은 이 업계에는 아무도 없었던 터라 놀림당하는 본인도 매우 즐거워 보였다.

그런 야스다 씨가 돌아가신 지도 벌써 10년이다. 히로오의 메밀국숫집에서 받은 손목시계는 칸이나 베니스 영화제같이 특별한 때만 차고 있다.

1 〈과외수업—어서 오세요 선배님課外授業—ようこそ先輩〉

NHK에서 1998년부터 2016년에 방영된 교양 프로그램. 고레에다는 2014년 12월 26일에 방영한 〈카메라를 통해 세계와 만나자〉 편에 출연했다.

2 요시나가 사유리吉永小百合 (1945~)

배우·가수. 도쿄 출생. 1959년 〈아침을 부르는 휘파람〉으로 영화 데뷔했다. 대표작으로 〈큐폴라가 있는 마을〉〈사랑과 죽음을 바라보며〉〈청춘의 문〉〈오한〉〈천국의 역〉〈화의 난華の乱〉〈나가사키 부라부라부시〉〈북의 영년零年〉〈엄마〉〈남동생〉〈이상한 곳 이야기〉 등 다수가 있다. 요시나가는 주연 드라마 〈어머니의 손맛〉에서 처음으로 키키와 함께 출연했고, 이후 같이 식사하는 등 친밀하게 지냈다. 또 영화 〈유메치요 일기〉에서 요시나가는 임종을 맞이하는 순간 내뱉는 대사인 "원자폭탄이 무서워"(요시나가가 맡은 역할인 유메치요는 어머니 뱃속에 있을 때 히로시마에서 피폭되었다)를 사회파현실의 사회문제에 중점을 두는 경향 또는 그런 사람인 우라야마 기리오 감독에게 "원자폭탄이 미워"로 바꿔달라는 말을 듣고 그건 다르다며 반발했다. 함께 출연한 키키는 이런 요시나가의 태도를 보고 뒷날 "사유리 씨를 인정했다"라고 말했다.

3 릴리 프랭키リリー・フランキー (1963~)

일러스트레이터·문필가·배우 등 다방면에서 활약. 후쿠오카현 출생. 실제 어머니와의 반생을 엮은 소설 『도쿄 타워』는 200만 부 넘게 팔린 대형 베스트셀러다. 2008년 〈나를 둘러싼 것들〉로 영화 첫 주연을 맡았다. 고레에다 작품 중에는 〈그렇게 아버지가 된다〉〈바닷마을 다이어리〉〈태풍이 지나가고〉〈어느 가족〉에 출연했다.

4   단편 드라마

후지TV에서 2006년 11월 18일에 방영. 연출을 맡은 구제 데루히코는 오이즈미 요를 주인공으로 발탁했고, 다나카 유코, 가토 하루코, 고바야시 가오루, 키키 등에게 배역을 제안했다. 그러나 크랭크인 직전인 2006년 3월에 구제가 갑자기 세상을 떠나, 연출가를 새로 기용하여 구제의 의사를 존중하는 형태로 제작이 속행되었다. 이듬해 후지TV에서 연속극으로 방영되었다.

5   가사마쓰 노리미치笠松記通 (1957~)

촬영감독. 아이치현 출생. 니혼대학 예술학부 영화학과를 졸업했다. 대표작으로 〈때려줄까 보다〉〈물장구치는 금붕어〉〈반짝반짝 빛나는〉〈물속의 8월〉〈얼굴〉〈망국의 이지스〉〈자토이치 더 라스트〉〈오시카 마을 소동기〉〈용서받지 못한 자〉〈분노〉 등이 있다.

6   마쓰오카 조지松岡錠司 (1961~)

영화감독. 아이치현 출생. 니혼대학 예술학부 영화학과 졸업 후 1990년 〈물장구치는 금붕어〉로 감독 데뷔했다. 대표작으로 〈반짝반짝 빛나는〉〈화장실의 하나코〉〈벨 에포크〉〈안녕, 쿠로〉〈환희의 노래〉〈심야식당〉 등이 있다.

7   아키야마 미치오秋山道男 (1948~2018)

편집자·프로듀서·크리에이티브 디렉터. 지바현 출생. 열아홉 살 무렵 와카마쓰 고지의 와카마쓰 프로덕션에 입사하여 각본·음악·포스터 제작·조감독을 담당했다. 아키야마 미치오秋山未知汚라는 이름으로 와카마쓰 감독의 작품에 출연하기도 했다.

1978년 사무소 '아키야마계획(뒷날 스코부루콤플렉스회사로 개칭)' 설립 후 잡지 편집, 단행본 장정, 무인양품의 전반적인 프로듀싱, 첵커스1980~1990년 초반에 활동한 일본의 팝 밴드와 고이즈미 교코배우 겸 가수로 1980년대에는 아이돌로 활약했다의 종합 프로듀싱 등 다 방면에서 활약했다.

8 오다기리 조 オダギリジョー (1976~)

배우. 오카야마현 출생. 캘리포니아주립대학 프레즈노캠퍼스에서 연극학을 전공하다 휴학했다. 1999년 연극 〈드림 오브 패션Dream of Passion〉으로 데뷔 후 2003년 영화 〈밝은 미래〉로 첫 주연을 맡았다. 대표작으로 〈피와 뼈〉〈메종 드 히미코〉〈유레루〉〈텐텐〉〈다미오의 행복〉〈후지타〉〈오버 더 펜스〉〈에르네스토〉 등이 있다. 고레에다 작품 중에서는 〈공기인형〉과 〈진짜로 일어날지도 몰라 기적〉에 출연했다.

9 〈악인〉

2010년 개봉한 이상일 감독의 영화로 요시다 슈이치의 동명 소설을 영화화했다.

10 이상일 (1974~)

영화감독. 니가타현 출생. 가나가와대학 경제학부를 졸업한 뒤 니혼영화학교(현 니혼영화대학)에 입학했다. 졸업 작품으로 피아 필름 페스티벌에서 그랑프리를 포함하여 사상 최초로 네 개 부문을 석권했다. 그 후 프리랜서 조감독으로 활동하다가 〈보더 라인〉으로 데뷔했다. 대표작으로 〈69 식스티 나인〉〈스크랩 헤븐〉〈훌라 걸스〉〈악인〉〈용서받지 못한 자〉 등이 있다.

11 〈대유괴 레인보우 키즈大誘拐 RAINBOW KIDS〉

1991년 개봉한 오카모토 기하치 감독의 영화로 텐도 신의 소설 『대유괴』를 영화화했다.

12 쓰마부키 사토시妻夫木聡 (1980~)

배우. 후쿠오카현 출생. 고등학생 시절부터 독자 모델로 인기를 얻었다. 1998년 TV 드라마 〈멋진 나날〉로 배우 데뷔, 같은 해 개봉한 영화 〈수수께끼의 전학생〉으로 영화 첫 주연을 맡았다. 대표작으로 〈워터 보이즈〉〈조제, 호랑이 그리고 물고기들〉〈봄의 눈〉〈악인〉〈마이 백 페이지〉〈동경가족〉〈자객 섭은낭〉〈가족은 괴로워〉〈분노〉〈우행록〉 등이 있다. 노다 히데키의 연극 무대에서도 활약했다.

13 〈사이드카의 개サイドカーに犬〉

2007년 개봉한 네기시 기치타로 감독의 영화로 나가시마 유의 동명 소설을 영화화했다.

14 〈조제, 호랑이 그리고 물고기들〉

2003년 개봉한 이누도 잇신 감독의 영화로 다나베 세이코의 동명 소설을 영화화했다.

15 〈가족은 괴로워家族はつらいよ〉

2016년 개봉한 야마다 요지 감독의 영화. 〈남자는 괴로워─도라지로 주홍색 꽃〉 이후 21년 만의 희극 영화로 2편이 2017년, 3편이 2018년에 개봉했다.

16 〈내 어머니의 인생わが母の記〉

2012년 개봉한 하라다 마사토 감독의 영화로 이노우에 야스시의 동명 소설을 영화화했다.

17 하라다 마사토原田眞人 (1949~)

영화평론가·영화감독·각본가. 시즈오카현 출생. 로스앤젤레스에서 영화감독 공부를 한 후 1979년에 〈안녕, 영화의 친구여, 인디언 서머〉로 감독 데뷔했다. 대표작으로 〈바운스〉〈돌입하라! 아사마 산장 사건〉〈클라이머즈 하이〉〈내 어머니의 인생〉〈뛰어드는 여자와 뛰쳐나가는 남자〉〈일본 패망 하루 전〉〈검찰 측의 죄인〉 등이 있다.

18 〈뛰어드는 여자와 뛰쳐나가는 남자駆込み女と駆出し男〉

2015년 개봉한 하라다 마사토 감독의 영화. 이노우에 히사시의 소설 『도케이사寺 꽃 소식』을 원안으로 영화화했다.

19 반 준자부로伴淳三郎 (1908~1981)

코미디언·배우. 야마가타현 출생. 1927년 닛카쓰 다이쇼군 촬영소의 단역 배우가 되었고 1951년부터 신도호에 소속됐다. 〈아자판놀람과 곤혹스러움을 동시에 나타내는 속어로 반 준자부로가 유행시켰다 천국〉에서 주연을 맡았고 '반 준'이라는 애칭으로 사랑받았다. 1958년부터는 모리시게 히사야, 프랭키 사카이와 함께 출연한 〈역전 시리즈〉가 히트했다. 희극 배우로서 이름을 떨치는 한편, 1965년의 〈기아 해협〉에서는 늙은 형사로 진지한 연기를 펼쳐 마이니치영화콩쿠르 남우조연상을 수상했다.

20 고바야시 아세이小林亜星 (1932~)

작곡가·배우·방송인. 도쿄 출생. 게이오기주쿠대학 경제학부를 졸업한 뒤 음악가 핫토리 다다시를 사사했다. 레나운일본의 의류 기업의 〈아가씨가 우르르〉, 히타치그 룹의 〈히타치의 나무〉, 메이지제약의 〈첼시의 노래〉 등 CM송과 〈요술공주 샐리의 노래〉〈비밀의 앗코 짱〉 등 만화영화 주제가 외에 다수의 히트곡을 보유하고 있다. 1974년 〈데라우치 간타로 일가〉로 배우 데뷔했다. 간타로의 모델은 무코다 구니코 의 친아버지로, 연출가 구제 데루히코가 연기 경험도 없는 작곡가 고바야시에게 이 역할을 제안한 이유는 다카기 부와 프랭키 사카이가 거절했기 때문이다. 길었던 머 리도 TBS의 이발소에서 빡빡 밀었는데, 그 모습을 본 무코다가 좋다고 하여 더더욱 거절하지 못하게 되었다고 한다. 설정상 쉰한 살의 간타로를 연기했던 고바야시는 당시 마흔한 살이었다.

21 기무라 미도리코キムラ緑子 (1961~)

배우. 효고현 출생. 1984년 마키노 노조미(뒷날 남편이 되었다)가 창설한 극단 M. O. P.의 시작부터 함께하여 2010년 해산할 때까지 간판 배우로 활약했다. 2000년 무렵 부터 TV 드라마와 영화에도 출연했다. 고레에다 작품 중에는 〈바닷마을 다이어리〉 에서 간호부장을 연기했다.

22 야쿠쇼 고지役所広司 (1956~)

배우. 나가사키현 출생. 배우 양성소 무메이주쿠無名塾에 들어간 뒤 1980년 NHK 연 속 TV 소설 〈낫 짱의 사진관〉으로 TV 데뷔했다. NHK의 〈도쿠가와 이에야스〉〈미 야모토 무사시〉 등 시대극으로 주목받았으며, 1996년 개봉한 주연 영화 〈쉘 위 댄

스〉가 대히트했다. 영화 대표작으로 〈담뽀뽀〉〈잠자는 남자〉〈우나기〉〈큐어〉〈유
레카〉〈게이샤의 추억〉〈절규〉〈바벨〉〈13인의 자객〉〈내 어머니의 인생〉〈갈증〉
〈사무라이 크로니클〉〈고독한 늑대의 피〉 등이 있다. 고레에다 작품 중에서는 〈세
번째 살인〉에 출연했는데, 캐스팅으로 이어진 계기는 개봉 전해에 야쿠쇼가 고레
에다에게 보낸 "때가 됐네요"라는 연하장의 한마디였다고 한다.

23 하라다 요시오原田芳雄 (1940~2011)

배우. 도쿄 출생. 하이유자 양성소 졸업 후 1967년 TV 드라마 〈천하의 청년〉으로
데뷔했고, 이듬해 〈복수의 노래가 들린다〉로 첫 영화를 찍었다. 압도적인 존재감과
적확한 연기력으로 인기를 얻었다. 대표작으로 영화 〈료마 암살〉〈축제 준비〉〈치
고이너바이젠〉〈혼불〉〈오시카 마을 소동기〉 등이, 드라마 〈다섯 번째 형사〉〈독안
룡 마사무네〉〈모래 그릇〉 등이 있다. 고레에다 작품 중에는 〈하나〉〈걸어도 걸어
도〉〈진짜로 일어날지도 몰라 기적〉에 출연했다.

24 히라 미키지로平幹二朗 (1933~2016)

배우·연출가. 히로시마현 출생. 1956년 하이유자의 단원이 되었고 〈요쓰야 괴담〉
〈파우스트〉 등에 출연, 1963년 TV 드라마 〈3인의 사무라이〉에 고정 출연했다. 1968년
독립한 뒤 아사리 게이타, 니나가와 유키오의 연극에서 주연을 맡았다. NHK 대하드
라마에서도 몇 차례 주연을 맡는 등 일본을 대표하는 명배우 중 한 사람이다.

25 〈동경 이야기東京物語〉

1953년 개봉한 오즈 야스지로 감독의 영화. 오노미치에서 늙은 부모가 상경하지만

큰아들과 큰딸은 바빠서 상대해주지 못하고, 전사한 둘째 아들의 아내 노리코만이 유일하게 마음을 써준다. 주연은 류 지슈와 하라 세쓰코. 스기무라 하루코는 큰딸 역할을 맡았다.

26 사쿠마 요시코佐久間良子 (1939~)

배우. 도쿄 출생. 1958년 영화 〈아름다운 자매 이야기—번민하는 청춘〉의 단역으로 데뷔했고 도에이 도쿄 촬영소의 유망주로 인기를 얻었다. 대표작으로 영화 〈인생 극장 비차각〉〈5번가 석무루夕霧楼〉〈에치고 쓰쓰이시 오야시라즈越後つついし親不 知〉〈나의 투쟁〉 등이, 드라마 〈여자 태합기도요토미 히데요시 일대기의 총칭〉 등이 있다.

27 〈호수의 거문고湖の琴〉

1966년 개봉한 다사카 도모타카 감독의 영화로 미즈카미 쓰토무의 동명 소설을 영 화화했다.

28 다이치 기와코太地喜和子 (1943~1992)

배우. 도쿄 출생. 1959년 도에이 뉴페이스영화사 도에이의 신인 배우 발굴 오디션 제6기에 합격한 후 1963년 도에이를 떠나 하이유자에 입단했다. 〈욕망이라는 이름의 전차〉 에서 스기무라 하루코의 연기에 충격을 받아 1967년 분가쿠자에 입단하고, 같은 해 영화 〈꽃을 먹는 벌레〉에서 주연을 맡았다. 영화 대표작으로 〈덤불 속의 검은 고양 이〉〈남자는 괴로워—도라지로 저녁노을 희미해지고〉〈불 축제〉 등이 있다. 1992년 자동차 사고로 사망했다.

29 오가와 마유미小川眞由美 (1939~)

배우. 도쿄 출생. 1961년 분가쿠자 부속 연극연구소에 입단했다. 동기로 키키 키린, 기시다 신 등이 있다. 1963년 영화 〈어머니〉로 스크린 데뷔, 1971년 퇴단했다. 대표작으로 영화 〈두 마리 암캐〉 〈여자의 일생〉 〈귀축〉 〈식탁이 없는 집〉 등이, 드라마 〈고독한 도박〉 〈여도적 시리즈〉 〈아이풀 대작전〉 〈화려한 일족〉 등이 있다.

30 나쓰카와 유이夏川結衣 (1968~)

배우. 구마모토현 출생. 모델을 거쳐 1992년 드라마 〈사랑이라는 이름으로〉로 배우 데뷔했다. 대표작으로 영화 〈밤이 또 온다〉 〈우리가 좋아했던 것〉 〈마을에 부는 산들바람〉 〈고고한 메스〉 〈동경가족〉 〈가족은 괴로워〉 〈64〉 등이, 드라마 〈파랑새〉 〈결혼 전야〉 〈당신의 옆에 누군가 있다〉 〈기쿠테이야오젠의 사람들〉 〈87%〉 〈결혼 못 하는 남자〉 〈톱 세일즈〉 〈멀리 돌아온 비〉 〈행복의 노란 손수건〉 등이 있다. 고레에다 작품 중에서는 〈디스턴스〉 〈하나〉 〈걸어도 걸어도〉 〈진짜로 일어날지도 몰라 기적〉에 출연했다.

31 다니무라 신지谷村新司의 〈스바루昴〉

1980년 발매한 다니무라 신지의 싱글. 닛카위스키에서 판매하는 위스키 '슈퍼 닛카'의 CM송으로 쓰였다. 포크송 그룹 앨리스를 이끄는 다니무라가 솔로로 낸 앨범 가운데 가장 높은 판매고(60만 장)를 올린 히트곡이다. 고레에다는 〈걸어도 걸어도〉의 각본 사전 조사 때 의사는 노래방에서 〈스바루〉와 〈마이 웨이〉를 즐겨 부른다는 결과를 얻어 〈스바루〉를 선택했다.

32 구로사와 가즈코黒澤和子 (1954~)

의상 디자이너·작가. 도쿄 출생. 구로사와 아키라 감독의 큰딸이다. 선SUN디자인 연구소, 이토의복연구소 디자인과를 졸업한 뒤 이탈리아로 떠났다가 어머니의 죽음을 계기로 귀국하여 구로사와프로덕션을 도왔다. 1988년 구로사와 아키라의 영화 〈꿈〉부터 의상을 담당했다. 대표작으로 〈8월의 광시곡〉〈마다다요〉〈비 그치다〉 〈황혼의 사무라이〉〈자토이치〉〈박사가 사랑한 수식〉〈아웃레이지 시리즈〉〈기요스 회의〉〈매스커레이드 호텔〉 등이 있다. 고레에다 작품 중에는 〈하나〉〈걸어도 걸어도〉〈그렇게 아버지가 된다〉〈태풍이 지나가고〉〈세 번째 살인〉을 담당했다. 〈어느 가족〉의 의상 디자인으로 예술선장 문부과학대신상(영화 부문)을 수상했다.

33 소마이 신지相米慎二 (1948~2001)

영화감독. 이와테현 출생. 1972년 주오대학 법학부를 중퇴하고 계약직 조감독으로 닛카쓰촬영소에 입사 후 1980년 야쿠시마루 히로코 주연의 〈꿈꾸는 열다섯〉으로 감독 데뷔했고 이듬해 〈세일러복과 기관총〉이 크게 히트했다. 1982년 하세가와 가즈히코, 네기시 기치타로 등 젊은 감독 아홉 명의 기획·제작회사 디렉터스컴퍼니를 설립했다. 대표작으로 〈숀벤 라이더〉〈태풍 클럽〉〈눈의 단편—열정〉〈이사〉 〈아, 봄〉〈바람꽃〉 등이 있다.

34 〈이사お引越し〉

1993년 개봉한 소마이 신지 감독의 영화. 히코 다나카의 동명 소설을 영화화했으며 배우 다바타 도모코의 데뷔작이기도 하다.

35 〈도쿄 하늘 반갑습니다東京上空いらっしゃいませ〉

1990년 개봉한 소마이 신지 감독의 영화로 배우 마키세 리호의 데뷔작이다.

36 나이토 야스코内藤やす子의〈남동생이여弟よ〉

1975년에 발매한 나이토 야스코의 데뷔 싱글로 누적 판매량은 65만 장이다.

평범한 사람을 연기하다

제대로 느껴주는 연출가를 만난다는 건
배우로서는 행운이에요.

고레에다　〈태풍이 지나가고〉의 초고를 키린 씨께 건넨 것은 오가와켄
　　　　　이라는 레스토랑으로 저를 불러주셨을 때, 거기서 점심을 먹
　　　　　으면서였죠. 그때 〈바닷마을 다이어리〉의 출연도 동시에 부
　　　　　탁드렸는데요, 곧바로 "이 정도 역할이라면 할게"라고 하셨
　　　　　잖아요. 하지만 〈태풍이 지나가고〉는 얼마 뒤 "이건 못 하겠
　　　　　어" 하며 한 번 거절하셨어요.

키키　　　물론 고레에다 감독이 아니고서야 그려내지 못할 영상 세계
　　　　　가 제대로 담겨 있었지만 '이거라면 딱히 내가 아니어도 대
　　　　　충 비슷한 나이대의 사람이 하면 돼'라든가, '또 관객이 안
　　　　　들면 미안하니까'라든가, 짧은 시간 동안 이런저런 생각이

이 인터뷰는 2016년 3월 14일 이이노 미나미아오야마 스튜디오에서 진행됐다.

들었거든. 다른 영화 촬영도 겹쳐 있어서 대본을 돌려주러 갔지.

고레에다 그래서 "안 돼요, 곤란합니다" 하면서 한 시간가량 저랑 키린 씨 사이에서 초고가 왔다 갔다 했죠(웃음).

키키 어지간히 안 끝나서 마지막엔 내가 끈기에서 졌어요. 난 성 질이 급하니까.

고레에다 저로서는 키린 씨가 아니면 안 할 작정이었으니까요. 키린 씨가 걱정하시던 것도 알고 있긴 했지만요.

키키 내가 뭘 걱정했더라?

고레에다 "관객이 보고 싶어 할까, 이거?"라고 말씀하셨어요. "이 역할 이 나라는 건 알겠고, 감독이 이걸 하고 싶어 하는 마음도 알 겠지만 관객이 보고 싶을까?" 하고요. 그리고 "내가 이 작품 에서 새로운 뭔가를 더 할 수 있을지 모르겠어" 하며 고민하 셨어요.

키키 그랬지요. 〈걸어도 걸어도〉 때는 남을 도우려다 그런 거긴 해 도 자기 아들이 목숨을 잃는 설정이라서, 가눌 길 없는 슬픔을 짊어진 역할이었지. 하지만 이번 역은 의외로 아무것도 짊어 진 게 없었어.

고레에다 　"배우로서는 실마리가 없어" "성취감이 없어"라고 말씀하셨어요. 하지만 바로 그렇기 때문에 키린 씨가 해주셨으면 했거든요.

키키 　이런 일이 자주 있어요. 캐스팅할 때 "이 역할은 평범한 느낌의 사람이 좋겠어요"라고들 하지. 하지만 정말로 그런 사람을 데려다 놓으면 그저 '평범할' 뿐이야. '평범한 사람의 매력'이 있어야만 하는데도. 또 예를 들면 줏대 없는 남자 역할. 이 여자한테 건들건들, 저 여자한테 건들건들하는 역할을 두고 "이 사람이 딱이죠? 줏대 없고 주체성 없는 사람이에요" 하면서 그런 배우를 데려오거든. 분명 그 사람은 평소 모습 그대로지만, 영화 속에서 그 역할이 매력적으로 나오느냐 마느냐는 별개예요. 그런 데서 대부분 캐스팅이 실패하지. '평범한 역할'을 매력 있게 연기하는 건 귀찮은 작업이거든.

고레에다 　그럼 〈태풍이 지나가고〉도 귀찮으셨어요? (웃음)

키키 　말하자면 그렇지. 하지만 내가 생각하지 않아도 감독이 자연스레 찍어줬으니 결국은 잘 나왔어. 가령 손자가 "복권이 당첨되면 다시 함께 살 수 있을까요?"라고 말하는 대목. 거기서 내가 눈물을 흘리는 건 대본에는 쓰여 있지 않았어. 쓰여 있었다면 분명 다른 연기를 했겠지.

고레에다 　그 장면은 손자를 연기한 요시자와 다이요[1]가 좋았던 것도

있어요. 각본을 쓴 저도 키린 씨가 우는 장면이라고는 생각
하지 않았거든요. 아무것도 모르는 어린애라는 느낌이 좀 더
강했죠. 하지만 현장에서 찍을 땐 다이요가 말한 대사가 키
린 씨의 아주 깊은 곳에 가닿았다는 걸 알 수 있었어요. 그래
서 여기서 문득 눈물을 글썽일 수도 있겠구나 했죠.

키키 컷을 좀 늦게 외쳐줬지. 내가 "정말 기쁘구나" 하면서 손자의
얼굴을 물끄러미 바라보는 것까지 찍어줬어.

고레에다 자칫하면 실패해버릴 위험한 장면이지만요. 키린 씨 입장에
서는 아이에게 허를 찔린 느낌이었겠죠. 그래서 적절한 눈물
이라고 생각했어요. 눈시울을 촉촉하게 적시는 게 아니라 갑
자기 확 차오르는 느낌의 눈물이요.

키키 이 역할은 사실 그렇게 외롭지 않아. 아들도 있고, 딸도 있고,
딸이 낳은 손주도 둘 있어서 피겨스케이팅 강습료를 내주거
나 용돈을 주기도 하고. 충족감은 있지만 한순간 문득 감정
이 나오지. "함께 살아요"라는 대사는 나도 대본으로 읽을 땐
아무렇지 않았는데, 현장에서 손자의 얼굴을 보고 있자니 굉
장히 가슴이 복받쳤어. 게다가 감독이 그 장면을 남겨줬잖
아. 못 느끼는 감독은 못 느끼거든. "컷!" 하고 끊어버리니
'아아' 싶은 거지(웃음). 제대로 느껴주는 연출가를 만난다는
건 배우로서는 행운이에요.

고레에다 부끄럽지만 좀 기쁜데요(웃음).

키키 영화 후반부에서도, 며느리(마키 요코[2])랑 내가 부엌에서 이야기하는 장면 있잖아. 내가 "너희들 이제 끝난 거니" "정말 어쩌다 이렇게 돼버렸는지" 하고 우는데, 컷을 한 뒤에 "너무 많이 울었나?"라고 감독한테 물어봤더니 "얼굴은 안 찍었으니 괜찮아요" 했지.

고레에다 거기서 갑자기 운다는 건 각본에 쓰여 있었지만, 그 장면은 키린 씨가 우는 게 목적이 아니라 '내 눈앞에서 울었다' 하고 며느리가 시어머니의 마음을 받아주는 게 중요한 장면이라서요.

키키 그렇지, 그쪽이 중요해. 그래서 실패해도 안심하고 맡길 수 있어요. 하지만 이번에 〈태풍이 지나가고〉에서 '실패했구나, 배우로서 이걸 잊고 있었어'라고 생각하는 부분이 있어. 고레에다 감독의 어머님께는 감독이 최고로 예뻤겠지. 두 따님(고레에다의 두 누나를 일컬음)보다 예뻤을 거야. '그래도 아들이 제일 예뻐'라는 그런 느낌을, 내가 좀 더 화면 속에서 내줬다면 좋았을 텐데. 말로 하는 거 말고. 그렇다는 건 며느리한테도 어딘가 마음에 안 드는 구석이 있는 거거든. 부엌에서 꾸물거리는 모습을 보고 '이런 며느리 별로야'라고 생각하거나, '우리 아들은 원래 그렇게 될 애가 아냐. 너도 나빠' 하고 생각하는 것처럼.

고레에다 며느리에 대한 감정을 어디서 드러낼지에 관해서라면, 저는 며느리 앞에서가 아니라 버스 정류장에서 아들과 대화할 때나 누나와 얘기할 때 말했던 "여자가 공부를 하면"이라는 식의 대사로 표현하려 했어요.

키키 확실히 그렇게 말하고 있긴 하지. 베란다 장면에서 나비 이야기를 하면서 "이리 될 게 아니었는데" 하고. 절대로 자기 탓이라고 여기지 않으려 해. '네 아빠가 나빠' '그런 며느리가 아니었다면' '세상이 보는 눈이 없는 거야' 등등, 정말로 그렇게 생각하고 있어. 그런 어머니를 난 수도 없이 봐왔어요. 확실히 그걸 노골적으로 드러낼 필요까진 없지만, 좀 더 연기로 표현해도 좋았을 텐데. 내 아들은 되고 싶었던 어른이 되지 못했지만 그건 내 탓이 아니야, 하는 할머니 특유의 뻔뻔함이 좀 있었어도 좋았을 텐데, 싶어.

고레에다 그런데 '며느리'에 대한 감정으로 말하자면, 〈걸어도 걸어도〉에서는 자기 아들과 재혼한 며느리에 대해 상당히 신랄하게 말하잖아요. "왜 남이 쓰던 걸"이라든가. 하지만 이번 며느리에 대해서는 '나도 만약 공부를 했다면……' '시대가 변했다면 남편과는 이혼했을지도 몰라' 하면서 어딘가 자신과 겹쳐보는 부분이 있죠.

키키 요컨대 공유할 수 있는 부분이 존재하지.

고레에다   맞아요. 저는 그렇게 이해하고 있었는데요.

키키   그렇지……. 하지만 난 좀 어리석은 편이 낫다고 생각해. 교
육을 받거나 못 받은 것과는 상관없이, '아무래도 엄마한테
는 아들이 최고'라는 식으로. 그걸 아들한테 손을 슬쩍 갖다
대거나 하면서 자연스럽게 표현할 수 있지 않았을까.

고레에다   아뇨, 충분히 표현되었어요.

키키   내가 하면 심술까지 포함해서 그런 걸 지나치게 드러내는 부
분이 있는데, 고레에다 감독은 영화에서 그걸 절제해주지. 그
건 고레에다 감독의 인품이라고 생각해. 어쨌거나 어머니한테
는 아무래도 아들이 예뻐. 딸은 별로 안 예쁘거든(웃음).

고레에다   그런 점은 저와 누나, 어머니의 관계에서도 마찬가지예요. 누
나는 맨날 "왜 히로카즈만"이라고 했죠. 하지만 어머니는 "그
야……"라고 했어요. 그 "그야……"에는 이유가 없는 거죠.

키키   맞아. 나도 형제는 여동생과 나 둘뿐인 줄 알았더니, 엄마가
아버지랑 결혼하기 전에 남자애랑 여자애를 하나씩 낳았던
거예요. 게다가 걔들이 성인이 된 뒤에 둘 다 불러들여서 엄
마가 하던 음식점을 돕게 했어. 아버지랑 우리 자매한테는
비밀로 말이야. 그걸 안 건 엄마가 돌아가셨을 때야. 그 남자
애가 가게랑 엄마 돈을 마음대로 썼는데도, 엄마의 '그 애가

제일 예뻐'라는 마음은 말로 하지 않아도 넘치고 있었거든. 그런 좀 어리석은 부분이랑, 그 대극對極으로서 '며느리가 아니었다면……' '세상이 바뀌었다면……' 하며 타인과 세상에 책임을 떠넘기는 듯한 느낌이 어머니 특유의 성질이지. 나 역시 엄마이긴 해도 그런 말을 할 여유조차 없이 내달려왔으니 상황이 다르지만, 객관적으로 보면 그런 어머니가 갸륵해. 그게 싫은 건 아니에요.

고레에다   하지만 아들을 사랑하기 때문에, 오히려 아들이 자신을 괴롭힌 남편을 닮을 위험성 같은 것도 어딘가 느끼고 있죠.

키키   앞날에 대해서는 그다지 생각하지 않아. 지금 아들이 그렇게 되어버린 건 '아빠의 피를 물려받은 거야'라고 생각하며 잊고 싶은 거지. 그런 어머니의 완고함과 드센 성격, 자기중심적인 사고방식은 모두의 근저에 있겠지. 교육을 받았든 안 받았든 관계없이.

고레에다   며느리를 연기한 마키(요코) 씨는 어떠셨어요?

키키   난 마키 씨한테 여자의 섹시한 면모가 좀 부족해서 '우리 아들 가엾게도'라고 생각하고 있어(웃음). 물론 예뻐요. 하지만 소년 같잖아. 역시 그런 마키 씨 자신의 본모습이 나오는 거지. 나 역시 심술부리려 하지 않는데도 심술궂은 본모습이 나와버리거든. 가령 아베 씨가 마키 씨에게 "(새 애인이랑) 했어?"라고 묻는 장면에서 "그만해" 할 때도, 마키 씨가 말하면 정말로 "그만해"니까(웃음). 좀 더 육체적인 섹시함이 있으면 다른 뉘앙스를 풍길 수 있었을 텐데.

고레에다 그 부분에서는 마키 씨의 강한 면모가 드러나죠.

키키 맞아. 뭐, 엄마로서는 '우리 잘생기고 키 크고 사랑스러운 아들의 아내가 좀 달랐다면'이라고 계속 생각하기로 했어. 이 홍보 활동 기간에는 말이야(웃음).

배우란 역시 일상을
살지 않으면 안 돼요.

고레에다 (웃음) 이 작품에서도 구체적인 장면을 살펴보죠. 아베 씨가 케이크를 들고 아파트에 찾아오고, 키린 씨가 그 상자를 열고, 상자 끈을 묶고, 케이크를 냉장고에 넣어두는 장면이에요. 그 끈을 묶는 방식이 제 어머니랑 완전히 똑같았어요.

〈태풍이 지나가고〉 00:09:35~

아파트 단지에 있는 요시코(키키 키린)의 집. 부엌. 갑자기 찾아온 료타(아베 히로시)가 선물로 가져온 케이크 상자를 봉지에서 꺼내는 요시코. 료타가 아버지의 족자에 대해 요시코에게 묻는다. 요시코는 그에 답하며 케이크 상자의 포장을 풀고 냉장고에 넣는다.

고레에다 연출 의도로는 아베 씨를 가만히 두고 그 주위에 키린 씨를 움직이게 하면서 아파트 내부의 공간을 보여주는 장면이에요. 키린 씨는 그동안 계속 움직이고 있죠. 그런 연기를 할 수 있다는 걸 전제로 부탁드려서 해주신 건데요, 사실은 어렵지요?

키키 보통 사람은 못 하지. 대사를 말하는 데 신경이 쏠리니까.

고레에다 이건 훈련의 결과인가요?

키키 분가쿠자에 유연체조라는 게 있었어. 몸에 힘을 쭉 빼고 꼭 두각시 인형처럼 매달린 상태에서 "자, 허리만 움직여요"라든가 "가슴만 돌려요"라든가. 인형극 할 때 "자, 오른손이 올라갔습니다" "양손이 올라갔습니다" "실이 툭 끊어졌습니다" 하는 것처럼 신체를 부분적으로 움직이는 훈련이지. 그걸 나랑 하시즈메(이사오)가 유난히 잘했거든. 어쩌면 그거랑 관련이 있을 수도 있겠네.

고레에다 신체 부위를 따로따로 생각하는 거네요.

키키 맞아. 이쪽에서는 컵의 물을 엎지르지 않도록 수의하면서 서쪽에선 뭔가 다른 일을 감각적으로 할 수 있지. 유연체조는 훈련이랄 것까지도 없는, 일주일에 한 번 정도 하는 작은 수업이었거든. 우리 둘 다 발군의 실력이었어. 힘을 빼는 정도가 말이야. 자랑거리는 그것뿐이야. 하지만 배우로서는 유리한 점이지요.

고레에다 연출하는 입장에서 보면, 배우로서 좀 다루기 어렵다 싶은 사람은 대사를 말하는 데 백 퍼센트 집중하는 분이에요. 자기 대사를 잘 말하려고 하는 사람. 그때는 몸이 굳거든요. 프로 중에도 그런 사람이 아주 많죠, 말할 때 움직임을 멈춰버리는 사람. 키린 씨는 그와는 정반대고요.

키키 또 자기 대사가 끝났을 때 다들 멈추지. 안심하는 걸까.

고레에다 이 장면에서는 케이크 상자의 끈을 묶고 나서 비닐봉지까지 접으시죠.

키키 평소의 나라면 접을 때 공기를 피슉피슉 빼. 그게 기분 좋거든. 하지만 소리가 시끄러울 것 같아서 관뒀지. 배우란 역시 일상을 살지 않으면 안 돼요. 이 영화에서도 칼피스유산균 음료이름를 얼린 얼음과자를 득득 긁으면서 "냄새 안 나?" 하는 장면이 있는데, 그렇게 실제로 해왔던 게 연기에 살아 있지. 세밀한 부분에 틀림없이 리얼리티가 있어. 그래서 다 보고 나면 즐거운 거예요.

고레에다 한 군데 더, 아베 씨와 나비 이야기를 하는 길거리 장면에서 하시즈메 씨와 딱 마주 선 채로 잠시 이야기를 나누는 대목부터 봐도 될까요?

〈태풍이 지나가고〉 00:16:52~

아파트 단지의 쓰레기장. 료타(아베 히로시)가 돌아가는 길에 요시코 (키키 키린)의 쓰레기를 버려준다. 니이다(하시즈메 이사오)가 마침 지나 가서, 요시코는 그에게 료타를 소개한다. 니이다와 헤어지고 버스 정류 장까지 료타를 배웅하며 요시코는 요전에 본 나비 이야기를 한다.

고레에다   여기서 헤어질 때 하시즈메 씨 대사의 '간격'이 굉장해요. 보 는 사람에 따라서는 하시즈메 씨가 순간 대사를 까먹은 게 아닐까 싶을 정도로요. 하지만 본인은 까먹은 듯한 간격이 생기는 걸 즐기고 있어요. 실제로 그 나이라면 그렇게 된다 는 걸 계산에 두고 절묘한 경지에서 컨트롤하고 있죠.

키키   대단한 감이지. '이렇게 하자' 하고 일일이 생각하거나 고민 하지 않아. 순간적인 재주거든. 베토벤의 레코드를 걸 때도 간격이 있었는데, 나랑 눈이 마주치자 '괜찮아, 대사 안 까먹 었어' 하고 눈으로 말하더라고(웃음).

고레에다   웬만해선 하기 힘들죠.

키키   응, 못 해. 그래서 유감스럽게도 〈가족은 괴로워〉에서는 성 가신 존재가 되었지(웃음). 가엾게도 말이야. 하시즈메는 롤 러스케이트 같은 것도 엄청 잘 타. 무대에서 돌아다녀도 절대로 안 떨어지거든.

고레에다 　몸도 잘 쓰시는군요. 이 장면에서 하시즈메 씨랑 헤어진 뒤 아베 씨와 걸어가며 "(하시즈메가 연기하는 니이다의 아내가) 3년 전에 돌아가셨대"라고 말하는 키린 씨의 대사가 있는데요, 제가 편집에서 잘라내려고 했던 거 기억하세요?

키키 　기억이 안 나네.

고레에다 　"이 부분은 잘라낼까요?" 여쭸더니 "아니, 이 엄마는 틀림없이 그 사람의 부인을 신경 쓸 테니 있는 편이 확실히 좋아"라고 단호하게 말씀하셨어요.

키키 　아, 맞아. 방금도 그렇게 생각했어.

고레에다 　완성하고 보니 남겨두기를 잘했다 싶었어요. 엄마의 '아들이 없을 때의 생활'이 아주 살짝 엿보이죠.

키키 　맞아. 엄마는 아들에게 '저 사람 부인은 이제 없어'라는 걸 분명하게 말하고 싶은 거야. 그렇다고 자기한테 올 리는 없지만 아들한테는 말해두고 싶은 거지. 남겨줘서 다행이야. ······그리고 또, 아베 씨랑 이케마쓰 소스케[3]가 나오는 대목도 재밌지.

고레에다 좋았죠. 아베 씨도 "이케마쓰에게 도움을 많이 받았어"라고
        했어요.

키키   경륜장에서 "(돈을) 좀 빌려줘"할 때 스윽 달라붙는 장면이
        좋았어. 좋은 콤비예요.

인터뷰 중에도 언급했지만, 키린 씨는 〈태풍이 지나가고〉의 출연을 처음에는 상당히 완강하게 거절했다. 실은 이런 식으로 역할을 거절한 건 세 번째다.

첫 번째는 〈고잉 마이 홈〉[4]이라는 TV 드라마 때. 나로서는 〈걸어도 걸어도〉의 자매편으로 만들자고 멋대로 생각해서, 아베 히로시 씨가 연기하는 주인공 료타와 YOU 씨가 연기하는 누나의 어머니 역을 부탁드렸다.

그때 거절한 이유는 두 가지. "이제 TV는 안 한다고 우치다랑 약속했으니까"라는 게 하나. 다른 하나는 "난 어떻게 연기해도 일류 기업 임원의 아내로는 안 보여"였다. "이 역할이라면 ○○ 씨가 더 나아. 연락처 알려드려?" 이때는 어쩔 수 없이 내가 물러났다. 그러면 실제로 어머니를 연기한 요시유키 가즈코[5] 씨는 두 번째 후보였나 싶겠지만, 그렇지는 않다. 요시유키 씨에게 제안할 때는 그의 목소리와 표정으로 각본을 전부 다시 써서, 결과적으로는 맞춰쓰기 형태가 되었다. 그리고 이제 와서 생각해보면 요시유키 씨라서 정말로 좋았다. 나보다 키린 씨가 더욱 프로듀서의 눈을 지니고 있었던 셈이다.

처음에는 〈태풍이 지나가고〉의 출연을 떨떠름해했지만, 막상 마음을 정한 뒤로는 정말로 훌륭하게 역할 속으로 들어갔다.

〈걸어도 걸어도〉 때는 "난 감독의 어머니를 연기하는 게 아니야"라고

선언했고, 나도 "물론 그렇게 하셔도 상관없습니다"라고 대답했다. 크랭크업 직전에 이르러 "사진 한 장만 보여주지 않을래?"라고 해, 내가 자란 기요세의 아파트 단지에서 아버지와 두 분이 나란히 찍은 흑백사진을 보여드렸다. 그뿐이었다.

〈태풍이 지나가고〉 때는 처음에 "뭐든 좋으니 어머님 물건을 하나 가져와줘"라고 말했다. 〈걸어도 걸어도〉와는 접근 방식을 달리 하려고 생각했던 모양이다. 파자마로 할까, 가발로 할까, 안경으로 할까……. 고민 끝에 가발은 위험할 것 같아서 어머니가 쓰던 안경을 들고 갔다. 그런 걸 노릴 작정은 아니었지만, 영화 속 키린 씨와 아베 씨를 보고 있으면 때때로 어머니와 나로밖에 보이지 않는 순간이 있어서 내 기억 속으로 타임슬립한 듯한 착각이 들어 가슴이 울렁였다.

연기를 보면서 놀란 점이 하나 있었다. 부엌 식탁에 앉아 경단을 먹으면서 고바야시 사토미[6] 씨가 연기하는 딸과 대화를 나누는 평범한 장면. 보리차를 한 모금 마시고, 냉장고를 열고, 컵에 따른다. 리허설도 그 흐름으로 연기했는데 본 촬영 직전에 키린 씨는 컵에 남아 있던 보리차를 전부 마셔버렸다. 그리고 본 촬영에서는 텅 빈 잔을 일단 집어 들고 입가로 가져와 마시려다가, 거기서 비로소 잔에 든 게 없다는 걸 깨닫고 냉장고로 향했다. 이런 연기는 아마도 일상의 관찰에서 태어나는 아이디어일 텐데 진심으로 탄복했다. 컷을 외친 뒤 역시 감동해서 그 말을 전하자 기쁜 기색으로 "왜 있잖아…… 그럴 때" 하며 웃음 지었다.

〈걸어도 걸어도〉는 어머니가 돌아가신 후 곧바로 쓴 각본이라서 쓸 때도 찍을 때도 어머니에 대한 영화라고 생각했다. 시간이 좀 흐른 뒤에 다시 봤더니 아버지에 대한 영화였다는 것을 깨달았다. 세로축을 잇는 건 늙은 아버지, 죽은 형, 피가 이어지지 않은 아들이었다.

그래서 〈태풍이 지나가고〉에서는 중심에 어머니를 둬봤다. 태풍 에피소드도 얼린 칼피스도 방수 라디오도 노랑나비 이야기도 대부분 어머니의 실화지만 결코 특별한 이야기는 아니다. 특별한 감정도 아니다. 중학생도 이해할 수 있는 말로만 대사를 쓰자고 생각했다. 요컨대 가장 어려운 이야기다. 바로 그렇기 때문에 어떻게든 키린 씨가 필요했던 것이다.

인터뷰 중 마키 씨의 연기에 대해 말한 부분을 연출가 입장에서 약간 보충하고 싶다. 키린 씨가 지적한, 마키 씨가 연기하는 전처가 주인공에게 보이는 강한 태도는 오히려 내가 의도했던 것이다. 전남편이 제멋대로 아들을 본가로 데려와버려서, 태풍이 오는 와중에 본인의 뜻과는 반대로 아이를 찾으러 와야 했던 마키 씨가 현관에서 눈을 치켜뜨며 전남편을 찌릿 노려보는 장면. 내가 마키 씨에게 "더 강하게" "더 세게"라고 요청한 기억이 있다. 다리를 만지려던 아베 씨의 손을 있는 힘껏 주먹으로 때리는 부분에서도 "진심으로 거부해줘"라고 말했던 것 같다. 방심하면 이 남자는 응석을 부린다는 걸 알고 있기 때문이다. 그렇게까지 강하게 나가도 괜찮다고 판단한 이유는, 마키 씨가 전남편이 안 보는 곳에서 아직 그에게 애정이 남아 있다는 것을 분명히 표현하기 때문이었다.

그것은 결혼을 전제로 교제 중인 남자와 레스토랑에서 식사를 하는 장면. 아베 씨의 소설을 읽었다는 남자의 말에 마키 씨는 "어땠어?"라고 물어본다. 명확하게 전남편을 옹호하는 말을 하는 건 아니지만, 마키 씨의 미세한 대사 간격과 눈의 움직임으로 그 심정이 관객에게 충분히 전달되었다고 나는 생각했다. 마키 씨는 섬세하고도 무척 좋은 연기를 펼쳐줬다. 아베 씨도 완성된 영화를 보고 "마키 씨의 그 표정으로 료타는 구원받은 느낌이 들었어요"라고 말했다. 그러니 영화 속에서 료타는 구원받지 않아도 괜찮다고 생각한다.

마키 씨의 연기에 대한 키린 씨의 불만도, "이 홍보 활동 기간에는"이라고 본인이 말한 대로 아마도 역할에서 완전히 빠져나오지 못한 어머니의 며느리 평가라는 측면이 강한 것 같다.

〈태풍이 지나가고〉때는 염원이 이루어져 키린 씨와 칸국제영화제에 참석할 수 있었다. "경쟁 부문이 아니라 '주목할 만한 시선' 부문인데요……"라고 얘기했더니 "이 작품에는 딱 좋아"라던 키린 씨. 뭐, 실제 어머니에게는 하지 못했던 효도를 '어머니'를 연기해준 키린 씨께, 라는 마음이 없었던 건 아니다. 그러나 칸에 머무르는 동안 키린 씨에게 지병인 천식 증상이 나타났고, 겉으로도 숨쉬기가 괴로워 보여서 영화제를 즐길 여유는 별로 없었던 것 같다.

넉 달 뒤인 9월에 방문한 스페인의 산세바스티안국제영화제[7]는 아름다운 거리, 좋은 기후, 맛있는 식사의 삼박자가 갖추어진 영화제인 데다 키린 씨의 컨디션도 좋아서 아주 즐거워 보였다. 그러나 도착 직후에 모시고 간, 별이 두 개인지 세 개인지 달린 인기 레스토랑은 키린 씨 취향과는 달랐다. 식재료가 대체 무엇인지 먹어봐도 모를 지경으로 가공된 퓨전 요리가 나왔는데, 도중에 인사하러 온 셰프가 "식사는 어떠신지요?"라고 물었더니 "손을 너무 많이 댔어. 뭘 먹고 있는 건지 도통 모르겠어"라고 단호하게 지적했다.

모두가 하고 싶어도 못 하는 말을, 이렇게 키린 씨가 해줄 때가 가끔 있다. 미움받는 역할을 자진해 맡는 사람이 있다는 구실로 입을 다물고 있는 게 제대로 된 인간인가 싶지만, 웬만해서는 키린 씨처럼 후련하고 예리하게 말하지 못하니 역시 맡겨두는 게 정답이었을지도 모른다.

스페인의 빌바오 공항으로 향하는 비행기 안에서.

2009년에 홍콩의 영화제에 함께 갔을 때의 일이다. 이때는 주연한 영화 〈굿바이〉[8]가 아카데미상 외국어영화상을 받은 직후인 모토키 마사히로[9] 씨도 아내이자 키린 씨의 따님인 야야코 씨와 함께 참석해서 아주 흥겹고 따스한 여행이 됐다. 당시 우리를, 아니 주로 모토키 씨 일행을 접대했던 스태프가 '맛있는 얌차飮茶주로 중국 남부에서 차를 마시며 만두 따위를 먹는 간단한 식사를 먹고 싶다'라는 우리의 요청에 가게를 예약해줘서 다 함께 부랴부랴 외출했다. 그런데 가게 안의 자리가 개별실이 아닌 데다 이미 주문해둔 런치 세트는 딤섬이 한두 개 딸린 볶음국수가 다인 메뉴였다. 딱히 남의 돈으로 사치를 부리고 싶은 건 아니었지만, 좀처럼 함께 모이지 못하는 멤버인 데다 장소도 홍콩. 아마도 다 같이 밥을 먹을 수 있는 건 이번하고 또 한 번 정도. '이거였으면 내가 직접 예약할걸……' 하고 후회하기 시작했을 때, 키린 씨가 그 스태프를 향해 입을 뗐다. "이봐요……. 이게 끝이야?" "네, 세트는 이게 다예요. ……뭘 좀 추가할까요?" "그런 뜻이 아니야. 알잖아? 이 멤버로 이건 좀 아니지……."

키린 씨는 손바닥으로 몇 번이나 식탁을 탁탁 쳤다. 그때부터 뭐가 다른지에 대한 키린 씨의 기나긴 설교가 시작됐다. 송구하기 짝이 없던 그 스태프는 "감사합니다. 많이 배웠습니다" 하고 마무리하려 했지만 키린 씨는 허락하지 않았다. "당신 말이야, 지금 배워서 어쩔 셈이야. 이건 일이잖아. 공부는 마친 뒤에 여기 와야지!"

그 이야기를 몇 년 뒤에 키린 씨에게 했더니 "와, 내가 그렇게 심한 말을 했어?" 하며 웃어넘겼지만, 그날 밤 시상식 후의 파티에서도 높은 사람들이 잇달아 키린 씨에게 인사하러 왔을 때 키린 씨는 그 인사를 하나하나 되받아쳤다. "당신, 그 넥타이 무늬가 특이하네. 어디서 사셨어?" 예전에 키린 씨의 드라마 현장에 스태프로 있었다며 인사하러 온 방송국

스페인의 햇살 아래 키린 씨의 기모노 차림이 아름다웠다.

임원에게는 "어, 기억이 안 나네. 내가 정말 그 드라마에 나왔어?" 하고 받아쳤다. 만약 "당신이 진짜 있었어?"라고 말한다면 상대가 상처받는다. "내가 나왔어?"라고 하는 면이 키린 씨의 진면목이라고, 나는 곁에서 들으며 생각했다.

산세바스티안 이야기로 돌아가서. 세 시간 꽉 채워 점심 식사가 끝나자 곧바로 저녁 시간이었다. 지정된 레스토랑이 있는 옆 항구 도시까지는 버스를 타고 40분 정도. "나는 배가 부르니까 보기만 할게"라면서 키린 씨도 함께 가게까지 갔다. 그런데 그 엘카노라는 가게에서 나온 해산물 요리가 점심과는 딴판으로 식재료를 살린 심플한 것이라서, 처음에는 보기만 하던 키린 씨도 결국은 참지 못하고 "한 입만" 하며 옆자리 마쓰자키 프로듀서의 접시로 손을 뻗었다.

돌아오는 버스 안에서도 끊임없이 "여긴 맛있었어……. 또 오고 싶네" 거듭 말하며 "도쿄의 영화제[10]도 이렇게 버스로 외국 게스트를 아타미나 하코네 같은 데로 데려가서, 맛있는 생선 요리를 먹고 온천욕을 하고 오게 하면 좋을 텐데……"라고 더없이 온당한 지적을 했다.

공식 상영장으로 향하는 레드카펫을 키린 씨와 팔짱을 끼고 둘이서 걸었다. 양옆에서 영화 팬들이 말을 걸어오고, 사인을 하고, 함께 사진을 찍으며 느긋하게 걸어갔다. 산세바스티안의 관객분들은 〈걸어도 걸어도〉를 무척 사랑해줬고, 또 가와세 나오미[11] 감독의 〈앙: 단팥 인생 이야기〉[12]가 유럽에서 개봉해 각국에서 도라야키밀가루 반죽을 둥글게 구워서 두 장 사이에 팥소를 넣은 과자 붐이 일 정도로 인기가 높아져 키린 씨의 존재는 지금 아주 뜨겁다. 그게 내 일보다 더 기쁘고 자랑스러웠다.

1   요시자와 다이요吉澤太陽 (2003~)

　　배우. 도쿄 출생. 2014년 NHK 연속 TV 소설 〈하나코와 앤〉에 출연했고 2015년 개
봉한 〈더 클로니클: 뮤턴트의 반격〉으로 영화 데뷔했다. 〈태풍이 지나가고〉에서의
연기로 다카사키영화제 최우수 신인남우상을 수상했다.

2   마키 요코真木ょうこ (1982~)

　　배우. 지바현 출생. 1998년 나카다이 다쓰야가 운영한 배우 양성소 무메이주쿠에
들어갔고, 입단 2년째에 연극 〈밑바닥에서〉의 나타샤 역에 발탁됐다. 2000년에 퇴
단한 뒤 영화와 TV에서 활약했다. 2006년 개봉한 니시카와 미와 감독의 〈유레루〉
로 야마지 후미코 영화상 신인여우상을 수상했다. 대표작으로 영화 〈박치기〉 〈베로
니카, 죽기로 결심하다〉 〈도쿄 프렌즈〉 〈모테키: 모테솔로 탈출기〉 〈안녕 계곡〉 〈모
즈MOZU〉 〈고독한 늑대의 피〉 〈용길이네 곱창집〉 등이 있다. 고레에다 작품 중에는
〈그렇게 아버지가 된다〉와 〈태풍이 지나가고〉에 출연했다.

3   이케마쓰 소스케池松壯亮 (1990~)

　　배우. 후쿠오카현 출생. 극단 시키四季의 뮤지컬 〈라이온 킹〉에서 어린 심바 역으로
데뷔, 2003년 〈라스트 사무라이〉로 처음 영화에 출연했다. 대표작으로 〈철인 28호〉
〈이별까지 7일〉 〈종이 달〉 〈모즈〉 〈아주 긴 변명〉 〈도쿄의 밤하늘은 항상 가장 짙
은 블루〉 〈킬링〉 〈미야모토가 니에게〉 등이 있다. 고레에다 작품 중에는 〈태풍이
지나가고〉와 〈어느 가족〉에 출연했다.

4 〈고잉 마이 홈ゴーイングマイホーム〉

후지TV에서 2012년에 방영된 드라마로(총 10화) 고레에다가 모든 회차의 감독과 각본을 맡았다. 주연은 아베 히로시, 야마구치 도모코가 맡았다.

5 요시유키 가즈코吉行和子 (1935~)

배우·작가·하이쿠 시인. 도쿄 출생. 오빠는 작가 요시유키 준노스케다. 1955년에 영화 〈유키코〉로 데뷔한 후 1978년 오시마 나기사 감독의 〈사랑의 망령〉에서 주연을 맡아 일본 아카데미상 우수 여우주연상을 수상했다. 대표작으로 영화 〈니안 짱〉 〈재녀기질才女気質〉 〈소중한 사람〉 〈동경가족〉 〈찬찬燦燦〉 〈가족은 괴로워 시리즈〉 〈양과 강철의 숲〉 등이 있다.

6 고바야시 사토미小林聡美 (1965~)

배우·작가. 도쿄 출생. 1979년 TBS 〈3학년 B반 긴파치 선생님〉의 학생 역할로 데뷔했고, 1982년 오바야시 노부히코 감독의 〈전학생〉에서 주연으로 발탁됐다. 대표작으로 영화 〈외로운 사람〉 〈카모메 식당〉 〈안경〉 〈도쿄 오아시스〉 〈개에게 처음 이름을 지어준 날〉 〈태풍이 지나가고〉 등이, 드라마 〈역시 고양이가 좋아 시리즈〉 〈반짝반짝 빛나는 시리즈〉 〈수박〉 〈아노네〉 〈이혼한 두 사람〉 등이 있다.

7 산세바스티안국제영화제

스페인 북부의 산세바스티안에서 1953년에 시작되었고 매년 9월에 열린다.

8　〈굿바이〉

2008년 개봉한 다키타 요지로 감독의 영화. 모토키 마사히로가 아오키 신몬이 지은
『납관부 일기』에 감명을 받아 영화화에 힘썼다.

9　모토키 마사히로本木雅弘 (1965~)

배우. 사이타마현 출생. 1981년 TBS〈2학년 B반 센파치 선생님〉의 학생 역할로 데뷔
했다. 1982년 아이돌 그룹 '시부가키타이'의 멤버로 가수 데뷔, 1988년 해체한 뒤 배
우 활동을 시작했다. 1995년에 우치다 야야코와 결혼하여 슬하에 2남 1녀를 뒀다. 대
표작으로 영화〈팬시 댄스〉〈으랏차차 스모부〉〈생선에서 다이옥신!!〉〈도키와장의
청춘〉〈굿바이〉〈일본 패망 하루 전〉〈천공의 벌〉〈아주 긴 변명〉 등이 있다.

10　도쿄의 영화제

도쿄국제영화제를 일컫는다. 1985년에 시작하여 매년 10월에 열린다. 고레에다는
'베니스, 토론토, 부산 등 유력한 영화제가 잇달아 열린 뒤인 만큼 경쟁을 위한 작
품은 모이기 힘들다. 거기에 힘을 쏟기보다는 작품의 다양성을 중시하여, 마찬가지
로 대도시에서 열리는 토론토국제영화제의 방향을 목표로 해야 한다'라는 생각을
가지고 있어 도쿄국제영화제의 회장을 직접 만나 제언서를 건넸다.

11　가와세 나오미河瀬直美 (1969~)

영화감독. 나라현 출생. 오사카사진전문학교를 졸업한 뒤 같은 학교에서 강사로 일
하며 8밀리 카메라 작품〈따뜻한 포옹〉과〈달팽이〉를 만들어 주목받았다. 1997년
〈모에의 주작〉으로 칸국제영화제 신인감독상을, 2015년 프랑스 문화예술공로훈장

슈발리에장을 일본인 여성 영화감독 최초로 수상했고, 같은 해 〈앙: 단팥 인생 이야기〉가 칸국제영화제에서 개막작으로 상영되었다. 대표작으로 〈너를 보내는 숲〉〈소년, 소녀 그리고 바다〉〈빛나는〉〈패러렐 월드〉 등이 있다. 2020년 도쿄 올림픽 (2021년 개최 예정) 공식 기록영화의 감독으로 결정되었다.

12 〈앙: 단팥 인생 이야기〉

2015년 5월 개봉한 가와세 나오미 감독의 영화. 도리안 스케가와의 동명 소설을 일본·프랑스·독일 합작으로 영화화했다. 도라야키 가게 '도라하루'의 월급 사장(나가세 마사토시)은 구인 광고 전단지를 보고 찾아와 일을 시켜달라고 간절히 청하는 할머니(키키 키린)에게 팥소 만들기를 맡겨본다. 키키는 이 작품으로 야마지 후미코 여우상, 호치영화상 여우주연상, 요코하마영화제 특별대상 등 다수의 상을 받았다.

진지하게, 재미있게 놀다

그 시절 영화의 세계로 가는 사람은
외모가 괜찮으면 머리가 나빠도 된다는
느낌이었으니 연극이 좋겠구나 했어.

고레에다 태어나신 곳은 간다지요.

키키 응, 간다. 근데 불타서 집을 잃고 오우메가이도 나베야요코
초[1]의 빼곡한 판잣집 일대에 있는 집에서 살다가, 이케부쿠
로로 갔지. 이케부쿠로에서 엄마가 장사를 시작했는데 딱히
잘되지 않아서 이번에는 요코하마에 가게를 냈어. 인연이 있
었던 게지. 작은 가게로 시작해 커졌고, 그다음부터 부모님
은 내내 그곳을 본거지로 삼았어.

고레에다 간다 때는요? 아버님은 경찰이었다고 읽은 적이 있는데요.

이 인터뷰는 2016년 3월 22일 시부야에 있는 키키 키린 자택에서 진행됐다.

키키 　맞아. 엄마가 간다에서 카페를 했고 아버지는 그 일대를 순찰하는 경찰이었어. 그게 인연이 돼서 결혼한 거야.

고레에다 　그 카페 이름이 '도호'죠.

키키 　근데 도호영화랑은 관계없어. 간다는 긴자에 비해, 말하자면 2류 놀이터였지. 학생인데 돈 좀 있는 사람이 많았던 것 같아. 뒷날 유명해진 작사가나 문인, 화가 부류가 드나드는 카페이긴 했어도 장소가 일류는 아니었어.

고레에다 　간다의 가게에 대해 기억하세요?

키키 　기억 못 해. 사진만 있어.

고레에다 　거기서는 몇 살까지 계셨어요?

키키 　내가 태어나고 금세 전쟁이 일어났잖아. 1943년 1월에 태어나 곧바로 집이 불탔으니 2년 정도가 아닐까.

고레에다 　그럼 기억은 없으시겠네요.

키키 　응, 소개疏開공습이나 화재 등으로 인한 피해를 줄이기 위해 한곳에 집중되어 있는 시설이나 주민을 분산시키는 것했거든. 전쟁이 끝난 뒤에는 이케부쿠로. 조시가야 근처에 진세이자人世坐²라는 영화관이 있었고,

아방가르드[3]로 불리던 시대였지. 처음 본 영화는 〈카르멘 고향에 돌아오다〉[4]. 아버지와 함께 큰 장화를 신고 몸을 웅크려서 공짜로 들어가는 거야. 그런 짓만 했었지. 이마이 다다시[5] 감독의 〈힘겹게 살고 있다〉[6] 같은 것도 봤어. 재미도 뭣도 없는 어두운 영화. 비가 샐 것 같은 영화관이었어. 거기서 다들 신문지를 깔고 무릎을 껴안고 보는 거야. 다들 그런 걸 봤었지.

고레에다 〈카르멘 고향에 돌아오다〉는 일본 최초의 컬러 영화죠. 다카미네 히데코[7] 씨가 주인공 스트리퍼를 연기했고요.

키키 아버지도 내용은 모르고 들어갔던 게 아닐까?(웃음)

고레에다 이케부쿠로의 가게 이름은 뭐였나요?

키키 작은 튀김집이었는데, 엄마 이름이 나카타니 기요코中谷清子여서 '나카세이中清'라고 했어. 아사쿠사에 같은 이름의 유명한 튀김집이 있었는데 거기랑은 전혀 관계없고. 조시가야에서 튀김집을 해봤자, 입에 겨우 풀칠하던 시대에 사람들이 튀김을 먹으러 올까…… 하지만 했지.

고레에다 그 무렵 아버님은 아직 경찰로 일하고 계셨어요?

키키 아니, 무슨 일을 하긴 했을 텐데, 역시 수완이 좋은 여자 옆에 있으면 남자는 일을 안 하게 되잖아?(웃음) 왠지 늘 비파를 연주하고 있었어. 친구를 연신 불러서는 비파를 연주하는 거지. 그런데 술 마시는 사람은 아니라서 살림을 거덜내지는 않았어.

고레에다　비파는 경찰이 되기 전부터 하셨어요?

키키　그 시절에는 비파가 비교적 유행했거든. 조루리^{반주에 맞춰 이야}기를 읊는 일본의 전통 예능에 쓰는 거라든가 샤미센^{일본의 대표적인 현}악기이라든가, 비파는 그런 많은 악기 가운데 하나였어.

고레에다　비파는 어린 시절부터 익숙했나요?

키키　아버지가 비파를 했고 어머니도 선생님을 불러서 샤미센을 그럭저럭 연주했으니 일본 악기는 귀에 익어 있었지.

고레에다　키린 씨는 비파나 샤미센을 연주하는 역할이 많으셨죠.

키키　그리 많진 않아. 〈유메치요 일기〉에서 연주한 〈조개껍데기 타령〉 정도야. 〈하나레 고제 오린〉[8]도 있었네. 하지만 여자 배우는 다들 연주를 하거든. 비교적 그럴싸하게 보여줄 수 있으니까. 서낭 개 삼 년이면 풍월을 읊듯이 어린 시절에 봤던 덕도 있을지 몰라.

고레에다　어렸을 때는 어떤 아이였어요?

키키　　어릴 땐 자폐증 증상이 있어서 내내 입을 다물고 있었어. 초등학교 5학년 무렵까지 혼자 팔짱을 끼고 교실 뒤에서 친구들을 지켜보면서 "흥!" 거렸지(웃음).

고레에다　　어쩌다 자폐증 증상이?

키키　　네 살 때쯤 층계참에 널어놓은 이불 위에 올라가서 놀다가 1.5층에서 아래로 퍽 떨어졌는데, 그대로 이불 밑에 깔렸거든. 숨을 못 쉬다가 부모님이 달려와 이불을 확 걷었을 때 후와 하고 숨을 다시 쉬었는데, 그날 밤부터 쭉 잘 때 오줌을 싸게 됐어. 어디를 잘못 부딪쳤던 게 아닐까. 그때부터 말을 안 하게 됐거든. 아무랑도 말을 안 하고, 여하튼 어디 좁은 데 들어가서 꼼짝 않고 있었지.

고레에다　　학교는요?

키키　　유치원에 가게 됐어. 어머니가 일했으니까. 아버지가 유모차에 태워서 유치원에 가는 거야. 유모차에 안 태우면 내가 싫어하거든. 그렇게 유치원에 도착하면 사람들이 모여드는데, 부끄러워가지고 유모차에서 내려 아버지한테 "가지 마"라고 한마디 하는 거야. 미운 애였어(웃음). 계속 말을 안 했지. 그래서 날 아는 동네 사람들은 내가 배우가 됐을 때 "거짓말이지? 목소리도 들어본 적 없어"라고 수군거렸대.

고레에다   말을 할 수 있게 된 계기가 있나요?

키키   척추 어딘가가 틀어진 것 같으니 침을 놔달라며 어머니가 침
구사鍼灸師를 데려와서 일주일에 한 번 정도 정기적으로 톡톡
놨지. 그러다가 초등학교 4, 5학년이 돼서 저절로 나왔던 게 아
닐까 싶어. 동시에 조금 쾌활해지기 시작했고……. 난 혼난 적
이 없어요. 초등학교 2학년쯤 됐을 때 시장에서 비닐을 팔기
시작했는데, 남의 집에 자러 갈 땐 그걸 말아 들고 가는 거예
요. 잘 때 오줌을 싸니까. 그런 생활이었지만 혼난 적은 없어.

고레에다   아버님 성함은요?

키키   나카타니 조스이[9]. 비파 연주할 때 쓰던 이름인데 나중엔 그
걸 본명으로 삼았어. 비파에는 수호水号라는 게 있어서 다들
이름에 '물 수水'자를 붙여요.

고레에다   아버님은 어떤 분이셨어요?

키키   아버지는 내내 (찰리) 채플린[10]을 좋아했어. 그 시절에는 다
들 채플린을 좋아했거든. 그런데 모리시게 씨에 대해서는
"난 말이지, 모리시게 히사야는 싫어"래(웃음). 그래서 모리시
게 씨가 주연인 〈일곱 명의 손주〉에 내가 나가게 되었을 때
부모님한테는 입을 꾹 다물고 있었지. 아버지가 "너랑 닮은
사람이 TV에 나온다던데……"라고 해도 "아냐, 안 나와. 안

나와!" 했어(웃음). 결국은 들켰지만. 그만큼 〈일곱 명의 손주〉가 히트했으니까.

고레에다 키린 씨가 연기의 길로 들어선 건 스키를 타러 가서 부상당했던 게 계기라고 들었는데요.

키키 학교 졸업을 앞두고 진로를 정해야 하는 시기에 아버지가 비파를 연주하는 친구 집에 놀러 간대서 같이 갔다가, 거기서 부상을 입었어요.

고레에다 그전까지는 뭐가 되려고 하셨어요?

키키 아버지가, 내 소질은 전혀 몰랐지만 "넌 결혼해도 남편이랑 잘 지낼지 모르겠으니, 먹고사는 데 지장이 없도록 기술을 익혀라. 약사 정도라면 아빠가 가게를 내줄 수 있으니까"라고 하셨어. 그래서 잘 모르는 채로 약대에 가려고 원서를 모았지. 세 군데 정도. 근데 수학이 하나도 이해가 안 돼서 이래선 합격 못 하겠는걸, 하고 시험 전달에 아버지를 따라 놀러 갔다가 때마침 부상을 당한 거야(웃음). 그 뒤로도 나아가야 할 방향이 전혀 보이지 않았어. 주위에선 다들 진로를 결정했고, 3월 말에는 졸업식도 있으니까 화사하잖아? 하지만 난 아무것도 정해진 게 없어서 괴로운 시기였어. 요즘 젊은이들도 자기만 남겨지는 건 정말 괴로울 거야. 그때 '전후戰後, 3대 극단이 처음으로 연습생을 모집합니다'라는 작은 광고가 신문에 실려서 순서대로 접수일이 빠른 곳부터 원서를 냈어요.

고레에다 　 어디든 상관없었나요?

키키 　 어디든 좋았지. 그쪽은 모르니까. 원서를 냈더니 분가쿠자가 제일 빨랐어. 그래서 나머진 됐다 싶었지.

고레에다 　 분가쿠자랑 하이유자俳優座[11]랑…….

키키 　 극단 민게이民藝[12]. 그 시절 영화의 세계로 가는 사람은 외모가 괜찮으면 머리가 나빠도 된다는 느낌이었으니 연극이 좋겠구나 했어. 연극 세계는 다들 잘 모르니까 좋지 않을까, 문득 생각했지. 어차피 영화사의 신인 발굴 오디션에 붙을 리 없었지만. 연극 쪽으로 가긴 갔는데 그렇게 힘들 줄이야. 매일 대사를 외우고도 '그래서 뭐?'라는 느낌이었고, 조금도 매력을 느끼지 못했어. 그래서 CF 제안이 들어왔을 때 곧바로 "할게요!" 했지. 그렇게 TV 쪽으로 간 거예요.

난 배우로서 살기보다 연예계에서 사는 쪽이 좋아.
가장 싫은 곳이지만, 이 연예계에 가만히 앉아서
여러 사람을 보는 거야.

고레에다 　 분가쿠자에서 TV의 세계로 갈 때 그 시작이 CF였다는 건 키린 씨라서 가능한 일이었던 것 같아요.

키키 　난 내가 배우라기보다 오히려 연예계에 있다는 의식이 더 강해. 연예인이라는 의식이 강하지. 배우로서 정해진 역할로 나아가지만, '내 위치는 연예인으로서 지금 어디쯤에 어떤 느낌으로 있을까?' 하고 생각하거든. 그래서 그걸 뒤집으려고, 관객의 기대를 예상치 못한 방향으로 가져가려고 해. 절반은 실패하지만요(웃음). 그런 위치에서 스스로를 보는 게 재밌어. 그래서 어떤 역할인가 하는 것은 물론, '2016년에 이 사람이 이 역할을 해도 괜찮은가?' 하고 관찰하는 게 재밌더라고. 나는 몇십 년이 지난 뒤에 봐도 무언가가 남는 타입의 배우가 아니니까. 뭐, 그것도 감독에 따라 다르지만요. 배우는 모두 배역 연구를 하지만 난 거기에 하나 더, '세상은 이제 이런 데 질렸군' '보기 싫어지고 있네' '이런 걸 원하고 있어' 등을 왠지 모르게 느끼는 타입이에요.

고레에다 　그건 누구와 비슷한 거예요? 모리시게 씨?

키키 　배우 중에는 별로 본 적 없어요. 모리시게 씨는 그래 봬도 연극을 좋아하거든. 무대에서 몇 번이나 〈지붕 위의 바이올린〉[13]을 하고, 몇 번이나 갈채를 받고……. 그런 욕심이 나한텐 전혀 없어. 그러니 모리시게 씨는 아니야. 모든 사람이 세상에서의 위치 같은 걸 생각하면서 배우를 하지는 않거든. 순수하게 하니까.
　옛날에는 최고가 연극배우, 둘째가 영화배우, TV는 3류 배우가 나오는 곳, 넷째인 CF는 '배우의 재능이 산란해진다. 그런

데 나오는 배우는 가당치 않다'라고 하던 시대였어. 난 그런 시대부터 솔선해서 CF에 나갔지.

고레에다   그건…… 키린 씨의 성격인가요?

키키   그렇지. 전에 얘기했던가. 처음으로 찍은 CF. 내가 분가쿠자에서 '그 외 여러 사람'을 하던 때, 그야말로 행인 1이나 무대 커튼 뒤에서 부르는 소리, 분장실 담당 같은 걸 하던 막내 시절에 분가쿠자로 지역 방송 CF 제안이 들어왔어. 간장이었는데, 유명한 가게가 아니라 들어본 적도 없는 간장 가게의 3개월 정도만 나가는 CF. 분가쿠자에서는 "CF 따위 4류 배우가 하는 일이야" 하면서 다들 단호하게 거절하는 거야. 난 마침 〈일곱 명의 손주〉로 모리시게 씨랑 TV에 나가기 시작하던 무렵이었는데, "TV에 나오고 있으니 얘라도 괜찮겠지" 하고 나한테 제안이 들어왔어. 그래서 곧바로 "할게요!" 답했지. 친구였던 시인 오사다 히로시[14]한테 "이런 CF를 찍자는데" 하고 얘기했더니 "그거 좋네! '간장은 ○○간장'이라고 말하는 거지? '쇼유코토소유코토(그런 거야)의 소유를 쇼유(간장의 일본어 발음)로 바꾼 말장난'라고 하면 어때?"라는 거야(웃음). 시인이 그런 시시한 말도 하나 했지. 그래도 촬영 현장에서 간장을 들고 말해봤어. "산상은 ○○간장, 쇼유코도." 그랬더니 그게 채용됐고, 도카이 지역의 고작 15초짜리 CF가 전국구 주간지 〈선데이마이니치〉의 '금년도 CF 워스트 10'에서 3위에 올랐어.

고레에다　　워스트인가요(웃음).

키키　　맞아. 1, 2위는 전국구 광고였지. 지역 방송 CF 같은 건 아무도 안 볼 거라고 생각했는데, 과연 이렇게나 영향력이 있구나 싶었어. 그게 내가 세상 속으로 찰박찰박 들어가는 재미를 느낀 첫 사건이었지. 연예계는 재밌구나 싶더라고. 난 배우로서 살기보다 연예계에서 사는 쪽이 좋아. 가장 싫은 곳이지만, 이 연예계에 가만히 앉아서 여러 사람을 보는 거야. 재밌거든. 연예계에 몸담은 사람 중에는 이 사람 저 사람이 있지만 감독처럼 훌륭한 사람은 아주 드물지(웃음).

고레에다　　'연예인'이라는 말을 키린 씨처럼 썼던 사람이 제가 아는 분 가운데 딱 한 명 있어요. 타입은 좀 다르지만 하기모토 긴이치[15] 씨. 한번 이야기를 나눌 기회가 있었는데요, '연예계芸能界' '연예인芸能人'을 '예능인芸人'이랑 구분해서 쓰셨죠.

키키　　맞아. 난 지금도 연예계는 재밌는 세계라고 생각해요.

고레에다　　공연계의 배우지상주의가 없다는 점이 아마도 키린 씨가 여러 가지에 유연하게 대응할 수 있는 비결이겠지요. 연기뿐만 아니라 예능 프로그램이나 영화 시상식에서 보여주시는 최고급 풍자라든가……. 반사 신경이 좋으시다는 걸 늘 느껴요.

키키　　아냐, 얼빠진 짓도 많이 해(웃음). 얼빠진 짓도 하지만 그런 것도 연예계. 그렇게 구분하고 있어. 그저 쥐죽은 듯 고요하고 실수가 없다면 연예계가 아니지. 자빠지는 것도 얼빠진 짓 하는 것도 포함해서, "놀려고 태어난 것인가"[16] 하는 것처럼. 좋은 마음도 있고 싫은 마음도 있어. 하지만 그런 세계라고 생각하니 싫은 곳이 아니게 됐지요. 원래부터 그런 세계가 싫지 않았다는 사실을 어느 시점까지는 깨닫지 못했지만.

고레에다　싫은 시기도 있었어요?

키키　언제나 연예 정보 프로그램에서 쫓아오고, 신랄하게 싸우고, 싫다고 생각한 시기도 있었어. 매스컴에는 일절 노코멘트하고 절대로 안 나가려고 했지. 근데 우리 남편이 어느 날 그러더군. "당신 말이야, 상대는 신문사나 직함이 아니야. 거기 오는 사람은 인간이라고. 모두 하나하나의 인간이야. 그걸 좀 더 잘 생각해봐"라고.

고레에다　대단하군요.

키키　생각과는 달리 나도 좋아했던 거야, 그런 세계를. 그래서 인생의 후반부는 아주 재밌어졌어. 내가 있는 위치랑 나이상 사람들이 후내해주는 시기가 겹쳐서 편하거든요. 이길로 어디까지 갈 수 있을까. 어느 날 바닥에 구멍이 뚫려서 쿵 떨어지지 않을까, 하고도 생각하지만(웃음). 그런 타입의 인간이에요.

고레에다   한밤중에 자택 앞에서 기다리는 연예 정보 프로그램 제작진들을 "춥지요?" 하면서 안으로 들이고 "뭐든 물어봐요" 하신다고 읽은 적이 있는데요.

키키   한밤중은 아니야. 여하튼 이웃에 민폐니까. 또 그 사람들에게도 희망이 있으면 좋겠지만, 가망 없이 계속 기다리는 것도 힘들 테니. '그들도 인간이야' 싶은 거지. 이건 우치다 유야의 공적이네요.

고레에다   CF 이야기로 돌아가자면, 후지필름의 "아름다운 사람은 더 아름답게, 그렇지 않은 사람은 나름대로……"라는 카피는 키린 씨가 생각해내셨다고요.

키키   으응, 원래 가와사키 도루[17] 씨가 생각해둔 카피가 있었어. "후지컬러 프린트는 아름다운 사람은 아름답게, 아름답지 않은 사람도 아름답게 찍힙니다"라는 카피였지. 그래서 내가 가와사키 씨한테 "아름답지 않은 사람이 아름답게 찍히는 필름이 괜찮은가요?"라고 물었더니 대답을 잘 못 하더라고. 또 '아름답지 않은 사람'이라는 표현은 뭔가 섭섭하잖아? 난 아름답지 않은 사람 쪽이니까 '그렇지 않은 사람은'으로 하자고 제안했지. 그렇다면 '나름대로 찍힙니다'가 사실이지 않을까 해서, 가와사키 씨랑 둘이 "맞아, 맞아" 한 거예요.

고레에다   걸출한 표현이네요.

키키   '여기 거짓말이 있는데' 싶었던 거지. 그런 생각이 늘 바로미터
         인 것 같아. 음식을 "맛있다"라고 할 때도 '뭐에 비해서?'라고
         항상 생각하니까. 칭찬에는 비교적 주의를 기울이고 있어요.

고레에다   그 감각은 영화를 찍을 때도 마찬가지네요.

키키   그렇지요. 만드는 사람으로서 그걸 잊어버리면 관객이 지긋
         지긋해하니까.

고레에다   구제 데루히코 씨와도 일단 멀어지고 시간이 꽤 흐른 뒤에
         광고 일을 하셨지요.

키키   응, '도쿄전화' 말이지. 광고회사 매캔에릭슨의 디렉터가 나를
         꼭 찍고 싶으니 나와달라고 해서, 그때 내가 건 조건이 "구제
         씨랑 같이 하면 나갈게요"였어. 그랬더니 다들 나가겠다고 하
         더라고. 가토 하루코 씨도 "구제라면"이라고 했고 이 광고에는 구제
         가 연출한 드라마 〈데라우치 간타로 일가〉의 주요 출연진이 함께 나왔다.

고레에다   구제 씨와는 그전에도 광고를 많이 찍으셨나요?

키키   찍었지. 말해도 모르겠지만 다카야마 노이지개발이라는 회사
         의 CF라든가. 마침 〈데라우치 간타로 일가〉에서 내가 한 할
         머니 역할이 인기를 끌던 무렵이라서 CF에서도 할머니로 나
         갔어. 스태프가 오소레산 아오모리현에 있는 활화산 같은 세트를 만

들고, 거기에 '다카야마코이치개발'이라고 쓴 빨간 현수막을 장대에 잔뜩 붙였거든. 그 한가운데서 내가 비파를 연주하는 거야. "어느 때는 다카야마코이치개발, 또 어느 때는 다카야마코이치개발〈일곱 개의 얼굴을 가진 남자〉라는 영화 시리즈의 클라이맥스에서 '어느 때는 ○○, 어느 때는 ××, 하지만 그 실체는…… 정의와 진실의 사도, 후지무라 다이조다!' 하며 주인공이 자신의 정체를 밝히는 명대사의 패러디, 뭐가 어떻든, 띠링띠링, 다카야마코이치개발, 띠링띠링!" 딸깍 하고 끝나는 거야(웃음).

고레에다 (웃음) 그건 TV에 나왔어요?

키키 나왔어. 잠깐뿐이었지만. 그랬더니 그 회사 사장이 화가 나서 구제 씨를 찾아온 거야. "다들 '그 천박한 CF는 뭐야?'라잖아. 어쩔 셈이야!" 하면서. 그런데 이번에는 일주일도 채 지나지 않아 〈주간아사히〉 CF 비평란에 "그렇게 재미있는 CF는 없다" 하며, 사진이랑 같이 실렸지. 사장도 기분이 홀랑 좋아졌어. 근데 구제 씨랑 한 건 전부 못 쓰게 됐지.

고레에다 광고가 말예요?

키키 응. 언젠가 모리시게 씨랑 겐 나오코[18]랑 내가 캬베진위장약 이름 CF를 찍게 됐거든. "위가 아픈데 캬베진 먹는 게 좋을까?" 내가 물으면 모리시게 씨가 "그야 안 먹는 것보다는 먹는 편이 좋겠지"라고 대답하는, 그뿐인 15초짜리 CF를 사투리로 하는 거야. 난 위가 아픈 걸 표현하기에 가장 좋은 음식을 생각했고, "니라레바이타메돼지 혹은 소의 간과 부추를 볶은 중화요리랑 보타모치멥쌀과 찹쌀을 섞어 팥 앙금을 묻힌 떡 못는디, 캬베진 묵는 기 좋겠나?"라고 물어보면 모리시게 씨가 "그야 안 묵는 것보담 묵는 기 좋겠지"라고 말하고 끝나. 그걸 둘이 벤치에 앉아서 하는데, "니라레바"쯤에서 11초 정도가 돼버리거든. 그래서 구제 씨가 "미안한데 모리시게 씨, 좀 더 빨리 말해줘" 하면 모리시게 씨가 "다앙신 말이야, 이 사람이 대사가 더 길잖아!" 하고(웃음). 그래도 구제 씨는 기죽지 않고 나한테 "'니라레바이타메랑 보타모치 먹었는데' 뒤에 트림을 한번 해줘" 했어. 몇 초 안 남았는데도 말이야. 그리고 모리시게 씨한테는 "냄새가 나는 시늉을 하며 도망가줘요" 했지.

이럭저럭해서 엄청 웃긴 CF가 완성됐어. 근데 열 번 정도 방송했더니 약사법에 걸리고 말았지. "안 먹는 것보다 먹는 게 좋다"라는 식으로 무책임하게 약을 팔면 안 된다고 해서 잘렸어. 하지만 그 CF, 기억하는 사람이 꽤 많아. 역시 구제 씨는 그 시대의 무언가를 정확히 포착하는 데 재주가 있었던 게 아닐까.

고레에다　전 신선한 선전 문구였던 것 같은데요. 얼마 전에 긴초살충제 등 위생 약품을 만드는 회사의 무시코나즈걸어두는 형태의 모기 기피제 제품명 CF를 연출했는데요, 캐치프레이즈가 "안 걸어두는 것보다 훨씬 좋다"였어요. 비슷하네요(웃음).

| 키키 | (웃음) 하지만 그건 먹는 게 아니니까 약사법은 관계없지 않아? 뭐, 그런 이유로 구제 씨랑 같이 하면 다 못 쓰게 됐어. 내가 낸 아이디어를 전부 채용해주니까 말이야. 또 구제 씨는 CF에 의욕이 없었어. 도쿄전화 때도 지각했고, 현장에서도 대체로 잠을 잤거든. |

고레에다　그건 어째서죠?

키키　피곤해서. 이(새끼손가락) 일로 바빠서.

고레에다　(웃음) 광고에서 키린 씨가 전면적으로 나온 건 후지필름이 처음이에요? 아니면 피프에레키반^{자석이 들어 있는 동전 모양의 파스}?

키키　후지필름이 먼저였어. 피프에레키반은 딱히 히트했달 것까지도 없어. 언제 찍어도 똑같거든. "피프에레키반!"만 하니까. 재밌거나 말거나 "피프에레키반!" 내내 그대로야.

고레에다　그 무렵엔 어떤 기준으로 광고를 고르셨어요? 가령 가와사키 도루 씨가 연출하니까 해보자, 라거나?

키키　그런 건 몰랐어요. 감독의 이름도, 작품도 모르고 늘 되는 대로야. "네, 좋아요" 하고 나갔지.

고레에다　그래도 후지필름 CF를 이 정도로 오래 하신 건 역시 뭔가가 재밌었기 때문이죠? 당시에는 광고 속 키린 씨가 재밌어서 안방극장의 인기인이 됐던 시기였다고 생각해요. CF 연출가나 카피라이터라는 직종을 젊은 사람들이 동경하기 시작한 시대였고요.

키키   광고의 지위가 점점 높아지던 무렵이죠. 그전까지는 가장 밑바닥에 있었던 게, 그저 상품이 나오거나 누군가가 선전 문구를 말했던 게, 15초의 세계에서 인간이 움직이기 시작했어.

고레에다   뛰어난 창작자도 나오기 시작했죠.

키키   맞아. 여러 사람이 등장했지.

고레에다   키린 씨의 가벼운 발놀림이 광고에 잘 맞았던 걸까요. 본인은 어떻게 생각하세요?

키키   딱히 그런 건 아니야. 수지 타산 측면에서는 효율이 좋구나, 할 뿐이지(웃음). 할머니가 됐으니 이런 말을 할 수 있지…… 아니, 옛날부터 말했었구나. 나한텐 연예계에 CF가 있다는 게 엄청 감사했어. 재밌었어요. 진지하게 임했냐 하면 그렇지도 않지만.

고레에다   시청자 입장에서는 그 놀고 있는 느낌이 좋았는지도 몰라요.

키키 　　그럴 수도 있지. 하지만 CF로는 그렇게 대단한 일은 안 했어.

나뿐만이 아냐. 당시 모리시게 씨 댁에 드나들던,
함께 출연했던 사람들 모두가 배웠지요.

고레에다 　　구제 씨가 듣고 쓴 모리시게 씨의 『대유언서』(2003, 신초샤)라
는 책에 〈일곱 명의 손주〉에서 키린 씨와 처음 만나는 장면에
대한 이야기가 나오는데요, 기억나세요? 오뎅냄비 요리의 일종으로
육수에 어묵, 무, 삶은 달걀 등의 재료를 넣어 긴 시간 끓인 것 포차 장면이요.

키키 　　응. 그건 모리시게 씨가 "집 안만 나오면 좀 그러니까 가볍게
한잔하러 갈 장소를 만들어줘"라고 말해서 넣은 장면이야.
모리시게 씨는 큰 회사의 사장 역할이었지만 "집 근처에 있
는 오뎅 가게로 해줘"라고 했지. 가정부인 내가 거기로 데리
러 가서, 확 잡아끌고 오는 장면.
당시 아카사카에 있던 오뎅 포차를 구제 씨가 부탁해서 가
지고 왔어. 그랬더니 모리시게 씨가, 그게 모리시게 씨의 뛰
어난 점인데 "길을 좀 비탈지게 만들어줘"라는 거야. 경사가
급한 길이 아니라 살짝 비탈진 길에 오뎅 가게가 있는 느낌
이면 좋겠다고. 오뎅 가게에는 평상 같은 긴 의자가 있고, 손
님 몇 명이 앉아서 술을 마시고 있어. 근데 길이 경사져 있으
니까 손님이 점점 한쪽으로 미끄러지거든(미끄러져서 가). 그
래서 그 오뎅 가게를 다들 '미끄가'라고 부르지. 가게 이름
은 따로 있지만 말이야. "어르신은 어디 가셨어?" "미끄가 가

신 거 아냐?"라는 식으로(웃음). 구제 씨랑 둘이서 대단한 아이디어라고 얘기했어. 일회용 카메라 제품명을 '찍혀요'라고 하는 거랑 같은 발상이지. 그런 걸 모리시게 씨는 아주 예전부터 생각해냈어. 의자도 원래는 안 이어져 있었거든. 그걸 이어서 평상처럼 긴 의자로 만들어버렸지. 별거 아니지만 그런 상황을 뚝딱 만들어내는 모리시게 씨는 대단한 사람이야.

고레에다　그때 키린 씨는 "어르신, 이제 늦었으니 집에 가요"라는 대사를 어느 지방 것인지 알 수 없는 사투리로 하셨죠.

키키　응, 맞아.

고레에다　어디 사투리였어요?

키키　난 도쿄 간다에서 태어났으니 사투리는 어느 지방 것이든 못해. 어쩔 수 없으니 "어르신, 뫼시러 왔습네다"라고 했어. 그 시절에는 도호쿠에서 온 가정부가 많았거든. 말을 별로 안 하니까 또렷하게 발음을 안 했지.

고레에다　거기서부터 가정부의 출연 장면이 늘어났죠.

키키　맞아. 대본에 안 쓰여 있어도 어르신 곁에는 가정부가 있게 됐어. 어느 장면이든 가정부가 나오니까 손해를 봤지.

고레에다   출연료는 똑같은데 말이죠(웃음). 일만 늘었군요.

키키   하지만 그때 모리시게 씨한테서 인간의 희극성 같은 걸 배웠
어. 포장마차를 빌려온다는 아이디어는 낼 수 있지만, 그게
비탈길에 있어서 조금 기울어져 있다는 발상은 웬만해선 못
하거든. 이 사람 대단하다고 생각했지.

고레에다   모리시게 씨의 그런 아이디어는 매일같이 나왔나요?

키키   여기저기서 나왔지. 난 그것에 대항하려고 여러 가지 궁리를
했는데, 사전에 모리시게 씨한테 "이렇게 할 거예요"라는 말
없이 리허설 때 갑자기 움직이면서 보여줬거든. 그러면 모리
시게 씨가 쿡쿡 웃었어. 그럼 '아, 괜찮구나' 했지.

고레에다   그때 키린 씨는 아직 스무 살 정도였죠.

키키   응. 가령 오즈 감독의 영화 현장은 쥐죽은 듯 조용하고, 아무
도 발소리나 다른 소리를 안 내잖아. 그거랑 마찬가지로 모리
시게 씨가 오면 스튜디오도 엄청 조용해지거든. 모리시게라는
대단한 사람이 와줬어, 하는 거야. 모리시게 씨 중심으로 세상
이 놀아가시. 주위에서도 그렇게 내했고 본인도 그리 지각히
고 있었어. 하지만 난 말단인 주제에 그런 걸 신경 쓰지 않았
거든. 그래서 내가 좀 대본에 없는 뭔가를 하면 다들 모리시게
씨 얼굴을 재빨리 쳐다보는 거야. 모리시게 씨가 수긍하면 안

심하는 거지. 어쨌거나 모리시게 씨가 중심이니까.

출연료도 내가 한 회당 만 엔, 모리시게 씨는 120만 엔. 만 엔이랑 120만 엔만큼 배우의 차이가 있었던 거야. 그런 시대였지만 난 가정부가 필요하니 와달라고 요청해서 나간 것뿐이고, 언제 배우를 관둬도 상관없다고 생각하고 있었으니까 모리시게 씨를 특별히 높이 평가하진 않았어. 지지 않도록 궁리하자, 정도의 의식이 있었을 뿐이지. 지금은 대단한 인물이었다고 진심으로 생각해. 그런 배우는 웬만해선 만날 수 없지.

고레에다   모리시게 씨는 젊은 나이에 노인 역할을 했는데요, 키린 씨가 〈데라우치 간타로 일가〉에서 노인 역을 해보자고 마음먹은 데는 그 영향도 있었나요?

키키   아니, 없었어. 나중에 듣기로 모리시게 씨는 마흔아홉 살 때 여든 살이 넘은 어르신 역할을 했다지. 난 서른 살쯤이었는데, 딱히 무슨 역이든 상관없었지만 할머니라면 몸을 많이 안 움직여도 될 거라고 생각했거든(웃음).

고레에다   하지만 의외로 많이 움직이는 할머니였죠(웃음).

키키   움직였어, 움직였지. 구제 씨도 참 재밌는 사람이구나 싶었던 적이 있어. 도개교에서 하는 연기가 있었어요. 도개교가 내려오는 중이라고 생각한 내가 건너가면 실제로는 올라가서, 중간에서 풍덩 떨어지는 연기. 보통은 탁탁탁 가서 풍덩 떨어지는데, 구제 씨가 "떨어지는 순간 헤엄 좀 쳐주지 않을래?" 하는 거야. '이럴 리가 없는데'라는 마음을 한순간이라도 좋으니 몸을 움직여 헤엄치는 걸로 표현해달라고. 구제 씨는 그런 리얼한 주문을 하거든. 그런 일이 자주 있었어요.

고레에다　이것도 구제 씨가 쓴 얘긴데요, 〈일곱 명의 손주〉 중 키린 씨가 맞선을 보러 가는 장면에서 모리시게 씨가 갑자기 "가정부의 목덜미 잔털을 밀어주자"라는 말을 꺼냈다고요.

키키　맞아. 갑자기 "면도칼 가져와!" 하면서.

고레에다　리허설에서요?

키키　본촬영 전에. 리허설 따위 없었는걸.

고레에다　불현듯 떠오른 생각이군요.

키키　면도를 툇마루에서 하자는 것도 그렇고, 연출가가 생각해내는 것보다 반드시 빨랐어. 툇마루의 햇살 속에서 가정부의 목덜미를 삭삭.

고레에다　그 맞선 상대가 아쓰미 기요시 씨였죠.

키키 　모리시게 씨가 "아쓰미 기요시라는 사람이 있어" 하면서 데 려왔어요.

고레에다 　아쓰미 씨가 인기 배우가 되기 전이죠?

키키 　〈꿈에서 만나요〉[19]에 나온 무렵이지. 명함에 자기 얼굴을 그 려서 나눠주고 다녔어.

고레에다 　키린 씨도 그중 한 사람이겠지만, 모리시게 씨가 어딘가에서 발견한 사람을 자기 방송에 데려오는 경우가 꽤 있었나요?

키키 　이거(새끼손가락)를 데려올 때도 많았지(웃음). 이거를 데려올 때가 제일 재밌었어. 진짜 안절부절못했거든. 남자란 재밌구 나 싶었어. 귀엽다고나 할까. 또 그런 애일수록 연기가 엉망 이야.

고레에다 　(웃음) 그건 취향에 이끌리는 거네요.

키키 　맞아. 그래서 재밌지. 언제더라, 내가 "'이거' 취향은 별로였 죠" 했더니 모리시게 씨가 "아니, 실은 엄청난 애가 있었어" 래. "내가 남성적 매력으로 진 게 아냐. 돈으로 졌어"라는 거 야. 모리시게 씨가 돈으로 질 법한 사람이 누구일까 했더니, "음…… 다나카 가쿠에이[20]"래(웃음).

고레에다   정말요?

키키   응. 직접 들었으니까. "남성적인 매력에서 진 게 아니야" 우
            기면서 "걘 좋은 여자였어" 하고 자랑했어. 정말이지 귀엽기
            짝이 없다니까.

고레에다   모리시게 씨가 돌아가시기 직전까지 종종 식사를 같이 하셨
            다고요.

키키   도쿄회관 고급 식당이 입점해 있는 마루노우치의 빌딩 같은 데서 먹었지.

고레에다   모리시게 씨가 부르셔서요?

키키   응. 구제 씨랑 내가 설화舌禍 사건(키키가 구제의 불륜을 폭로해
            둘이 절연한 일)으로 같이 일을 안 하게 됐을 때 가장 애를 태
            웠던 게 모리시게 씨였어. "다앙신, 어떻게 안 돼? 이제 슬슬
            같이 하는 게 어때?" 하고. 그게 모리시게 씨한테서 마지막
            으로 들은 말이었어. 모리시게 씨에게는 정말로 여러 가지를
            배웠어요. 나뿐만이 아냐. 당시 모리시게 씨 댁에 드나들던,
            함께 출연했던 사람들 모두가 배웠지요.
            이렇게 얘기하나 보니 이것저것 생각나네…… 구제 씨 징
            례식 때는 모리시게 씨가 "구제, 다앙신, 그렇게 허겁지겁 안
            가도 되잖아"라고 말했어. 죽을 때 "허겁지겁 간다"라고 하는
            건 역시 그 사람다운 표현이지.

고레에다   모리시게 씨 특유의 표현이네요.

키키   명대사가 있어. "아직 젊은데. 내가 대신해주고 싶었어"라
는……. 구제 씨한테 "근사한 말을 하네" 했더니 "아냐, 그 뒤
가 있어. '신은 가혹한 일을 하셔'라고. 여기까지 해야 완결이
야"래. 하지만 구제 씨 때는 "허겁지겁 간다"가 돼버렸지(웃음).

고레에다   가모시타 신이치[21] 씨의 책에 쓰여 있었던 것 같은데요, 모리
시게 씨가 오즈(야스지로) 감독의 영화에 나와서 호된 꼴을
당하셨다고요. 모리시게 씨 본인한테 들으신 적 있으세요?

키키   저런! 난 들은 적 없는데. 어디에 나왔지?

고레에다   〈고하야가와가家의 가을〉[22]이요. 왜 역할을 제안했던 걸까
요? 맞지 않을 걸 알면서도요. 모리시게 씨는 '하는 사람'이
고 오즈 감독은 '안 하게 하는 사람'이니까요.

키키   확실히 류(지슈) 씨처럼 가만히 있는 걸 못 하지. 나와 마찬
가지로 그곳에 있는 모든 것에 손을 대니까. "아무것도 하지
마세요"라는 소리를 들은 게 아닐까.

고레에다   오즈 감독에게 "잘도 하시네요"라는 얘기를 들었다고 쓰여
있었어요.

키키 　잘도 하시네요, 라니……. 열 받았겠네. 어쩌면 내 앞에서도
　　　푸념 한마디 정도는 했을지도 몰라.

　여기서 내가 언급한 하기모토 긴이치 씨의 '연예계'와 키린 씨가 말하
는 '연예계'는 다소 다르다는 것을 인터뷰를 다시 읽으며 깨달았지만, 반
성하는 뜻을 담아 그대로 수록하기로 했다.

　인터뷰 중 내가 말한 하기모토 긴이치 씨가 썼다는 단어는, 엄밀히는
'TV 예능'이라는 표현이었다. 그는 아사쿠사 출신의 예능인으로, TV라는
미디어의 오리지널리티를 생각할 때 거기서 펼쳐야 할 것은 무대예술과
같은 프로의 예능이 아니라 '아마추어'가 타이밍을 잘못 맞추거나 말실
수를 해서 생기는 '웃음'이라고 생각했다. 그는 그것을 'TV 예능'이라 이
름 붙이고, 대부분의 (TV 업계) 프로페셔널이 경멸하는 가운데 그런 TV의
아마추어성을 더없이 사랑하고자 했다. 그 태도는 아마도 연극인 모두가
꺼릴 때 TV 드라마나 광고에 적극적으로 출연하려 했던 키린 씨의 자세
와 어딘가 통하는 데가 있지 않았을까 싶다.

"좋았어, 그걸로 가자" 하며 진지하게
재밌는 걸 했던 시대였어요. 엄청난 기세로,
영문도 모르는 채 내달렸어.

고레에다 　구세 씨와의 작업 가운데 가장 좋았던 건 무엇인가요?

키키 　어느 프로그램의 어느 장면, 이라고 하나하나 말할 수는 없
　　　지만 '이건 잘했어' 싶은 건 많아. 서로 "이렇게 해보지 않을

래?"하며 만들어서 성공한 순간들 말이야. 하지만 구제 씨가 만년에 〈무코다 구니코 신춘 시리즈〉를 만들 때, 또 무코다 씨가 좋은 각본을 쓰게 된 뒤로는 난 전혀 불러주지 않았어. 위험한 일에만 부르더라고.

고레에다 그 시절 구제 씨는 아마도 키린 씨와 함께 놀았던 거겠죠. 〈시간 됐어요〉〈데라우치 간타로 일가〉〈무〉〈무 일족〉 같은 작품이 당시 아이였던 우리에게도 재밌었던 이유는, 어른들이 진심으로 놀고 있다는 느낌이 들었기 때문이에요. 그 점에 두근두근했거든요.

키키 놀았지. 재밌어하면서.

고레에다 그게 'TV'였다고 생각해요. "대표작이 이거고, 예술성이 어쩌고……" 하는 게 아니라 'TV'였던 거죠.

키키 그래, TV가 아니면 할 수 없는 거였지.

고레에다 구제 씨, 무코다 씨, 키린 씨 세 분의 작품을 계속 봐온 팬의 입장에서는, 당시 하나가 되어 놀던 세 분께 신기한 인연이 있다고 느껴요. 무코다 씨는 암에 걸리고 진지한 쪽으로 옮겨갔어요. 구제 씨는 무코다 씨를 잃은 뒤 그때까지 놀고 있었던 TV에서 조금 멀어져 〈무코다 구니코 신춘 시리즈〉를 만드는 등 작품주의적으로 변해갔고요.

키키 　　　원래 하고 싶었던 쪽으로 말이지.

고레에다 　키린 씨도 구제 씨와 멀어진 뒤 암을 앓으셨고, 그전까지 주
　　　　　연으로 작품을 책임지는 일은 아마도 의식적으로 피해오셨
　　　　　겠지만 〈도쿄 타워〉로 단숨에 중심으로 들어오셨죠. 본인이
　　　　　작품을 떠받치는 쪽으로 향할 각오를 하신 거예요. 세 분이
　　　　　각자 자신의 커리어를 갱신시켜나간 타이밍이 어긋나 있으
　　　　　면서도 겹치는 느낌이 들어요.

키키 　　　들고 보니 정말 그러네⋯⋯. 진지함의 토대나 자질은 다들
　　　　　가지고 있었어. 단, 셋이 있을 때 그걸 누군가가 내보이면
　　　　　"잠깐, 진지해지는 건 관두자" 했지. 놀자, 놀자, 해왔어. 하지
　　　　　만 무코다 씨가 뒷날 쓴 소설 속의 희극미는 그 시절이 있었
　　　　　기에 존재할 수 있는 게 아닐까. 말로 표현할 수 없는 인간의
　　　　　희극성은 노는 동안 길러진 거라고 생각해요.
　　　　　〈시간 됐어요〉 때 이런 일이 있었어. 사카이 마사아키 씨가 더
　　　　　스파이더스[23]라는 밴드를 할 때 가장 나이가 어렸대. 투어 때 숙
　　　　　박하는 데서 식사를 하잖아. 종업원이 자리를 뜨면 언제나 모두
　　　　　가 "마차아키, 밥 퍼줘"라고 말했대. 근데 밥통 있는 데로 가서
　　　　　푸고 또 들고 가는 게 귀찮으니 밥만 휙 던졌다나. 그걸 〈시간
　　　　　됐어요〉에서 해보자는 얘기가 나왔어. 처음에는 밥을 푸는 사
　　　　　람이랑 받는 사람을 화면 전환으로 보여줬는데, 구제 씨가 "안
　　　　　돼! 좀 더 (카메라를) 당겨서 찍어! (원 컷으로) 밥이 날아가는 걸
　　　　　보여줘!" 했어. 세트 천장은 그렇게 높지 않아서 이미 아슬아슬

했지. 밥그릇을 받는 나한테도 "(날아오는 밥을) 보지 마!"라는 거야. 그래서 신문인지 뭔지를 읽으면서 받기로 했지. 그런 희극성을 끌어내는 건 구제 씨가 능수능란했어.

고레에다   보는 사람도 기억에 남아요.

키키   제일 재밌는 건 배우의 마음이 따라왔을 때의 장면이야. 흉내만 내선 안 돼. 저 사람은 밥을 푸고, 나는 신문을 읽는다는 당연한 일상 속에서 해야 돼. 그냥 보여줄 뿐이라면 서커스가 돼버리지만, 터무니없는 일이 평소 생활 속에 있다는 것. 그런 걸 찾고 또 찾았어요.

고레에다   키린 씨가 지금 영화 현장에서 하는 것과 다르지 않군요.

키키   그렇지. 마음이 따라오지 않으면 아무리 해도 재미없거든. 그렇게 어떤 아이디어가 떠오르면 좋지만, 안 떠오를 땐 구제 씨도 손수건을 머리에 얹고 "어휴…… 이럴 땐 어쩌면 좋지……. 그래, 울트라맨[24]을 부르자!" 하는 거야(웃음).

고레에다   실제로 불렀잖아요.

키키   곤경에 처한 나머지 그랬지. 심지어 우리 출연료는 한 회에 3만 엔 정도였는데 울트라맨 의상이 5만 엔쯤 하는 거야. "비싸네……. 그럼 다음 주 것도 찍어버릴까" 하고는 진짜로 찍

211

었어.

고레에다　　의상이 헐렁헐렁했던 게 기억에 남아 있어요.

키키　　보통 울트라맨 옷을 입는 사람들은 키가 180센티를 넘는데. 근데 사카이 씨는 그렇게 크지 않으니 헐렁한 거야. 게다가 안짱다리(웃음). 구제 씨가 그걸(울트라맨) 생각해냈을 때 아무도 안 웃었어. "좋았어, 그걸로 가자"하며 진지하게 재밌는 걸 했던 시대였어요. 엄청난 기세로, 영문도 모르는 채 내달렸어. 그 시대를 살았던 건 지금 생각하면 대단한 수확이지요.

고레에다　　저는 〈테라우치 간타로 일가〉 첫 번째 시리즈의 마지막 화를 좋아해요. 딸 시즈에(가지 메이코[25])가 결혼을 하죠. 간타로(고바야시 아세이)는 시즈에가 결혼하는 날 일을 관두는 게 소원이었다며 석재상을 그만두겠다고 말해요. 그러자 딸이 결혼을 안 하겠다고 하죠. 무코다 씨가 잘 쓰는, '상대의 마음을 생각해서 움직이는' 게 테마가 된 훌륭한 최종화라고 생각했어요. 슈헤이(사이조 히데키[26])가 늦잠을 자서 미요코(아사다 미요코[27])가 "슈를 깨워 올게"라며 일어서려 하자, 시즈에가 "내가 깨울게, 마지막이니까"하며 "슈, 언제까지 잘 거야"하고 깨우러 갑니다. 평소 테라우치 집안의 대사지만 누나가 남동생을 깨우러 가는 선 ㄱ 아침이 마지막이죠. 그걸 안 부부(고바야시 아세이와 가토 하루코)가 꼼짝하지 않고 멀어지는 딸의 목소리를 듣고 있어요. 그 컷이 근사해요.

키키　　　　과연. 그런 걸 아무렇지 않게 척척 만들었지.

고레에다　　웃음 가득한 이야기 속에, 일순 아주 본격적인 순간이 툭 들어와요. 구제 씨의 드라마는 그 점이 멋져요.

키키　　　　그런 센스가 빛날 때가 있었지.

고레에다　　그 부부 컷 말인데요, 0.5초인가 1초쯤 화면이 그대로 있어요. 배우도 딸의 목소리를 '듣고 있는' 연기를 착실하게 하고요.

키키　　　　역시 사람의 마음을 꽉 움켜쥐고 있었던 거야. 빛났던 시기에는.

고레에다　　그 드라마에서는 여러 가지 속사정이 우연한 때 드러나죠. 가령 아들이 어머니를 생각해서 밤중에 장갑 끝을 조금 자른다거나, 그런 소소한 장면에서요.

키키　　　　맞아. 구제 씨까지 포함해서, 일심동체로 극을 만드는 재미를 공유했지.

고레에다　　〈데라우치 간타로 일가 2〉가 끝날 무렵에 무코다 씨가 암에 걸리셔서, 29화와 마지막 화(30화) 두 화는 구제 씨가 각본을 써서 찍었다고 읽은 적이 있어요. 그런 사정은 키린 씨와 다른 분들도 알고 계셨나요?

키키   응, 하지만 그렇게 큰 병이라는 느낌은 아니었어. "병 걸려서 못 써" 정도였지. 그전에도 무코다 씨가 못 썼던 적이 있어서 다 함께 보충해가며 만든 부분도 있으니 그렇게 충격적인 일은 아니었거든. 무코다 씨가 없어도 할 수 있다는 느낌이었어.

고레에다   캐릭터도 완성되어 있으니까요?

키키   맞아, 그래서 줄거리만 있으면 극이 완성되니까.

고레에다   구제 씨의 드라마는 〈시간 됐어요〉〈데라우치 간타로 일가〉〈무〉 같은 홈드라마지만 출연진은 점점 교체됐잖아요. 모리 미쓰코가 가토 하루코가 되고, 고바야시 아세이가 이토 시로[28], 마차아키가 사이조 히데키와 고 히로미[29], 아마치 마리[30]가 아사다 미요코와 기시모토 가요코[31]가 됐죠. 그런데 오직 키린 씨만 역할은 바뀌어도 계속 출연했어요. 유전자를 죽 이어갔던 게 키린 씨였어요.

키키   구제 씨가 자주 말했어. "우리 연출가는 말이지, 마음을 알아주는 사람이 한 명만 있으면 돼"라고.

고레에다   두 분의 결별은 구제 씨한테는 아주 힘든 일이었을 거예요.

키키   이 사람 저 사람에게 키키 키린의 대역을 시키려고 했지만,

마지막에는 "저는 못 해요! 다르니까요!" 하고 화내는 사람도 있었던 모양이야(웃음). '그 녀석이 있었다면' 하는 마음이 있었는지도 몰라. 그건 그것대로 불행이지만, 그래도 이 할머니는 만만찮아서 결국 또 나를 발견해주는 고레에다 같은 감독을 만났지(웃음).

고레에다   기쁜걸요. 그나저나 〈데라우치 간타로 일가〉에서는 한 회만 생방송을 했었죠. 그게 〈무〉와 〈무 일족〉에 이르러서는 엄청난 빈도로 생방송을 하게 됐고요. 드라마라기보다…….

키키   쇼트 콩트.

고레에다   맞아요, 쇼트 콩트가 여러 개 모이는 스타일이 되어갔죠. 생방송 드라마를 왜 했는지, 구제 씨한테 들은 적 있으세요?

키키   아니, 딱히 없어.

고레에다   생방송은 준비가 꽤 다르죠?

키키   스태프는 다르지. 하지만 배우는 별반 다르지 않아.

고레에다   생방송 드라마를 한 시간 한다면, 마찬가지로 리허설도 처음부터 끝까지 한 시간 하나요?

키키   아니, 그렇게까진 안 해. 먼저 찍어둔 것도 있으니 전체가 생방송은 아니거든. 조금은 쉴 수 있게 되어 있어.

고레에다   〈무〉 때는 가나자와에서 드라마 공개 녹화를 했죠.

키키   어째서 가나자와였냐면, 자기 이게(새끼손가락) 가나자와 출신이었거든. 이토이가와인가 그쪽 출신이야. 그때는 그런 걸 몰랐으니 왜 가나자와인가 했지(웃음). 뭐, 다들 자기 좋을 대로 만들었네요.

구제 씨는 드라마를 드라마 안에서만
완결시키지 않고 바깥쪽으로 열어나갔죠.

고레에다   당시의 추억은 어떤 게 있나요?

키키   〈무〉〈무 일족〉은 〈수요 극장〉에서 나갔는데, 협찬사가 도요타 자동차랑 가오花王세제와 화장품 등을 판매하는 대기업이었거든. 그래서 할 만한 개그가 없어지면 "역시 자동차는 도요타 센추리를 타고 싶어"라든지 "역시 피부에는 가오의 니베아야"라고 말했어(웃음).

고레에다   스폰서한테 아첨하는 거네요.

키키   그런 엉터리 같은 짓을 했었지. 그런 대사까지 할 수 있었던 재밌는 시대였어. 지금은 스폰서가 많아서 뭐가 뭔지 모르겠어. 도중에 바뀌기도 하고 말이야.

또 생방송이라 하면 〈무 일족〉에서 콩트 코너의 삽입곡 〈사과 살인 사건〉[32]을 고 히로미 씨랑 듀엣으로 불렀는데, 그게 〈더 베스트 텐1978~1989년에 방영한 일본의 음악 프로그램〉에서 1위를 했어. 근데 10위부터 순서대로 들어가니 우리 출연 순서는 방송이 끝날 무렵이잖아? 시간이 좀 있으니까 스튜디오에서 본 옷을 따라 미술 스태프한테 옷 일부를 잘라달라고 해서 목에 감기도 했어. 생방송의 희극성, 생방송의 묘미도 맛봤지요.

고레에다 　그 시절의 구제 씨는 드라마인지 버라이어티인지 가요 프로그램인지 뭔지 알 수 없는 곳으로 돌진했죠? 〈데라우치 간타로 일가〉 후에 무코다 씨가 떠난 게 한 가지 이유일지도 모르지만, 더욱 TV 그 자체로 향해갔다는 느낌이 들어요. 그 시대에도 키린 씨는 완전히 함께 달렸죠?

키키 　　웅, 달렸지. 하지만 구제 씨는 점점 재미가 없어졌어. 〈데라우치 간타로 일가〉에서 각본을 직접 써서 최종화를 완성했을 때의 약동감 같은 게, 버라이어티로 돌진해 이것저것 다 해버린 탓에 힘이 빠졌어. 한편 나는 달리고 달리고 또 달렸지(웃음). 그 무렵 구제 씨는 〈여덟 시야! 전원 집합〉[33]도 병행하고 있었으니까.

고레에다   라이벌은 〈전원 집합〉이었나요?

키키   라이벌은 아니었지만, 〈전원 집합〉에 우리가 나가기도 하면
서 재미를 느꼈어요. 그렇지만 그쪽은 그쪽. TBS의 두 기둥
이었으니까. 우리한테는 마지막까지 '기본은 드라마'라는 생
각이 있었어. 뭐, 구제 씨가 질려버린 거겠지. 갈 곳이 없어졌
달까. 적기에 일어난 거야, 나의 설화 사건은(웃음).

고레에다   그랬던 것 같아요. 구제 씨가 놀이를 끝까지 추구한 이후에
어디로 향하는가. 무코다 씨가 돌아가신 탓도 있었지만, 구
제 씨는 명백하게 무언가를 바꿔야만 하는 시기였겠지요.

키키   하지만 구제 씨가 아직 절망하지는 않았던 무렵, 한번은 이
런 극을 만들고 싶다고 말한 적이 있어. 드라마의 등장인물
이 마지막 화에서 죽는 거야. 그때 드라마 속 다른 등장인물
은 물론이고 TV를 보고 있는 시청자까지도 똑같이 그 죽음
을 공유할 수 있을 정도로 "드라마 속에서 확실하게 살아 있
는 인물을 만들고 싶어"라고. 매주 당연하게 나오던 인물이
마지막에 덜컥 죽어버리면, 일본 국민 모두가 그 순간 숨죽
이고 하나가 되어 울 수 있는……. 그걸 나한테 시키려고 했
어. 그야말로 "후쿠야마 마사하루³⁴가 결혼했네! 나, 내일 회
사 안 가!"영원히 결혼하지 않을 것 같던 이미지의 인기 스타 후쿠야마 마사하
루가 갑자기 결혼을 발표하자 일본 여성들이 충격을 받아 유행처럼 했던 말는 아
니지만(웃음).

고레에다   (웃음).

키키   "○○가 죽었으니까 내일 회사 안 갈래"라고 할 정도의 무기
        력감, 허탈감. 그런 인물을 만들고 싶다고 구제 씨는 말했어.
        그걸 위해 배우는 드라마 속에서 충분히 살아야만 해. 게다
        가 매주 반드시 챙겨보는 TV 드라마가 아니면 불가능하지.

고레에다   그 구상은 언제쯤 들으셨어요?

키키   〈데라우치 간타로 일가〉를 한창 찍던 중이었던가. "있지, 모
        든 일본 국민이 '○○가 죽어버렸어……' 하고 슬퍼하는, 그
        런 게 좋잖아" 하더라고. 그렇고말고.

고레에다   그 생각과 이어지는 건지는 모르겠는데요, 구제 씨는 드라마
        를 드라마 안에서만 완결시키지 않고 바깥쪽으로 열어나갔
        죠. 가령 반 준자부로 씨가 실제로 자수포장紫綬褒章학문, 예술,
        스포츠 등의 분야에서 공을 세운 이에게 일본 정부가 수여하는 훈장를 받으셨
        을 때 〈무 일족〉에서 반 준 씨가 연기하는 베테랑 버선 장인
        이 (직업에 맞춰) 남수포장藍綬褒章교육, 의료, 사회복지, 산업진흥 등의
        분야에서 공을 세운 사람에게 일본 정부가 수여하는 훈장를 받는다는 설정
        을 했어요.

키키   미안, 기억이 안 나네.

고레에다   그런 시사적인 소재를 극 중으로 끌고 들어와요. 이건 영화와 TV의 차이랄까, TV의 특성이라고 생각해요. 구제 씨는 거기에 굉장히 민감했고요.

키키   그렇지.

고레에다   〈무〉에서도 '아사다 미요코가 요시다 다쿠로[35]랑 결혼했다'라는 실화를 기시모토 가요코가 연기하는 등장인물이 하기도 했죠. 아사다 씨는 〈데라우치 간타로 일가〉와 〈시간 됐어요〉에 출연했으니, 그 배우에게 일어난 실제 일을 드라마의 에센스로 쓰는 거예요. 보통의 드라마 창작자라면 현실을 배제해서 픽션으로 닫아두려고 할 텐데 구제 씨는 의식적으로 열어나가요. 결코 작품의 완성도 쪽으로는 향하지 않는, 그것이야말로 TV라고요.

키키   그렇게 만들어왔으니까. 구제 씨는 "미요코는 가장 곤란한 남자한테 걸렸어"라며 〈무〉의 주인공(고 히로미)에게 일부러 다쿠로라는 이름을 붙이기도 했어. 그렇게 남의 스캔들은 유머러스하게 다뤘으면서, 정작 자기 스캔들이 터지니까 TBS에 사표를 냈지. 갑자기 보통 사람이 돼버렸어.

고레에다   그렇군요.

키키   남자는 모두 이렇게 되는구나 싶었어. 주위 사람들 눈에는 전부 보이는데 본인은 숨기고 있다고 생각하는 경우가 꽤 많아. 재밌지요. 하지만 구제 씨는 회사를 그만둔 덕분에 책을 쓸 수 있었지. 작가로서 상당히 좋은 책을 썼어. 그건 바로 설화 사건을 일으킨 내 덕분이지 않을까(웃음).

고레에다 구제 씨 작품 중에 『뒤바뀜』(분게이슌주, 2002)이라는 환상 연작 단편집이 있는데요, 거기에 등장하는 미로쿠라는 배우는 키린 씨가 모델이죠?

키키 맞아, 나야. 표지 일러스트도 나랑 닮았어. 그 무렵의 구제 씨는 글재주가 있었지. 착안점이 재밌었어.

무코다 씨도 나처럼
귀찮은 사람은 싫지 않았을까.

고레에다 무코다 씨에 대해 좀 여쭤봐도 될까요. 무코다 씨가 돌아가시기 직전에는 그렇게 친하게 자택에 드나들지는 않으셨어요?

키키 전혀 안 친했지. 난 무코다 씨가 〈데라우치 간타로 일가〉를 소설화한 것 같은, 엉망진창으로 휘갈겨 썼을 뿐인 소설을 내서 그게 무척 유감이었어. 무코다 씨도 나처럼 귀찮은 사람은 싫지 않았을까. 무코다 씨는 암에서 회복한 뒤로 인간의 보다 깊은 면에 대해 쓰게 됐고 나오키상도 받았지. NHK에서 무코다 씨 드라마를 해도 나한테는 전혀 제안이 들어오

지 않았어요.

돌아가셨을 때 신문사에서 취재 전화는 왔지만…… 8월 22일. 젊었어도 완결이 됐달까, 역시 이름을 남겼어. 진지한 노선으로 가서 좋은 걸 썼지. 구제 씨도 썼어. 그러니 그걸로 됐던 거야(웃음). 나도 두 사람을 안 만났다면 인생이 시시했겠지. 무코다 씨도 그랬을 거고. 점심을 같이 먹으러 가기도 했어. "당신은 마파두부 세트지? 난 교자 세트 주문할 테니 둘이서 나눠 먹자" 하면서, 그럴 땐 마음이 맞았는데.

고레에다   아오야마에 있는 무코다 씨의 맨션에도 가셨어요?

키키   많이 갔지. 그 맨션을 사기 전에는 니시아자부의 우리 집 바로 옆에 살았는데, 그때부터 알고 있었으니까. 무코다 씨가 수입이 더 좋았던 게 아닐까. 그 아오야마 맨션, 비쌌거든. ……아유, 잠깐만. 더 좋은 이야기가 잔뜩 있을 텐데.

고레에다   (웃음) 떠올려보세요. 무코다 씨랑 여행은 안 가셨어요?

키키   안 갔어. 단체 여행으로 다 같이 간 적은 있을지도 몰라. 〈데라우치 간타로 일가〉에서 모두 함께 갔을 때처럼. 〈무〉 때도 이집트[36]에 갔는데, 그때는 무코다 씨가 이미 병에 걸려 있었어. 아직 40대였는데. 젊었지…….

고레에다   무코다 씨는 쉰한 살에 돌아가셨으니까요. 일렀어요. 무코다 씨의 전반기 작품에는 키린 씨가 출연하셨고 후반기에는 가토 하루코 씨가 자주 나왔는데요, 가토 씨에 대해 뭔가 들으신 게 있나요?

키키　가토 씨한테 소위 희극이나 버라이어티는 무리였으니 〈데라우치 간타로 일가〉 때는 그런 빼어나게 반짝이는 재능은 보이지 않았어. 하지만 무코다 씨가 진지한 노선으로 갈아탄 뒤의 작품에는 딱 맞았지. 가토 씨의 존재가 무코다 씨한테는 상당히 좋았던 게 아닐까 해.

고레에다　그랬겠죠. 무코다 씨가 돌아가신 뒤, 구제 씨가 무코다 씨 작품을 많이 각색해서 만들었잖아요. 그 시리즈를 키린 씨는 어떻게 평가하세요?

키키　좋게 봤어요. 역시 극을 잘 만드는구나, 하고. 단, 노는 부분이나 희극적인 부분이 없으니 그 점은……. 고레에다 감독, 〈선생님의 가방〉[37] 봤어요?

고레에다　당연히 봤죠.

키키　난 서기서 웃음버섯 먹는 사람을 연기했어.

고레에다　응, 재밌었어요. 선생님(에모토 아키라[38])의 아내 역할이었는데 선생님이랑 둘이 소풍을 가서 먹지요.

키키   맞아. 근데 구제 씨는 나한테 지적 같은 것도 전혀 안 했어.

고레에다   좀 담백해지셨던가요?

키키   담백은커녕 정말로 아무 소리 안 하더라고. 구제 씨가 주인공
          을 연기한 고이즈미 교코[39]라는 배우에게 깊이 마음을 썼던 건
          좋았다고 생각하지만.

고레에다   고이즈미 씨는 "연기는 전부 구제 씨에게 배웠다"라고 말했
          죠. '구제 드라마'에서 배운 게 아주 크다고요. 구제 씨가 〈무
          코다 구니코 신춘 시리즈〉를 시작했을 때, 구제 씨에게 중요
          했던 건 다나카 유코였을 거예요. 다나카 씨의 연기를 상당
          히 이상적으로 여겼잖아요. 다른 배우들이 "다나카 씨 수준
          의 연기를 요구받아도 도저히 할 수 없다"라고 말했다죠. 구
          제 씨와 다나카 씨 이야기를 하신 적이 있나요?

키키   한 번도 없어. 모모이 가오리[40]랑 일하던 시기에는 구제 씨가
          모모이 가오리에게 흥미를 느꼈지. 그 뒤 다나카 유코가 등
          장해서 그쪽한테 홀딱 반했다는 느낌이랄까.

고레에다   작품만 봐도 그걸 알 수 있어요.

키키   다나카 유코 씨는 배우로서 뛰어나잖아.

고레에다   다나카 씨에게도 구제 씨와의 만남이 중요했다고 생각해요. 〈무코다 구니코 신춘 시리즈〉에서는 다나카 유코 씨도 고바야시 가오루[41] 씨도 배우로서의 질을 굉장히 높였다는 느낌이 들어요.

키키   구제 씨에게는 배우의 역량을 끌어올릴 만한 힘이 있었던 거지.

고레에다   분명 있었어요. 키린 씨는 다나카 유코 씨와 함께 연기하고 싶지는 않으신가요?

키키   딱히 그렇지는 않아. 근데 그쪽이 싫어하지 않을까(웃음).

고레에다   그럴까요?

키키   아무래도 난 개성이 너무 강하니까. 고레에다 감독의 영화에서는 그렇지도 않지만, 잠깐 한눈팔면 터무니없는 짓을 하거든(웃음). 그것도 역시 구제 씨랑 놀았던 부분이 불쑥 나오는 거지. 아무도 요구하지 않지만 무의식중에 말이야.

영화가 완성되어 함께 홍보를 한 후나 부탁드린 광고 내레이션을 마치고 스튜디오에서 나올 때, "이 뒤에 시간 좀 있어?"라고 키린 씨가 물어봐서 늦은 점심을 함께한 적이 몇 번 있다. 단골 초밥집이나 다이칸야마의 오가와켄이라는 오래된 양식집에 갈 때가 많았다. 키린 씨의 자택과 내 사무실이 가까워서 불쑥 전화를 걸어와 "지금 갈게" 통보하고는 훌쩍 걸어올 때도 있었고, 내가 자리를 비운 경우에는 니시카와 미와[42]나 젊은 스태프와 와인을 마시며 잡담을 하고 돌아간 적도 몇 번인가 있었다.

"당신, 그건 봤어?" 키린 씨가 그렇게 물어보는 건 대체로 낮게 평가하는 작품인데, 내가 당신의 평가와는 달리 "재밌었어요"라고 말하면 "흠…… 어디가?" 하며 더 파고든다. 만약 그 작품이 우리와 관계없는 외국영화 같은 것이라면 "흠…… 그렇게 볼 수도 있구나. 재밌네……"로 끝나지만, 상대 감독이나 배우가 키린 씨와 아는 사이일 때면 그리 간단히 넘어가지 못한다.

예전에 "어떤 각본가를 좋아해?" 묻기에 "제일 좋아하는 건 무코다 구니코예요"라고 별생각 없이 말했다. 곧바로 키린 씨의 얼굴이 굳었다. "흠…… 예를 들면 어떤 거?" "글쎄요. 어디 보자, 〈아수라처럼〉이나 〈겨울 운동회〉[43]나……" "아아…… 나랑 헤어진 뒤의 것 말이지……" 그렇게 말하는 키린 씨의 표정은 안도도 질투도 아닌 참으로 불가사의한 것이었다.

키린 씨에게 무코다 씨는 '구제 씨와 함께 TV에서 제대로 놀던 동료'였다는 전제는 있을지언정, 아무리 스튜디오에서 기다려도 각본이 오지 않거나 오더라도 중간까지밖에 없는 데다 '뒷일은 잘 부탁해'라고 쓰여 있어서 사카이 씨와 아사다 미요코 씨 등과 함께 한밤중까지 머리를 맞대 간신히 방송을 해낸 적이 가끔 있던 모양이다. 그래서 무코다 씨가 메인 작가가 아니었던 〈시간 됐어요〉는 물론이고, 〈데라우치 간타로 일가〉를 무코다 구니코 작품이라고 부르는 데 적잖은 응어리가 있었으리라 짐작한다.

좋아하는 연출가로 구제 씨의 이름을 올릴 때도 마찬가지로 반응은 언제나 부정적으로 시작한다. "그 사람은 끈기가 없어" "그 사람은 이(새끼손가락) 일로 머리가 가득해" "잘 만들고 못 만들고의 차이가 너무 커." 그런 말들에서는 가장 가까이서 그를 봐왔기에 가질 수 있는 애정 반 미움 반의 감정이 느껴졌다. 그리고 그렇게 신랄한 말을 내뱉어주는 동료가 있는 구제 씨가 역시 부럽기도 했다.

만약 구제 씨가 그때 돌아가시지 않아서 TV 드라마판 〈도쿄 타워〉의 어머니를 키린 씨가 연기했다면 과연 어땠을까? 그리 생각하며 콤비가 부활한 뒤의 드라마 두 편을 다시 봤다. 2003년 WOWOW에서 방영한 〈선생님의 가방〉과 이듬해인 2004년 TBS에서 방영한 〈무코다 구니코의 연애편지〉[44]다.

키린 씨는 물론 본연의 개성을 발휘해 인상적인 존재감을 남겼지만, 본인이 말한 대로 구제 씨에게는 어느 한구석에서 놀 여유가 없었던 게 아닐까 싶다. 〈무코다 구니코의 연애편지〉에는 모리시게 히사야 씨도 작은 배역으로 출연했는데 아쉽게도 키린 씨와 엮이는 장면은 없다. 게다가 이 작품 속 모리시게 씨는 나이 문제인지 설정 문제인지 아니면 연출 문제인지⋯⋯ 전쟁제2차 세계대전 이전을 그린 〈무코다 구니코 신춘 시리즈〉에서는 한 번도 느끼지 못한 '케케묵음'이 1960년대 도쿄를 그린 이 드라마에서 느껴져 안타까웠다. 늘 '지금'을 마주하며 새로웠던 구제 씨의 드라마가 처음으로 촌스럽게 느껴졌다. 민감한 키린 씨는 그 점을 예민하게 감지했을 테고, 필연적으로 자신의 캐스팅 자체에 의문을 느꼈을 것이다. 자신이 구제 드라마에 나오는 건 이제 작품에 도움이 되지 않는다, 하고.

〈무코다 구니코의 연애편지〉에서는 무코다 구니코(야마구치 도모코[45])의 연인[46]의 어머니 역을 키린 씨가 맡았는데, 어머니가 툇마루에 앉아

아들의 자살을 슬퍼하며 사이토 후미[47]의 단카短歌 일본의 전통적 시가를 대표하는 단시를 읊는 인상적인 장면이 있다.

　　좀 쉬겠습니다, 하고 문을 닫고 나가는 것처럼 되지 않는다
　　생生은

　이 시는 1976년에 출간된 『진빨강』[48]이라는 가집歌集에 실려 있다. 사이토 후미의 연보에 의하면 1973년에 남편이 뇌혈전으로 입원, 늙어서 실명한 어머니까지 둘을 간호해야 했던 시기다. 이는 무코다 구니코의 연인이 병으로 쓰러져 몸을 마음대로 가누지 못하게 된 상황과 확실히 겹치는 부분이 많지만, 드라마의 설정 시기와는 상당히 다르다.
　이 시를 굳이 시공을 초월하여 키린 씨에게 읊게 한 것은 누구인가. 야나이 미치히코[49] 씨가 발행하는 무료 잡지 〈월간 바람과 록〉[50]의 인터뷰에서 키린 씨가 이 시에 대해 말했다.

　　늙어서 더욱 곱다고 해야 할 것이 있다 꽃은 처음도 끝도 좋다

　이 단카를 인용하며 "난 처음도 별로 좋지 않았지만, 마지막 정도는 좀 좋은 곳에" 당도하고 싶다고 말했다.
　그러나 사이토 후미를 언급한 것은, 공개된 자료로는 구제 씨가 키린 씨보다 조금 빠르다. 구제 씨의 『폐하』(신초샤, 1996)는 2·26 사건[51]을 둘러싼 소설인데, 마지막 장 첫머리가 이 사건에 대해 읊은 사이토 후미의 시로 시작된다.

새벽의 소란에 답하여 으르렁대던 하늘의 짐승들 금세 사라졌다

　실은 모리시게 씨의 말을 듣고 쓴 구제 씨의 『대유언서』 가운데 「수많은 죽음을 배웅하며」라는 제목이 붙은 글에도 사이토 후미에 대한 기술이 있다.

> 　올해 4월, 가인歌人 사이토 후미 씨가 돌아가셨다. 쇼와 11년1936년의 2·26 사건에 연루된 남자 소꿉친구를 처형이라는 참혹한 형태로 잃고, "폭력이 이렇게 아름다운 세상에 살면서 진종일 부르는 나의 자장가"라는 시를 피와 함께 토해내며 여든이 넘은 만년. "벗들의 형사刑死 나의 노사老死 그 사이를 메우며 아아, 몇 차례 봄꽃이 지고 말았다"라고 읊고는 너무도 길었던 쇼와라는 세월을 완결시킨 후미 씨는 아흔세 해 노을빛 생애를 마쳤다.

　이 문장을 쓴 것이 2002년, 드라마 방송 2년 전이다. 2·26 사건은 구제 씨가 드라마(〈레이코의 발〉)에서도 글에서도 때때로 언급하며 큰 관심을 가지고 있었던 사건이다. 〈무코다 구니코의 연애편지〉에서 사이토 후미의 시를 인용한 사람은 각본가도 키린 씨도 아니라 역시 구제 씨가 아니었을까 추측한다.

　각본가 고바야시 다쓰오32는 자신이 쓴 『구제 데루히코 vs 무코다 구니코』(아사히신문출판, 2009)에서 "드라마를 다 보고 나면 두 사람의 슬픔보다 이 단카가 더 기억에 남는다"라고 단카 인용에 의문을 표하며, "그런 건 알고도 남았으면서, 작품의 밸런스를 무너트리면서까지 자신의 세계

를 개입시켰다"라고 결론을 내렸다. 그럴지도 모른다. 하지만 구제 씨가 드라마에 개입시켰던 것은 자신이 아니라 '지금'이었던 게 아닐까? 사이토 후미가 세상을 뜬 지금의 시대, 지금의 기분을 (확실히 그것은 구제 씨 자신의 기분일지도 모르지만) 일기처럼 드라마 속에 기록해 모으고 싶었다. 그것이 그가 줄곧 드라마를 만들어온 방식이었기 때문이다.

지금 이렇게 돌아보니, 가까운 사람들에게 남들은 헤아릴 수 없는 걱정거리가 있다는 것을 충분히 알면서도 키린 씨는 "좀 쉬겠습니다" 하며 문을 닫고 멋지게 생生에서 사死로 먼 길을 떠난 게 아닐까 한다.

사이토 후미는 다음과 같은 시도 남겼다.

그대는 죽은 자 나는 늙은 산 자라 그 거리 남보다 좀 가깝다

〈무코다 구니코의 연애편지〉를 만들 당시 구제 씨가 의식했던 '죽은 자'는 분명 무코다 구니코였을 터다. 나를 만난 무렵의 키린 씨에게 그것은 아마도 (키린 씨는 결코 인정하지 않겠지만) 그 전해 세상을 떠난 구제 씨이지 않았을까. 그리고 키린 씨를 만난 당시의 내게 그것은 틀림없이 어머니였다.

절대적으로 체형이에요.
나이를 먹는다는 건 그런 거야.
그래서 난 얼굴에 주름 같은 걸 그린 적이 없어.

고레에다　출연 제의가 들어올 때는 어떤 기준으로 선택하세요?

키키   출연료순.

고레에다   (웃음) 늘 그렇게 말씀하시지만 사실은 아니죠?

키키   아니, 아니지 않아. 나머지는 의뢰가 들어온 순서.

고레에다   감독이나 연출가가 마음에 들어서 또 출연하실 때는 없나
             요? 그런 분도 몇 명 있는 것 같은데요.

키키   있나?

고레에다   후카마치 유키오 감독은 어떠세요?

키키   후카마치 씨는 그렇지.

고레에다   〈유메치요 일기〉가 좋았기 때문이에요?

키키   맞아. 요시나가 사유리 씨의 대표작도 됐으니까.

고레에다   사유리 씨와는 그 뒤로도 공동 출연이 이어졌죠. 반도 다마사
             부로[55] 씨가 감독한 〈꿈의 의자〉[56]라든지.

키키   그건 사유리 씨가 노력해서라고 생각해.

고레에다   아주 좋았죠.

키키   마지막 장면도 말이야, 후카가와스사키도쿄도 고토구 도요잇초메의 옛 지명. 바다를 매립해서 만든 땅으로 유곽이 있는 환락가였다의 둑 세트를 만들었어. 사유리 씨가 긴 대사를 계속 외우고 있었는데 다마사부로 씨가 마음을 담아 조언했지. 나는 〈꿈의 여자〉의 사유리 씨를 좋아해요.

고레에다   어떤 조언이었어요?

키키   동작을 잡아줬어. 사유리 씨는 '남편이 죽고 창부 일을 시작해 경험이 많아진 역할'이었는데, 술자리에서 손님이 "당신도 어때?" 하며 잔을 건네면 사유리 씨가 "잘 마실게요"라고 말하는 장면이 있어. 그랬더니 다마사부로 씨가 "사유리 씨, 그렇게 하면 여학생 같잖아. '잘 마실게요'라고 말하는 게 아니라 어깨로 마셔줘. 지금은 입으로 마시고 있으니까"래. 어떻게 하면 좋을지 모르겠잖아? 그러자 다마사부로 씨가 어깨로 마시는 듯한 몸짓을 해보였어. 그런 다음 "턱부터 마셔줘"라며, 그 턱에서 잔을 가져오는 동작도 해보였지반도 다마사부로는 일본 가부키계를 대표하는 오야마(가부키에서 여자 역을 하는 배우)라서 여성의 매력적인 동작에 정통하다.

고레에다   그래서 그 요염함이 나온 거군요.

키키	다마사부로 씨는 자신이 배우이기도 하니까 남 앞에서 연기 지적은 안 하거든. 나한테도 뒤로 살짝 다가와 "키린 씨, 있 잖아"라고 하지. 절대로 남 앞에서 창피를 주지 않으려고 해. 그런 다마사부로 씨의 자질이 사유리 씨와 잘 맞았던 거야. 스틸 촬영 때 우치카케[일본 여성의 전통 복장 중 하나로 겉옷 위에 걸쳐 입는다]를 목덜미 어디까지 내릴 것인가 하는 것도, 다마사부로 씨가 "조금 더. 응, 조금 더 내려, 조금 더, 이제 그만!" 하고 앵글을 지시하면 시노야마 기신[55] 씨는 셔터를 누를 뿐이었 어(웃음). 걸음걸이 하나만 해도 경험이 없는 여자의 걸음걸 이랑 남자를 아는 여자의 걸음걸이는 다르다든가, 건실한 가 게 여주인과 직업여성은 다르다든가 하며 좀 흐트러진 여자 가 낼 수 있는 최고의 요염함을 가르쳤지. 그건 다마사부로 씨가 잘한 거죠. 훌륭했어.
고레에다	스즈키 세이준 감독의 〈치고이너바이젠〉에 출연하신 계기는 무엇인가요?
키키	요기샤[56]라는 기획사를 운영할 때 오쿠스 미치요[57] 한테 〈치 고이너바이젠〉 제안이 들어왔어. 그래서 나도 "할 만한 역 없 어?" 물었더니 할머니 역이 있다기에 "아, 그거면 돼. 출연할 게" 했지(웃음).
고레에다	오쿠스 씨를 통해 연결된 거네요.

키키 그 무렵 스즈키 세이준 씨는 아직 활동을 안 하고 있었지만스 즈키는 1967년 〈살인의 낙인〉을 만든 뒤 영화사에서 해고되어 한동안 영화를 만들지 않았다 다나카 요조[58] 씨의 각본은 재밌어서 "해봐" 했지. 그 김에 내가 장어잡이 할머니 역을 하게 된 거야. 그나저나 그 장어, 참 징그럽더라. 그 뒤로도 세이준 씨의 작품에는 가끔 얼굴을 내비쳤는데, 나한테는 그렇게 놀라운 연출은 아니었어.

고레에다 최근 김희로 사건[59]을 다룬 〈김의 전쟁—라이플마魔 살인사건〉[60]이라는 드라마를 다시 봤어요. 키린 씨는 김희로의 어머니 역할이었죠.

키키 그 드라마를 했을 때 김희로의 변호사에게 "저는 구마모토 교도소에 가서 늘 접견하는데요, 얼굴은 전혀 안 비슷한데 진짜 닮았어요"라는 말을 들었어. "어디가 닮았어요?"라고 물었더니 "키린 씨가 연기한 사람 그 자체예요"래. 방송 당시에는 "키키 키린은 재일한국인이라는 사실을 숨기고 있다"라는 말도 들었고.

고레에다 실제로 어머니를 만난 건 아니에요?

키키 안 만났지. 하지만 잘 표현되지 않았어?

고레에다 아주 잘됐죠. 그래서 강렬하게 기억에 남아 있고요. 키린 씨는 아직 40대 후반이었죠.

키키   할머니 역할을 할 때는 늘 밑위를 길게 해서 다리 모양이 별
       로 드러나지 않는 몸뻬를 입는데, 나이를 먹은 한국 사람은
       밑위가 짧아. 그게 포인트라고 생각해서 선로 장면은 그렇게
       걸었어. 됫병을 들고 걷는 실루엣이 누가 봐도 한국인이라는
       소리를 들었지. 난 비교적 체형으로 커버하려는 면이 있어.
       기분상으로는 〈태풍이 지나가고〉 때랑 마찬가지로, 어쨌거
       나 아들이 예쁘다고 생각하며 연기했지. 난 그렇게 말도 안
       되게 괜찮을 때가 있거든(웃음). 다케 짱(김희로 역의 비트 다
       케시[61])도 이렇게 말했어. "키린 씨는 보통 배우랑 나오면 차
       이가 너무 많이 나. 다른 사람이랑 안 어울려."

고레에다   혼자만 극단적으로 리얼한 거죠.

키키   그럴 작정으로 하는 건 아닌데 말이야. 한국 사람의 강인함
       이 있잖아. 종종 공항 같은 데서 보면 아들한테 호통치는 어
       머니가 있거든. 그렇게 이따금 휙휙 들어오는 정보를 그냥
       잇댄 거야. 의상을 입을 때도 아까 말한 것처럼 생각해서. 그
       러니까 의상…… 분장이 8할이지(웃음).

고레에다   체형으로 연기한다는 뜻이네요.

키키   체형이지. 그야말로 절대적으로 체형이에요. 나이를 먹는다
       는 건 그런 거야. 그래서 난 얼굴에 주름 같은 걸 그린 적이
       없어. 언제나 체형이에요. 나이를 먹으면 점점 몸이 작아지

거든. 그게 다야.

고레에다 배역 연구에 대해 말하자면, 〈데라우치 간타로 일가〉 때는
키린 씨가 전철에서 발견한 할머니를 관찰하다가 실버타운
까지 따라갔다고 구제 씨가 썼는데요.

키키 그런 건 안 하는데.

고레에다 그럼 구제 씨가 좀 과장했나요?

키키 응, 산더미처럼 과장했네(웃음). 단, 내 주위에 할머니는 꽤
많았으니까. 할머니는 다들 아주 만만찮아서 여간해서는 양
보를 안 하거든. 그런 건 줄곧 봐왔어. '젊은 사람의 눈에 비
친 할머니'는 고려하지 않아. 어쩌다 보니 나이를 먹었지만
'이 사람의 마음은 여전히 젊구나'라고 생각해요. 인간은 몇
살을 먹든 그대로야. 그저 체형이 그렇게 변해버린 거지. 난
할머니를 연기하지 않아. 그대로 출연할 뿐이야.

고레에다 여자 배우에게 노인 역을 부탁하면 대부분 '난 아직 젊어'라
고 생각해서 노인을 연기하려고 해요. 하지만 키린 씨는 그
렇게 하지 않죠.

키키 안 하지.

고레에다　그 점이 좋아요.

키키　특히 여자 배우는 자기가 나이를 안 먹었다고 생각해. 그래서 이 나이라면 이러겠지, 하면서 연기하거든. 심한 사람은 평소에 흰머리를 갈색으로 염색해서, 맡은 역할을 연기하려면 원래대로 되돌리기만 하면 되는데도 갈색 위에 다시 흰색을 얹어. 그러면 리시리섬홋카이도 서북쪽의 섬의 오보로코부삶은 다시마를 말려서 얇게 썬 식품같이 돼버려(웃음). 그것만으로 할머니가 되는 건 아니잖아. 일부러 늙지 않아도 돼. 있는 그대로 해도 되는데 말이야…….

고레에다　이것도 구제 씨가 쓴 내용인데요, 〈데라우치 간타로 일가〉에서 할머니를 연기할 때 손가락 끝을 자른 장갑을 꼈던 건 키린 씨가 고안한 아이디어죠?

키키　직접 생각해낸 건 맞는데, 분장을 하는 게 싫었을 뿐이야. 서른 살 무렵에는 손이 아주 예뻤어. 힘줄도 아무것도 없어서 손 모델을 해도 될 정도였지. 하지만 화면에 손도 나오잖아. 할머니 손으로 안 보이니까 매회 손에 분장을 해야 하는 거야.

고레에다　수름을 그린다는지.

키키　그게 번거로워서 장갑을 끼고 손가락 끝을 잘랐지.

고레에다   과연, 오히려 그게 이유로군요.

키키   맞아. 난 만사에 효율이 우선이에요.

내가 좋아했던 건 가토 씨는 연기를 보는 눈이
흔들리지 않는다는 것. 그뿐이야.

고레에다   가토 하루코 씨 이야기도 한번 여쭙고 싶었어요. 친하게 지
           내신 건 언제부터죠?

키키   〈일곱 명의 손주〉네요. 그전에는 분가쿠자에 같이 있었어.
           가토 씨는 모든 사람들이 동경했고, '하루코 짱'이라고 부르
           며 다들 사랑했지. 원래 에노켄(에노모토 겐이치[62]) 씨 상대역
           을 하면서 등장한 배우인데 분가쿠자에서도 모두의 아이돌
           이었달까. 난 꽤나 심술을 부렸지만(웃음).

고레에다   연기할 때요?

키키   아니, "남편한테 왜 그렇게 여자가 생기는 거예요?"라든가,
           사생활에 대해 농담을 한다든가. 하지만 거기에 또 장단을
           잘 맞춰주니까.

고레에다   키린 씨보다 스무 살쯤 위였죠?

키키   스물두 살 위. 나이를 먹어도 귀여운 사람이었어. 가토 씨 집 앞으로 여러 사람이 꽃을 들고 찾아와서, 들어가려 해도 들어가지 못해 서성거리는 건 자주 있는 일이었어. 감독이라든지, 지휘자라든지.

고레에다   마돈나군요.

키키   맞아, 마돈나야. 내가 좋아했던 건 가토 씨는 연기를 보는 눈이 흔들리지 않는다는 것. 그뿐이야. 그뿐이라고는 해도 그게 대단한 일이거든요. 그런 눈은 역시 분가쿠자에서 길러진 거겠지. 남편인 가토 미치오[63] 씨, 아쿠타가와 히로시 씨, 미시마 유키오[64] 씨처럼 쟁쟁한 사람들 사이에 섞여서 자라온 결과라고 생각해. 연기의 지향점이 천박하지 않고 적확하거든. 그래서 가토 씨의 비평을 듣고 '배우란 그런 것을 목표 삼아 가야만 하는구나' 생각했지. 양갓집 사모님 역할 같은 건 정말로 잘했어. 근데 서민 연기는 본인이 좋아서 하려고는 했는데 어설펐지. 내가 "연기에 대해 그렇게 훤히 알면서 왜 그런 연기를 해버리는 거예요?"라고 심술궂게 말하면, "그러게 말이야" 하고 또 맞장구를 쳐줘(웃음). 그런 면이 좋았어.

고레에다   하지만 상대 배우의 연기에 대해서는 엄격했지요.

키키   "그런 연기를 하는 사람은 살아 있을 가치가 없어" 하고 태연하게 내뱉는 거야. 그런 점이 좋았지. '지당한 말씀!'이랄까.

고레에다　　그런 이야기는 어떤 때 하세요?

키키　　만나면 대체로 그런 이야기였어. 밥 먹을 때도 연기 이야기가 여하튼 재밌었거든.

고레에다　　가토 씨는 배우로서 누구를 인정했나요?

키키　　지금도 건재한 사람 중에는 야마자키 쓰토무[65] 씨. 옛날이라면 갓 데뷔한 무렵의 마쓰다 유사쿠[66]라든가. 구제 씨 드라마에서 마쓰다 유사쿠 씨랑 러브신이 있을 때, 안 벗어도 되는데 상반신을 벗더라고(웃음). 확실하게 자신 있는 부분은 내놓는 게 귀여워.

고레에다　　귀여우시네요(웃음). 뭔지 알겠어요.

키키　　그런 여자 배우는 이제 안 나오는 걸까. 비슷한 분위기를 풍기는 사람이 나오긴 하지만 다들 지나치게 머리가 좋아. 좀 교활한 쪽으로 가면 위험한데, 가토 씨는 교활하지 않으니까. 아흔 살이 되어서도 일자 앞머리에 단발머리를 하고, 예쁜 핑크색으로 염색하고는 "나, 이제 밖에는 못 나가. 사진은 찍히기 싫거든" 했어. 그래도 돌아가셨을 때 모습은 정말 예뻤지. 완수한 게 아닐까, 배우 인생을.

고레에다　　돌아가시기 직전까지 왕래가 있으셨죠.

키키	그랬지. 전화가 와서 "있잖아, 안경을 사고 싶은데" 하는 거야. "네, 네, 어디로 갈까요?" "TBS의 그 모퉁이 이쪽 편에 안경점이 있잖아?" "네에, 네에, 전봇대 있는 거기요. 거기서 몇 시요?"라는 식으로 말을 주고받지만, 가토 씨가 안 올 것을 아니까 나도 안 가(웃음).
고레에다	안 오시나요? 그럼 그냥 얘기를 나누고 싶었던 거네요.
키키	맞아. 일단은 그 뒤에 전화를 걸어보는데, 돌봐주는 사람이 "죄송해요, 이미 주무세요" 하거든.
고레에다	스기무라(하루코) 씨와의 관계는 어땠나요?
키키	스기무라 씨는 가토 씨에 대해 '자기한테는 없는 좋은 것을 가지고 있다'라는 점은 인정했어. 하지만 가토 씨는 뭐든 할 수 있는 타입의 배우가 아니니까. 서로 의식하는 사이는 아니랄까, 분가쿠자에서도 각자 다른 타입의 위치에 있었어요.
고레에다	모리 미쓰코 씨와 가토 하루코 씨의 가장 큰 차이는 뭐라고 생각하세요?
키키	나도 이제 그런 걸 말해도 되는 나이일까. ……일테면 문화훈장_{과학이나 예술 등 문화 발전에 공헌한 사람에게 수여하는 훈장으로 모리 미쓰코는 2005년에 받았다}을 받기 위해 열심히 노력하는 타입과 그

렇지 않은 타입의 차이가 일단 있지. 기본적으로 걷는 길이 달랐다는 느낌이야. 그래서 연기도 절로 달라졌고.

고레에다 〈시간 됐어요〉에 모리 씨랑 함께 출연하셨을 때, 연기로 맞붙어도 별로 재밌지 않으셨어요?

키키 뭐랄까, 모리 씨는 재미를 노리려는 생각이 없어. 단, 좋은 사람이긴 하지. 선물을 사준다거나 신경은 써주지만 그거랑 연기하는 건 다르니까. 오히려 나 같은 배우는 모리 씨도 아주 성가셨을 거야. 모리 씨한테는 쟁쟁한 작품이 있고, '저건 대단하다' 싶은 점도 있지만…… 나와 만났던 동안에 그렇게 느낀 건 없었어. 성격 좋고 귀엽긴 했지만 그거랑 배우는 좀 다른 것 같아. 스기무라 씨가 종종 말했어. (성대모사를 하며) "난 말이야, 성격 따윈 나빠도 전혀 상관없어. 근데 연기가 이상한 사람은 정말 싫어"라고(웃음).

고레에다 비슷한데요(웃음). 새삼 다시 봤더니 모리 씨의 연기는 발음이 무척 좋아서 대사가 잘 들리고 테크니컬한 부분에서는 아주 대단하다는 생각이 드는 면도 있지만, 상대 배우와 맞붙어서 뭔가가 탄생하고 있다는 느낌은 별로 안 들었어요. 연기가 커뮤니케이션이 아니라 혼자서 완결 짓고 있죠. 맞나요?

키키 맞아. 〈시간 됐어요 쇼와 원년〉[67]이었나, 내가 연기한 할머니가 죽을 지경이 되어 쓰러져 있는 데로 모리 씨가 와서, 열심히 눈물을 흘리며 "할머니! 왜 이런 짓을 하는 거야!"라고 말하는 장면이 있었어. 컷 소리가 들린 뒤 곧바로 모리 씨한테 "전혀 마음이 느껴지지 않는데요"라고 말했지(웃음).

고레에다   대단하시네요.

키키   그랬더니 현장이 쥐죽은 듯 조용해졌어. 모리 씨는 그 무렵 연극을 하고 있었는데, 연극이 끝난 뒤에 찍어서 그랬을 거야. 무대 연기는 발성법이나 표현법이 TV랑 전혀 다르잖아? 그래서 모리 씨보다 훨씬 나이가 어린데도 "저기, 죄송한데 전혀 마음이 느껴지지 않는데요, 이걸로 괜찮아요?"라고 한 거지. 나도 참 싫은 녀석이야(웃음). 잘도 그런 말을 했어, 뻔뻔하게도. 뭐, 난 그런 사람인걸. 상대가 어떻게 생각하든 상관없는 거야.

고레에다   그런 점은 가토 씨와도 비슷할지 몰라요.

키키   맞아. 하지만 가토 씨는 말해도 될 때와 안 될 때를 잘 구별해서 말하는 사람이야. 난 모리 씨가 눈물을 흘리며 연기하면 할수록 마음이 식었달까. 그런 말 하지 말고 "수고 많으셨습니다!" 하고 집에 가면 될 텐데.

고레에다   그게 키린 씨의 좋은 점 아닌가요?

키키   좋은지 나쁜지 모르겠어. 그런 성격을 관철해온 결과, 이렇게 제멋대로인 인간이 돼버렸는걸. 암도 그래서 걸린 거야(웃음).

고레에다   가토 씨랑 싸우신 적도 있어요?

키키   싸움은 안 해. 일방적으로 내가 심술궂게 말할 뿐이지. 나한 테는 서로가 피를 철철 흘리면서도 상대에게 상처를 주는 면도 많았어. "넌 심술쟁이야"라는 말을 자주 들었지. "근데 글은 아주 좋아. 어째서 그렇게 잘 알아?"래(웃음). "심술쟁이니까요"라고 대답했지. 심술쟁이였어. 어째서 그렇게 심술을 부렸을까. 부끄럽네. 부끄러워, 정말로.

연극 대표작도 본 적 없는 나 같은 사람이 TV 드라마만으로 모리 미쓰코 씨의 연기를 운운할 자격은 없으니, 인터뷰 때의 내 발언은 너무나 건방졌다고 반성하고 있다. 키린 씨로부터 진심을 이끌어내기 위한 '마중물'이었다고는 해도 말이 좀 지나쳤던 것 같다. 모리 미쓰코에 대한 키린 씨의 평가도, 어디까지나 키린 씨가 좋아하는 가토 하루코 씨와의 비교에서 나온 것이라는 느낌이 든다. 그만큼 가토 씨와의 공동 출연이 즐거웠던 것이리라.

가토 씨에게는 『한 사람의 여자』(후쿠타케쇼텐, 1992)라는 자서전이 있는데(인터뷰어는 구제 데루히코), 거기서 무코다 씨의 드라마 중에서는 〈데라우치 간타로 일가〉 시리즈가 가장 즐거웠다고 했다. 구제 씨도 그에 응수하는 형태로 "빛과 그림자랄까, 밝은 부분과 어둑어둑한 부분의 안배가 적당히 유쾌하고, 무코다 씨 내면의 건강함과 온화함이 온천처럼 넘

처흐른다"라고 평했다. 키린 씨도 같은 마음이었을 것이다.

여기에 기록하는 것도 새삼스럽지만, 일본의 홈드라마사史에서 모리 미쓰코의 등장과 새로운 어머니상의 창출은 역시 획기적이었을 터다.

모리 미쓰코 씨가 TV에서 '어머니'를 연기한 초기 작품 가운데 〈천국의 아버지 안녕하세요〉[68](뒷날 인기 시리즈가 되어 21회를 방영했다)가 있는데, 연출을 담당한 TBS의 가모시타 신이치는 이 역할에 "모리 미쓰코의 사실적이며 다큐멘터리적인 예풍藝風이 필요했다"라고 서술하며 "반말로 얘기하고 같은 눈높이로 싸우는 모자상은 확실히 신선하기 그지 없었다. 아들딸과 '같은 곳에서 똑같이 문제를 생각하는' 어머니는 그때까지 없었다"라고 평가했다(〈TBS 조사정보〉 2011년 11·12월호 「TV 일기」에서).

구제 씨도 물론 모리 미쓰코 씨를 높이 평가하는 연출가 중 하나지만, 재밌는 점은 『사람이 그리워서』[69]라는 에세이에서 모리 씨를 다나카 가쿠에이에 견주며 "여하튼 자기 주변에 있는 스태프의 이름이나 애칭을 모조리 외워 현장에서 '소품 담당 씨' '조명 담당 씨'가 아니라 '에비, 잠깐만' '도라 씨, 이것 좀 부탁해'라고 부른다"라고 기록했다는 것이다. 키린 씨가 보기에는 그런 배려가 오히려 아니꼬웠는지도 모른다.

그렇다 해도, 예를 들면 무코다 구니코 씨의 『아버지의 사과편지』[70]에 수록된 「치코와 그란데」라는 에세이에는 무코다 씨의 신축 맨션에 유키 지호가 안내자 역할로 모리 미쓰코를 데리고 놀러 왔다는 대목이 있다. "나(무코다)는 두 사람이 줄연하는 드라마의 대본을 쓰고 있었나"라고 쓰여 있는데, 무코다 씨가 가스미초의 아파트에서 나와 미나미아오야마 5번가의 맨션으로 이사한 것이 1970년이므로 "6년 전에 맨션을 사서"라는 기술을 연보와 대조해보면 이 에세이에서 모리 미쓰코 씨와 키린 씨가 맨션을 방문한 것은 1976년. 이때 무코다 씨가 집필하고 있었던 작품은 이듬해 11월부터 방송한 〈세이코 주타로—숨은 더부살이 부부 항담〉[71]이 틀림없다.

도쿄의 번화가인 간다의 장례업체를 무대로 한 드라마인데 모리 씨는 여기서 더부살이로 일하는 여자, 키린 씨는 사장의 정부라는 설정이다(참고로 사장 부인은 가토 하루코). 촬영 때 외에도 이런 만남이 있었던 점을 생각하면, 역시 당시에는 모리 씨와의 사이가 꼭 나쁘지만은 않았을 것이다.

한 시대를 풍미한 사람은
그저 운이 좋아서 그리 된 게 아냐.

고레에다   함께 출연한 배우분들에 대해 들려주세요. 키린 씨는 〈도라 씨 시리즈〉에도 나왔죠. 세 번째 작품인 〈남자는 괴로워—방랑자 도라〉[72].

키키   타이틀이 나오기 전의 한 시퀀스지.

고레에다   신슈信州현재의 나가노현의 종업원 역할이었죠. 하지만 인상적이었어요.

키키   근데 그건 감독이 달라.

고레에다   모리사키 아즈마[73] 감독이죠. 야마다 요지 감독이 아니고요.

키키 　맞아. 아쓰미 기요시 씨와는 그전까지 일을 굉장히 많이 했어요. 〈재밌는 부부〉[74]라든지.

고레에다 　영화는 〈도라 씨〉가 처음이에요?

키키 　영화는 그것뿐이야.

고레에다 　그럼 그 투 샷은 귀한 거로군요.

키키 　귀한지 어떤지 모르겠지만, 지금 돌이켜보면 아쓰미 씨 전성기 때 영화를 함께 찍었다면 좋았을걸. 당시에는 생각도 안 했지만. 아쓰미 씨는 더 오래 살 줄 알았거든.

고레에다 　아쓰미 씨는 가벼움 속에 정체 모를 슬픔이 있죠. 지금은 돌아가셨지만 배우 중에는 그런 계보가 있어요. 모리시게 씨, 프랭키 사카이[75] 씨, 아쓰미 씨, 그 세대 특유의 경쾌함과 비애는 아주 귀중한 거라고 생각해요. 패전을 경험한 세대라서 그럴까요. 왜 그런지는 잘 모르겠지만요.

키키 　모리시게 씨는 개성 있는 얼굴은 아니지. 지극히 평범한 얼굴이야. 하지만 프랭키 씨나 아쓰미 씨는 한 번 보면 못 잊는 얼굴이잖아. 그래서 캐스팅하는 쪽에서도 평범한 역할을 맡기기를 꺼렸어. 좀 아깝지. 이런 말 하기는 그렇지만, 아쓰미 씨는 인기 절정일 때도 도라 씨를 끝내고 좀 다른 역을 하고 싶었을 거야.

고레에다 그 정도로 시리즈가 오래 이어지면, 짊어진 게 많아서 그만
둘 수 없었을지도 모르겠네요……. 그 밖에 함께 연기하고
싶었던 사람은 있나요?

키키 으음…… 연기 스타일이 달라서 난 만나지 못했지만, 다카
쿠라 겐[76] 씨랑 제대로 해보고 싶었어. 그만큼 야쿠자 외길
이 어울리는 사람도 없잖아. 그 사람이 야쿠자 역할을 하던
시절에 내가 지금 나이였다면, 대대로 이어져 내려온 가게의
주인 역을 해보고 싶었어. 다카쿠라 겐 씨는 의외로 연기를
알아. 나처럼 꾸며낸 티가 나는 쉬운 연기를 안 하는 사람이
야(웃음).

고레에다 다카쿠라 겐 씨라는 건 의외네요. 연기를 안다는 건 언제 그
렇게 생각하셨어요?

키키 〈이제부터─해변의 여행자들〉[77]이라는 TV 드라마. 주연이
겐 씨였는데 젊은데도 양로원에 들어가는 역할이었어. 다 알
고서 연기를 자제한다거나, 그런 걸 알겠더라고. 그전까지는
그냥 괜찮은 남자였고, 야쿠자 영화에서 칼을 스윽 빼는 모
습을 보고 스타라고 생각했지(웃음).

고레에다 그런데 '배우'였군요.

키키	입을 다물고 아무것도 안 하는 것처럼 보여도 제대로 느끼면서 하고 있어. 뛰어난 배우라는 걸 잘 알겠더라고. 겐 씨도 그렇고 아쓰미 씨도 그런데, 한 시대를 풍미한 사람은 그저 운이 좋아서 그리 된 게 아냐. 가쓰 신타로[78] 씨처럼 처음부터 실력이 있고 연기를 좋아하는 사람과는 달라도, 다들 그렇게 될 만한 자질을 지니고 있었지. 그걸 지금에야 알게 됐어요. 정말 아쉬워, 함께하지 못해서.
고레에다	가쓰 씨랑도 한 번도 같이 안 하셨어요?
키키	아니, 했지. 〈속續·주정뱅이 박사〉[79] 같은 작품에서. 하지만 가쓰 씨가 가장 괜찮았을 때 하진 않았어. 개인적으로는 잘 알거든. 그래서 아쉽게 지나가버렸구나 싶지.
고레에다	가쓰 씨와 함께라면 재밌었겠죠. TV에서도 상당히 자유롭게 하시던 분이니까요. 키린 씨랑은 잘 맞았을 것 같아요.
키키	나를 '유키'라고 부르는데, "유키, 네 뒤로 다들 너의 연기를 뒤쫓아 왔잖아. 모모이 가오리도 그렇고, 다나카 유코도 그렇고. 하지만 현시점에서 너를 능가하는 건 한 명도 없지"래. 난 "그런 건 큰 소리로 말해줘" 했어(웃음). 또 내가 〈카게부샤〉[80]를 두고 "가쓰 씨, '그런 짓' 하지 말고 했으면 좋았을 텐데" 했더니 "유키, 구로사와 씨 작품이라도 별로인 건 있어"래(웃음) 당초 주연으로 기용되었던 가쓰 신타로는 촬영 시작 후 구로사와 충

돌하여 하차했고, 구로사와의 영화 〈란〉의 주연으로 내정되어 있었던 나카다이 다쓰야가
대신 주연을 맡았다.

고레에다 확실히 〈카게무샤〉는 가쓰 씨 주연으로 보고 싶긴 했어요.
구로사와 감독이 남긴 스케치를 보면 완전히 가쓰 씨로 그려
놨으니까요.

키키 나카다이 다쓰야[81] 씨랑 얘기한 적이 있어요. "나카다이 씨,
괴로웠지요?" 물었더니 "괴로웠어"래. 세상 사람들이 이러니
저러니 말 많은 가운데 연기하는 건…….

고레에다 힘드셨겠네요.

키키 어느 시대건 그렇지. 가쓰 씨처럼 배우라는 업에 푹 빠져 있
는 사람이 정말로 사라졌어.

고레에다 가쓰 씨도 연예 정보 프로그램에 대처하는 걸 즐기는 듯한
면모가 어딘가 있는데, 키린 씨랑 비슷하네요.

키키 가쓰 씨는 상대가 좋아하는 여자 배우일 때는 연기가 길어져
(웃음). 〈자토이치〉[82]에서도 히구치 가나코[83]와의 목욕 장면을
되게 길게 찍었지. 그런 점이 귀여워.

고레에다 다나카 구니에[84] 씨는 어떤가요?

키키　　　　다나카 구니에 씨는 아주 좋지만, 뭐랄까…… 색깔이 하나라서. 단, 그 사람의 난투 장면은 무척 섹시해. 〈포리捕吏 도부〉[85]라는 드라마에서 '도부'라고 불리는 포리 역을 다나카 씨가 하셨는데, 난투를 잘해서 섹시해요. 칼로 휙휙 베어나가는 게 아니라 몸으로 부딪쳐나가는 느낌인데, 그 살이 부딪치는 소리까지 포함해서 말이야. 다들 빼어난 데가 있구나 싶어요.

고레에다　마쓰다 유사쿠 씨랑은요?

키키　　　　내가 '6월극장'[86]이라는 극단에 있었을 때 유사쿠가 연습생으로 입단해서 한번 만났어.

고레에다　그 뒤로는요?

키키　　　　〈안녕, 친구〉[87]라는 영화를 같이했어. 난 누나 역할이었지. 그때 유사쿠에게 "당신 말이야, 쇼켄(하기와라 겐이치[88]) 씨랑 똑같은 연기를 하면 안 돼"라고 말한 적이 있어.

고레에다　마쓰다 씨는 그 시절 쇼켄과 하라다 요시오 씨를 동경했죠. 시름은 그 빈내도 의거질 수도 있지만, 명백히게 쇼켄괴 히라다 씨의 모방에서 시작했어요.

키키　　　　내가 한 말은 안 들었을 거야.

고레에다   하지만 본인도 알고 있었겠죠.

키키   그리고 시간이 꽤 지난 뒤 〈가족 게임〉[89] 무렵부터 달라졌던 것 같아.

고레에다   쇼켄은 어때요?

키키   왠지 아깝게 느껴져요쇼켄은 음주운전, 폭행, 폭언 등의 사건을 종종 일으켰고, 대마 불법 소지와 공갈로 인해 두 차례 징역형을 선고받아 활동을 중단했다.

고레에다   저는 제 세대가 세대인 만큼 가장 동경했어요.

키키   〈친애하는 어머님께〉[90] 같은 작품에서 매력적이었지.

고레에다   섹시했어요. 몇십 번이나 봤죠. 굉장히 좋아했어요.

키키   〈상처투성이 천사〉[91]에서도 매력 있었어. 아까워.

고레에다   분가쿠자의 분열 소동에 대해서도 여쭤봐도 될까요. 1963년, 분가쿠자의 중견 단원 및 청년 단원 스물아홉 명이 퇴단해서 아쿠타가와 히로시 씨를 중심으로 '극단 구모雲'[92]를 결성했죠. 하지만 키린 씨는 분가쿠자에 남으셨어요.

키키   응. "할머니랑 젊은 연습생밖에 없는 극단에서 할 생각은 없다"라며 하시즈메(이사오)랑 야마자키(쓰토무) 씨, 가토 하루코 씨, 기시다 교코[93] 씨 등 쟁쟁한 사람들이 다들 구모 쪽으로 가버렸어. 난 그런 생각이 없었으니 그대로 남았지. 하지만 남은 사람 가운데 또 새롭게 뭔가를 하고 싶다는 이가 나와서 이번에는 그쪽으로 붙었어. 별로 주체적이지 않네.

고레에다   그게 기시다 신[94] 씨가 결성한 6월극장이죠. 그때 키린 씨는 기시다 씨와 결혼했었고요.

키키   난 제대로 얘기하고 싶어. 하지만 우리 집 영감이…….

고레에다   싫어하세요?(웃음)

키키   "그런 거 아무도 모르는데 왜!"래. 난 "아냐, 안 그래. 역사니까"라고 대꾸하지만 "인정 못 해!"라나. 자긴 어떻고(웃음).

고레에다   기시다 씨는 아주 지성이 느껴지는 배우지요.

키키   역시 나랑 만나지 않았다면 기시다 신 씨는 아직 살아 있었을 거야. 못 먹는 술을 먹기 시작하더니 아주 이상해졌으니까. 수명이 확 줄어든 이유가 나한테도 있는 것 같아.

고레에다   그건 어째서죠?

키키 나와의 이혼 소동이라든가, 이것저것. 만약 내가 그 사람 어머니였다면 죽여도 시원찮을 정도로 화가 나겠지. 실제로 무슨 일이 있었던 건 아니지만, 나 같은 거랑 만나버린 아들이 딱해 죽겠다고 생각했을 게 틀림없어. 그것도 어쩔 수 없지, 인연이니까 하고 생각하는 반면 이제 와서는 부끄러운 데가 있어.

마쓰다 유사쿠가 열여섯 살 때 6월극장의 연습생이 됐는데, 그 뒤 어머니 말을 듣고 미국 고등학교에 들어갔다가 돌아와서 분가쿠자에 입단했거든요. 아아, 열심히 하는구나 하던 즈음에 그가 주연한 〈탐정 이야기〉[95]에 카메오 출연 제의가 들어와서 나가겠다고 했어. 마쓰다 유사쿠에게 기시다 신, 구사노 다이고[96] 그리고 나는 배우의 시작점인 6월극장에서 만난 사람들이니까⋯⋯.

고레에다 아주 소중하겠군요.

키키 응. 한번은 말이지, 하라다 요시오 씨 집에 유야 씨랑 기시다 씨가 따로 왔대. 그래서 유사쿠를 비롯한 모두가 두 사람이 마주치지 않게 하려고 고심했다나. 유야 씨가 화장실에 가면 다 따라가고(웃음).

고레에다 (웃음).

키키 그런 에피소드가 있었던 모양이야. 이제 누가 먼저 갈지 모르

겠지만, 유야 씨가 죽으면 그런 이야기도 제대로 하려고 해.
언제였던가, 기시다 신의 책이 나와서 나한테 취재가 들어왔
거든. 물론 취재에 응했는데, 유야 씨가 그걸 두고 엄청 화내
는 거야. 왜 그리 화내는지 잘 모르겠어. ……하지만 유야 씨
는 기본적으로 사람이 쾌활하거든. 대체로 자기한테 불리한
일은 모른 척하고 내 싫은 점에 대해서는 화를 내지(웃음).
이런 일도 있었어. 어떤 여자 배우랑 유야 씨가 동거하던 무
렵 유야 씨한테서 한밤중에 전화가 왔어. 동거하는 건 몰랐
지만 공개 연애 중이었거든. 유야 씨가 말하기를 "그 녀석이
바람을 피웠어!"라더군(웃음). "상대는 ○○○○야. 지금 그 집
에 전화해서 따졌어"라기에 "집에 있던가요?" 물었더니 "아
니, 없어서 부인이 받더라"래. 그 부인도 배우야. "그 녀석(부
인) 특이하던데! '나랑은 관계없어요'라고 지껄이더라"래. 그
뒤 당사자를 불러서 된통 을러댄 모양인지 결국 그 부부는
헤어졌어. 본인도 불륜 상대였던 여자 배우랑은 헤어졌지만
말이야. ……대체 누구한테 전화를 거는 거람. 정말이지 도
리가 아니야.

고레에다   도리가 아니네요(웃음). 하지만 예전에 키린 씨는 "다시 태어
나도 또 우치다 씨랑 결혼하실 거예요?"라는 질문에 "이제 만
나기 싫어. 만나면 또 좋아하게 될 테니까"라고 대답하셨죠?

키키   누가 했어, 그런 말.

고레에다 키린 씨가 하셨는데요(웃음).

키키 입에서 나오는 대로 한 말이네. 지금은 좀…… 역시 인간은 변하니까요. 하지만 분명히 말할 수 있는 건, 우치다 유야 같은 사람이 남편이라서 누름돌은 된다는 거야.

고레에다 누름돌?

키키 응, 내 누름돌. 그 사람이 없었다면 더욱 방자하고 고약한 사람이 됐을 거거든. "그건 고마웠어"라고 본인한테 말했더니 "어, 그래. 그럼 당신은 행복한 거네"래. "응, 행복해요. 당신은 어때요?" 했더니 "나도 행복해"라나(웃음).

앞서 말한 야나이 미치히코 씨의 무료 잡지 〈월간 바람과 록〉에도 나오는 이야기인데, 새로 지은 집을 우치다 유야 씨가 보더니 "왜 내 방에는 욕조가 없는 거야?"라며 화를 냈다고 한다. 그때 키린 씨의 대답이 멋지다. "록rock은 샤워잖아요." 유야 씨는 납득하지 못하고 말했다. "록도 욕조에 들어가고 싶을 때가 있잖아" "아니, 록은 욕조에 들어가면 안 되지요."

이런 이야기를 할 때의 키린 씨는 모리시게 씨 때와 마찬가지로 음색까지 흉내 내며 부부의 대화를 1인 2역으로 재현해준다.

키린 씨가 수상 후 인터뷰에서 "축하 꽃나발은 일절 받지 않겠습니다"라고 말했다는 것을 듣고 "그런 말을 하면 꽃집이 불쌍하잖아. 꽃집도 장사해야 되니까 잠자코 받아둬" 했다는 유야 씨. 키린 씨는 "그런 건 그 사람 쪽이 기본이 됐어"라며 감싼다.

인터뷰에서도 언급한 기시다 신 씨 관련 질문에 대해서는 "그것만은 좀……" 하며 드물게 말끝을 흐렸다. "우치다가 싫어해. 자기랑 만나기 전의 이야기를 하는 건……" 그렇게 말했을 때 키린 씨의 표정은 사랑에 빠진 소녀처럼 수줍어서, 보고 있는 쪽이 저도 모르게 부끄러워질 정도였다.

1 나베야요코초鍋屋横丁

도쿄도 나카노구의 혼초와 주오를 남북으로 가르는 상점가. 에도 시대 때 현재 스기나미구 호리노우치에 있는 묘호지妙法寺로 향하는 큰길로 번성했고, 그중에서도 교차로의 휴게소 찻집 '나베야'가 유난히 장사가 잘되어 이 이름이 붙었다.

2 진세이자人世坐

한때 도쿄도 도시마구의 이케부쿠로역 동쪽 출구 근처에 있었던 영화관. 1948년에 작가 미스미 칸이 아직 일대가 불탄 벌판이던 이케부쿠로에 지었다. 이름은 '사람人의 세상世을 지킨다坐'라는 미스미의 신조에서 유래했다. 명화 극장으로서의 지위를 확립했으나 1968년에 폐관했다.

3 아방가르드

주로 예술·문화·정치 분야의 실험적이고 혁신적인 작품이나 사람들을 가리킨다.

4 〈카르멘 고향에 돌아오다カルメン故郷に帰る〉

1951년 개봉한 기노시타 게이스케 감독의 영화. 일본 최초의 '총천연색 영화'로 개봉해 화제를 모았다. 주연 다카미네 히데코는 동명의 주제가도 불렀다.

5 이마이 다다시今井正 (1912~1991)

영화감독. 도쿄 출생. 도쿄테이코쿠대학을 중퇴하고 도호의 전신인 J. O. 스튜디오에 입사 후 1939년 〈누마즈 사관학교〉로 감독 데뷔했다. 1949년 〈푸른 산맥〉이 크게 흥행한 뒤, 도호에서 나와 독립했다. 1957년 개봉한 〈순애보〉로 베를린국제영화제 은곰상(감독상), 1963년 개봉한 〈무사도 잔혹 이야기〉로 같은 영화제 금곰상(최우수 작품상)을 수상했다. 대표작으로 〈다시 만날 때까지〉〈산단의 탑〉〈한낮의 암흑〉〈기쿠와 이사무〉〈다리 없는 강〉 등이 있다.

6 〈힘겹게 살고 있다どっこい生きてる〉

1951년 개봉한 이마이 다다시 감독의 영화. 비토리오 데시카 감독의 〈자전거 도둑〉 등 네오레알리스모제2차 세계대전 전후로 이탈리아에서 일어난 영화 운동. 허구적인 스토리보다 노동자 계급의 절망적인 현실을 다루었으며, 이탈리아 네오리얼리즘이라고도 한다 작품의 영향을 짙게 반영하고 있다.

7 다카미네 히데코高峰秀子 (1924~2010)

배우·작가. 홋카이도 출생. 1929년 개봉한 〈어머니〉에 출연하여 천재 아역 스타로 활약했다. 1949년 개봉한 〈긴자 캉캉 아가씨〉에서는 주제가도 불렀는데 42만 장이 팔린 히트곡이 되었다. 도호, 신도호를 거쳐 이듬해 독립했다. 기노시타 게이스케, 나루세 미키오, 오즈 야스지로 등 거장 감독의 명작에 많이 출연했다. 대표작으로 〈작문 교실〉〈말馬〉〈세설〉〈24개의 눈동자〉〈부운〉〈기쁨도 슬픔도 하세월〉〈방랑기〉 등 다수가 있다. 1979년 배우를 은퇴하고 작가로 활동 중이다.

8 〈하나레 고제 오린はなれ瞽女おりん〉

1977년 개봉한 시노다 마사히로 감독의 영화로 미즈카미 쓰토무의 동명 소설을 영화화했다. 주연은 이와시타 시마가 맡았다.

9   나카타니 조스이中谷襄水 (1917~1989)

키키 키린의 아버지. 사쓰마비파 연주자로 1978년 사쓰마비파 긴신류 6대 회장에
취임했다. 키키의 여동생 쇼코는 아라이 시스이라는 이름으로 아버지의 뒤를 이어
비파 연주자가 되었고, 그 아들 역시 아라이 세이스이라는 이름으로 활동 중이다.

10   찰리 채플린Charles Chaplin (1989~1977)

배우·영화감독·코미디언. 영국 런던 출생. 1908년 극단 프레드카노에 들어가 간
판 청년 배우가 되었고, 그 후 미국의 키스톤영화사에 들어가 1914년 〈생활비 벌
기〉로 영화 데뷔, 채플린이 연기한 부랑자가 펼치는 슬랩스틱 코미디가 인기를 얻
었다. 1952년 매카시즘의 광풍으로 미국에서 추방되어 만년을 스위스에서 보냈다.
1972년 아카데미상 공로상 수상을 위해 20년 만에 미국을 방문했다. 대표작으로
〈키드〉〈파리의 여인〉〈황금광 시대〉〈서커스〉〈시티 라이트〉〈모던 타임즈〉〈위대
한 독재자〉〈살인광 시대〉〈라임라이트〉 등이 있다.

11   하이유자俳優座

1944년 오자와 에이타로, 센다 고레야, 도노 에이지로, 히가시야마 지에코 등이 설
립한 극단으로 분가쿠자, 극단 민게이와 함께 일본을 대표하는 신극단 중 하나다.

12   극단 민게이民藝

도쿄예술극장의 다키자와 오사무를 중심으로 신쿄新協 극단의 우노 주키치와 기
타바야시 다니에가 모여 결성한 민중예술극장을 전신前身으로 하여 1950년에 창
립됐다.

13 〈지붕 위의 바이올린〉

숄렘 알레이헴의 단편소설 「우유 장수 테비에」를 원작으로 한 1964년의 미국 뮤지컬. 일본에서는 1967년 도쿄테이코쿠극장에서 초연했고, 테비에 역은 1986년까지 900회에 걸쳐 모리시게 히사야가 맡았다.

14 오사다 히로시長田弘 (1939~2015)

시인·아동문학 작가. 후쿠시마현 출생. 와세다대학 제1문학부 재학 중이던 1960년에 시 잡지 〈새〉를 창간했고 1965년 시집 『우리들 신선한 여행자』로 데뷔했다. 아동 대상의 산문시집 『심호흡의 필요』가 스테디셀러가 되었다. 평론과 에세이 등도 집필했으며 대표작으로 『나의 20세기 서점』『마음속에 있는 문제』『기억을 만드는 법』『숲의 그림책』『운 좋게도 책을 읽는 사람』『세계는 아름답다고』『기적—미라클』등이 있다. 대담집 『질문하는 힘』에 고레에다와의 대담이 수록되었다.

15 하기모토 긴이치萩本欽一 (1941~)

코미디언·사회자. 도쿄 출생. 고마고메고등학교를 졸업한 뒤 도요東洋극장에 입단했다. 같은 계열인 아사쿠사프랑스자座로 가서 스트립쇼 막간 콩트로 실력을 연마했고, 거기서 전속 코미디언 안도롤(훗날의 사카가미 지로)을 만났다. 1966년 사카가미 지로와 '콩트 55호'를 결성, 후지TV의 공개 생방송 〈낮의 골든쇼〉로 큰 인기를 얻었으며 콩트 55호로 수많은 고정 방송을 맡았다. 1971년 〈스타 탄생!〉의 초대 사회자로 솔로 활동을 시작했다. 이듬해에는 라디오 방송 〈긴 짱의 마음껏 말해보자!〉를, 1975년부터는 공개 TV 방송 〈긴 짱의 마음껏 해보자!〉를 시작했다. 대표작으로 〈올스타 가족 대항 노래 대결〉〈긴돈앞서 나온 두 방송의 약칭! 좋은 아이 나쁜 아

이 보통 아이〉〈긴 짱의 어디까지 하는 거야?!〉〈긴 짱의 주간 긴요일〉〈정답 딩동
딩동〉 등이 있다.

16 놀려고 태어난 것인가遊びをせんとや生まれけむ

혜이안 시대 말기에 편찬된 가요집 『료진히쇼梁塵秘抄』에 실린 동심을 노래한 시의
한 구절. "놀려고 태어난 것인가. 아니면 장난을 치려고 태어난 것인가. 천진하게 놀
고 있는 아이들의 까부는 소리를 들으면 어른인 내 몸까지 덩달아 저절로 들썩거릴
것 같다." 구제 데루히코는 〈모든 읽을거리〉라는 소설지에서 「놀려고 태어난 것인가」
라는 에세이를 연재, 같은 제목의 유고집이 2009년에 출간되었다.

17 가와사키 도루川崎徹 (1948~)

CF 연출가. 도쿄 출생. 와세다대학 정치경제학부를 졸업하고 덴쓰영화사에 입사
했다. 긴초루가정용 살충제 제품명의 "돈데렐라, 신데렐라'날고 있어(돈데루)', '죽었어(신데루)'
와 발음이 비슷하다는 데서 착안한 문구"와 "파리 파리 모기 모기 모기 긴초루", 후지필름
의 "나름대로", 산토리의 "생맥주 통" 등 수많은 유행어를 낳은 히트 CF를 만들었다.
1980년대에는 이토이 시게사토, 나카하타 다카시 등과 더불어 광고 붐의 주역이 되
었다. 소설 『고양이의 물에 잠기는 개구리』 등 저작도 여럿 있다.

18 센 나오코硏ナオコ (1953~)

가수·코미디언. 시즈오카현 출생. 1971년 도호레코드의 첫 번째 가수로서 〈대도시
의 떠돌이 여자〉로 데뷔했다. 1976년 〈안녕〉이 히트하여 일본레코드대상 가창상 수
상, 대표곡으로 〈갈매기는 갈매기〉〈여름을 포기하고〉〈울려줘〉 등이 있다. 가수 활

동뿐만 아니라 수많은 CF와 예능 프로그램에도 출연하고 있다.

19 〈꿈에서 만나요夢であいましょう〉

NHK에서 1961년부터 1966년에 방영한 예능 프로그램. 매회 주어지는 주제에 따른 짧은 콩트로 진행되었으며, 그 사이에 춤이나 재즈 연주, 외국곡 가창 등이 삽입되었다. 〈위를 보고 걷자〉〈멀리 가고 싶어〉〈안녕 아가야〉 등 수많은 히트곡이 탄생하기도 했다.

20 다나카 가쿠에이田中角栄 (1918~1993)

정치가. 니가타현 출생. 1972년부터 1974년에 제64·65대 내각총리대신을 역임했다.

21 가모시타 신이치鴨下信一 (1935~)

연출가·TV 프로듀서. 도쿄 출생. 도쿄대학 문학부를 졸업한 뒤 라디오도쿄에 입사했다. 〈강변의 앨범〉과 〈들쑥날쑥한 사과들〉을 연출했고 대표작으로 〈여자의 집〉〈추억 만들기〉〈아내들의 로쿠메이칸〉〈고교 교사〉〈부인의 험담〉〈이상적인 상사〉 등이 있다. 무대로도 활약의 장을 넓혀 시라이시 가요코가 출연한 〈괴담 놀이 시리즈〉 등에도 연출했다.

22 〈고하야가와가의 가을小早川家の秋〉

1961년 개봉한 오즈 야스지로 감독의 영화. 오즈가 도호로 초빙되어 연출한 유일한 작품이며 모리시게 히사야, 고바야시 게이주, 후지키 유, 사잔카 규, 아라타마 미치요, 단 레이코 등 당대 크게 히트한 〈사장 시리즈〉의 개성 넘치는 도호 전속 배우들이 총출동했다. 오즈는 모리시게나 사잔카와 같이 애드리브가 특기인 배우를 좋아하지 않아서, 두 사람이 오즈에게 연출에 대한 불만을 제기했을 때 "경연극경쾌하고 풍자적인 대중연극 연기는 필요 없어"라고 호통을 쳤다 한다.

23 더 스파이더스

1961년 다나베 쇼치가 결성한 그룹사운드 밴드. 대표곡으로 〈태양이 울고 있어〉 〈어쩐지 어쩐지〉 〈그때 그대는 젊었어〉 등이 있다. 사카이 마사아키, 이노우에 준, 가야마쓰 히로시 세 사람을 중심으로 펼쳐지는 경쾌한 입담으로도 인기가 높았다.

24 울트라맨

〈시간 됐어요〉 세 번째 시리즈에 등장. 사카이 마사아키가 연기하는 '겐'이 궁지에 몰렸을 때 "그래! 울트라맨을 부르자!"라고 외치면 실제로 울트라맨이 하늘에서 날아오는 난센스한 개그가 프로그램의 인기 요소가 되었다.

25 가지 메이코梶芽衣子 (1947~)

배우·가수. 도쿄 출생. 1965년 영화 〈슬픈 이별의 노래〉로 데뷔했고, 대표작으로 〈일본잔협전〉 〈길고양이 록 시리즈〉 〈여죄수 사소리 시리즈〉 〈의리 없는 전쟁—히로시마 사투편〉 〈수라설희 시리즈〉 〈대지의 자장가〉 〈소네자키 동반 자살〉 등이 있다. 가지는 〈데라우치 간타로 일가〉의 큰딸 역을 제안받았을 때 "〈여죄수 사소리 시리즈〉 같은 어두운 작품을 한 직후에 홈드라마를 할 용기가 없다"라고 거절했으나, 연출가 구제 데루히코가 "그 딸 역할에 밝은 태양은 필요 없다. (아버지가 돌을 떨어트려서 다리에 장애가 생긴 역할이므로) 다소 그늘이 없으면 곤란하다"라며 설득했다고 한다.

26 사이조 히데키西城秀樹 (1955~2018)

가수·배우. 히로시마현 출생. 1972년 싱글 앨범 〈사랑하는 계절〉로 데뷔했고, 〈정열의 폭풍〉〈사랑의 십자가〉〈상처투성이 로라〉〈영 맨Y.M.C.A〉〈갸란두〉 등 다수의 대표곡이 있다. 1974년 〈데라우치 간타로 일가〉에 장남 역으로 출연했다. 연출가 구제 데루히코가 "진심으로 해!"라고 지시한 것으로 알려진, 고바야시 아세이가 연기하는 아버지와의 드잡이 신이 명장면이 되었다. 한번은 툇마루에서 밀려 떨어져 팔뼈가 부러졌는데, 다다음 날 깁스를 하고 온 그를 구제가 그대로 촬영했다. 그리하여 마당으로 굴러떨어진 장남이 기어 올라오자 어째서인지 이미 깁스를 하고 있는 난센스한 장면이 탄생했다고 한다.

27 아사다 미요코浅田美代子 (1956~)

배우·방송인. 도쿄 출생. 고등학교 2학년 때 스카우트되었고 〈시간 됐어요〉 세 번째 시리즈의 신인 오디션에서 2만 5000명 가운데 뽑혔다. 가사 도우미 미요 역으로 데뷔했고, 별이 가득한 하늘을 올려다보며 부르는 〈붉은 풍선〉은 1년 만에 50만 장 가까이 팔렸다. 1977년 요시다 다쿠로와 결혼, 연예계를 은퇴하고 가사에 전념하다 1983년에 이혼 후 연예계 활동을 재개했다. 대표작으로 드라마 〈데라우치 간타로 일가〉와 영화 〈낚시 바보 일지 시리즈〉 등이 있다. 2019년 키키가 처음이자 마지막으로 기획한 영화 〈에리카 38〉에서 45년 만에 주연을 맡았다.

28 이토 시로伊東四朗 (1937~)

배우·코미디언·방송인. 도쿄 출생. 희극 배우 이시이 긴의 일좌一座 예능이나 가부키 등을 주최하는 단체에 들어갔다. 1961년 미나미 신스케, 도쓰카 무쓰오와 함께 '게으름

트리오'를 결성(이듬해 '전복轉覆 트리오'로 개명). 1975년 이후 〈보기 좋을 때! 먹기 좋을 때! 웃기 좋을 때!〉의 부자父子 콩트와 '전선 온도전선맨'이라는 캐릭터가 나와 다른 출연진들과 함께 노래하고 춤추는 코너. 참고로 온도音頭는 여러 사람이 노래에 맞춰 춤을 추는 것' 등으로 인기를 얻었고, 1977년에는 TV 드라마 〈무〉에서 와타나베 미사코의 남편 역으로 나와 큰 사랑을 받았다. 1983년 NHK 연속 TV 소설 〈오싱〉에 아버지 역으로 출연한 이후로는 연기를 중심으로 활동했다. 대표작으로 드라마 〈도쓰카와 경위 시리즈〉 〈제니가타 헤이지〉, 영화 〈마루사의 여자〉 〈민보의 여자〉, 예능 〈이토가家의 식탁〉 등 다수가 있다.

29 고 히로미郷ひろみ (1955~)

가수·배우. 후쿠오카현 출생. 1971년에 자니즈사무소아이돌 그룹이 다수 소속되어 있는 유명 연예 기획사에 들어갔고, 1972년 NHK 대하드라마 〈신 헤이케 이야기〉로 배우 데뷔했다. 같은 해 데뷔곡 〈소년 소녀〉로 일본레코드대상 신인상 수상 후 1977년 TV 드라마 〈무〉에 출연했다. 이듬해 〈무 일족〉의 삽입곡 〈사과 살인 사건〉이 〈더 베스트 텐〉에서 그의 첫 가요 프로그램 1위 곡이 되었다. 대표곡으로 〈잘 부탁해 애수〉 〈신부 삼바〉 〈애수의 카사블랑카〉 〈2억 4000만 개의 눈동자〉 〈말하지 못해〉 〈보고 싶어서 견딜 수 없어〉 등이 있다.

30 아마지 마리大地眞理 (1951~)

가수. 사이타마현 출생. 1971년 〈시간 됐어요〉 두 번째 시리즈에서 목욕탕 종업원 역 오디션을 보고 최종 심사에서 불합격했으나 주연 모리 미쓰코가 연출가 구제 데루히코에게 새로 등장하는 인물로 출연시킬 것을 제안하여, 겐(사카이 마사아키)

이 일편단심 동경하는 '이웃집 마리'로 등장해 각광을 받았다. 같은 해 싱글 〈물빛
사랑〉으로 데뷔했으며, 대표곡으로 〈혼자가 아냐〉〈무지개를 건너〉〈새잎의 속삭
임〉〈사랑과 바다와 티셔츠와〉 등이 있다.

31 기시모토 가요코岸本加代子 (1960~)

배우. 시즈오카현 출생. 1976년에 스카우트되어 연예기획사 게이에이芸映에 들어갔
고, 1977년 드라마 〈무〉로 데뷔하여 아이돌 배우로서 한 시대를 풍미했다. 대표작
으로 드라마 〈한밤중의 히어로〉〈아나운서 이야기〉〈진짜 좋아해!!〉 등이, 영화 〈하
나비〉〈기쿠지로의 여름〉 등이 있다.

32 〈사과 살인 사건林檎殺人事件〉

1978년에 발매된 고 히로미의 스물일곱 번째 싱글. 〈도깨비의 록〉에 이은 키키와의
듀엣곡. 〈더 베스트 텐〉에서는 4주 연속 1위에 빛났고, 3주째 1위를 한 방송에서는
사회자인 구메 히로시, 구로야나기 데쓰코와 같은 의상으로 등장했는데 이는 키키
의 제안에 따른 것이었다.

33 〈여덟 시야! 전원 집합8時だョ! 全員集合〉

1969~1985년에 TBS 계열에서 방송한 버라이어티 프로그램. 더 드리프터스음악 밴드
및 콩트 그룹가 선보이는 콩트, 게스트 출연자의 노래, 체조 또는 합창단 등이 펼치는
짧은 콩트 위주의 구성으로 기본적으로는 공개 생방송이었다. 연출가 구제 데루히
코는 드라마에 희극적 요소를 집어넣기 위해 스스로 이 대인기 버라이어티쇼의 문
을 두드려 콩트 코너의 몇 차례 연출을 담당했다.

34 후쿠야마 마사하루福山雅治 (1969~)

싱어송라이터·배우. 나가사키현 출생. 1993년 드라마 〈한 지붕 아래〉에 출연하여 전국적인 인기를 얻었다. 드라마 출연작으로 〈료마전〉〈갈릴레오 시리즈〉 등이 있다. 고레에다 작품 중에서는 〈그렇게 아버지가 된다〉와 〈세 번째 살인〉에서 주연을 맡았다.

35 요시다 다쿠로吉田拓郎 (1946~)

싱어송라이터·작곡가. 가고시마현 출생. 1971년 〈결혼하자〉가 40만 장의 판매고를 올리며 대히트했다. 〈여행의 숙소〉〈입술을 깨물며〉〈여름방학〉〈낙양〉〈밖은 하얀 눈이 내리는 밤〉 등 다수의 대표곡이 있다. 모리 신이치의 〈에리모곶〉, 가마야쓰 히로시의 〈내 좋은 친구여〉, 모리야마 료코의 〈노래해 석양의 노래를〉, 캔디즈의 〈다정한 악마〉, 이시노 마코의 〈늑대 따위 무섭지 않아〉 등 여러 곡을 다른 가수에게 주었다. 아사다 미요코와는 1977년 결혼해 1983년 이혼했다.

36 이집트

〈무 일족〉 26, 27화는 이집트에서 현지촬영했다.

37 〈선생님의 가방センセイの鞄〉

2003년 2월 16일 WOWOW의 〈드라마 W〉 첫 번째 작품으로 방영됐고, 원작은 가와카미 히로미의 동명 소설이다. 제40회 갤럭시상 선장, 문화청예술제상 우수상 등 여러 상을 수상했다. 지상파에서는 2004년 후지TV에서 방영됐다.

38 에모토 아키라柄本明 (1948~)

배우. 도쿄 출생. 아내는 쓰노가에 가즈에, 아들은 에모토 다스쿠와 에모토 도키오, 첫째 며느리는 안도 사쿠라다. 1974년에 입단한 '지유自由극장'에서 나와 벤가루, 아야타 도시키와 함께 '극단 도쿄칸덴치東京乾電池'를 결성했다. 개성 있는 용모와 독특한 존재감으로 진지한 역할에서 코믹한 인물까지 연기 스펙트럼이 넓다. 고레에다 작품 중에는 〈환상의 빛〉과 〈어느 가족〉에 출연했다.

39 고이즈미 교코小泉今日子 (1966~)

배우·가수. 가나가와현 출생. 1982년 싱글 〈나의 열여섯 살〉로 데뷔했다. 〈물가의 하이칼라 인어〉 〈야마토 나데시코 일곱 가지 변화〉 〈뭐라 해도 아이돌〉 등의 히트곡이 있으며, 주연을 맡은 드라마 〈안미쓰미쓰마메(정육각형으로 자른 우무에 삶은 붉은완두나 과일 등을 넣고 당밀을 뿌린 음식) 위에 팥소를 올린 것 공주〉로 배우로서도 화제를 모았다. 영화 대표작으로 〈학생 여러분!〉 〈바람꽃〉 〈공중정원〉 〈구구는 고양이다〉 〈도쿄 소나타〉 〈매일 엄마〉 〈먹는 여자〉 등이 있다.

40 모모이 가오리桃井かおり (1951~)

배우. 도쿄 출생. 1975년 구라모토 소 각본의 TV 드라마 〈친애하는 어머님께〉에서 우미 역으로 호평을 받으며 인기를 얻었다. 대표작으로 〈행복의 노란 손수건〉 〈이제 턱은 괴지 않아〉 〈도쿄 야곡〉 〈게이샤의 추억〉 〈마법의 기모노〉 등이 있다.

41 고바야시 가오루小林薰 (1951~)

배우. 교토 출생. 가라 주로가 주재한 극단 조쿄状況극장을 거쳐 연기파 배우로 영

화와 드라마에서 활약하고 있다. 대표작으로 드라마 〈싱싱한 녀석〉〈거친 녀석들〉
〈언덕 위의 해바라기〉〈심야식당〉〈카네이션〉 등이, 영화 〈소레카라〉〈운타마 기
루〉〈비밀〉〈여름의 끝〉 등이 있다.

42　니시카와 미와西川美和 (1974~)

영화감독·소설가. 히로시마현 출생. 와세다대학 제1문학부를 졸업한 뒤 고레에다
의 영화 〈원더풀 라이프〉에 프리랜서 스태프로 참여했다. 2002년 직접 각본을 쓴
블랙 코미디 〈뱀딸기〉로 감독 데뷔하여 수많은 일본 국내 영화상의 신인상을 수상
했다. 대표작으로 〈유레루〉〈우리 의사 선생님〉〈꿈팔이 부부 사기단〉〈아주 긴 변
명〉 등이 있다. 소설 『어제의 신』이 나오키상 후보에, 『아주 긴 변명』이 야마모토
슈고로상과 나오키상 후보에 올랐다.

43　〈겨울 운동회冬の運動会〉

TBS의 〈기노시타 게이스케·인간의 노래 시리즈〉로 1977년에 방영. 기무라 이사오,
이시다 아유미, 네즈 진파치, 가토 하루코 등이 출연했다. 1985년 시나리오집이 신
초문고에서 나왔다.

44　〈무코다 구니코의 연애편지向田邦子の恋文〉

TBS에서 '텔레비전 50년 드라마 특별 기획'으로 2004년 1월 2일에 방영한 드라마.
원작은 무코다 구니코가 생전에 남긴 편지를 바탕으로 여동생 가즈코가 쓴 동명
에세이다. 야마구치 도모코, 기시베 잇토쿠, 후지무라 시호 등이 출연했다.

45   야마구치 도모코山口智子 (1964~)

배우. 도치기현 출생. 1986년 화학기업 도레이의 캠페인 걸로 데뷔했다. 1988년
NHK 연속 TV 소설 〈준 쨩의 응원가〉에서 주인공을 맡았다. 대표작으로 드라마 〈이
제 아무도 사랑 안 해〉 〈스물아홉 살의 크리스마스〉 〈롱 베케이션〉 〈무코다 구니코
의 연애편지〉 〈안녕 하리네즈미〉 〈부검의 아사가오〉 등이 있다. 고레에다 작품 중
에는 〈고잉 마이 홈〉에서 주연인 료타(아베 히로시)의 아내를 연기했다.

46   무코다 구니코의 연인

무코다 구니코에게는 열세 살 연상의 촬영감독 연인이 있었는데, 유부남이었기 때
문에 20대 후반에 한번 스스로 거리를 두었다가 다시 교제하기 시작했다. 무코다는
생활이 엉망이 되어가는 연인을 정신적으로뿐만 아니라 경제적으로도 지원했지만
그는 스스로 목숨을 끊었다.

47   사이토 후미齋藤史 (1909~2002)

시인. 도쿄 출생. 열일곱 살 때 와카야마 보쿠스이의 권유로 시를 짓기 시작, 1931년
마에카와 사미오 등과 〈단카 작품〉을 창간했다. 1936년의 2·26 사건으로 아버지를
통해 친교를 쌓았던 청년 장교 여러 명이 사형당했고, 이 경험이 그 뒤의 문학적 테
마가 되었다. 1940년 첫 시집 『어가魚歌』를 발표, 1993년 여성 시인으로는 처음으로
일본예술원 회원이 되었다. 1997년 『사이토 후미 전소 가집』으로 제20회 현대단카대
상을, 이듬해에는 무라사키시키부문학상을 수상했다.

48 『진빨강ひたくれなゐ』

1976년 후시키서원에서 출간. 제11회 조쿠상(단카계에서 가장 권위 있는 상)을 수상했다.

49 야나이 미치히코箭内道彦 (1964~)

크리에이터. 후쿠시마현 출생. 1990년에 도쿄예술대학을 졸업한 뒤 광고회사 하쿠호도를 거쳐 '바람과 록'을 설립했다. 주요 광고 이력으로 타워레코드의 '노 뮤직, 노 라이프' 캠페인, 리크루트의 〈제쿠시일본과 중국에서 발행하는 결혼 정보지〉, 산토리의 '호로요이알코올음료 제품명', 글리코의 '비스코비스킷 제품명' 등이 있다. 현재 고향 후쿠시마의 부흥에 힘을 쏟고 있으며, 도쿄예술대학 미술학부 디자인과 교수로도 재직 중이다.

50 〈월간 바람과 록月刊 風とロック〉

2005년 4월부터 2013년 9월까지 간행된 무료 월간지로 전국의 타워레코드에서 배포됐다. 2013년 4월호 특집은 '키키 키린', 9월호 특집은 '후쿠야마 마사하루·릴리 프랭키·고레에다 히로카즈'였다. 2013년 이후로는 비정기적으로 간행 중이다.

51 2·26 사건

1936년 2월 26~29일에 걸쳐 황도파일본 육군에 존재했던 파벌로 천황의 친정과 국가 개조를 주장했다의 영향을 받은 육군의 청년 장교들이 1,483명의 하사관을 이끌고 일으킨 쿠데타 미수 사건.

52 고바야시 다쓰오小林竜雄 (1952~)

각본가·평론가. 도쿄 출생. 와세다대학 졸업 후 1978년 각본 〈보다 유연하게 보다

274

억세게〉로 기도상 신인 각본가를 발굴하기 위한 상으로 영화 프로듀서이자 전 쇼치쿠 회장인 기도
시로의 이름에서 따왔다 준입상, 이듬해 후지타 도시야 감독이 영화화했다. 주요 각본
작품으로 영화 〈화이트 러브〉〈이제 턱은 괴지 않아〉 등이, 드라마 〈아이코 열여섯
살〉〈남자의 자리〉 등이, 저서 『무코다 구니코의 모든 드라마—수수께끼를 둘러싼
12장』『무코다 구니코—사랑의 모든 것』 등이 있다.

53　반도 다마사부로坂東玉三郞 (1950~)

가부키 배우 · 영화감독 · 연출가. 도쿄 출생. 1957년 〈스가와라 전수 수습감 · 데라코
야에도 시대에 사원에서 습자 스승이 상인 계급의 제자에게 읽기, 쓰기, 계산 등을 가르치던 학문 시설〉
의 고타로 역할로 무대 데뷔했다. 1964년 14대 모리타 간야의 예양자배우에게 자식이
없는 경우 능력이 있는 제자를 양자로서 인정하는 것가 되었고 5대 반도 다마사부로의 이름
을 계승했다. 가부키에서는 〈나루카미鳴神〉의 구모노타에마히메, 〈요시쓰네 천 그
루 벚나무〉의 시즈카 고젠, 〈스케로쿠 유연由縁의 에도 벚나무〉의 아게마키 등 '반
도 다마사부로' 하면 떠오르는 대표적인 역할이 많으며, 1984년에는 뉴욕의 메트
로폴리탄 오페라하우스 100주년 기념 공연에 초빙되었다. 1991년 영화 〈과외실〉로
감독 데뷔했고, 5대 반도 다마사부로로 30년 이상 활동 중이다. 2012년 중요무형문
화재 보유자(인간 국보)가 되었다.

54　〈꿈의 여자夢の女〉

1993년 개봉한 반도 다마사부로 감독의 영화로 나가이 가후의 동명 소설을 영화화
했다.

55 시노야마 기신篠山紀信 (1940~)

사진가. 도쿄 출생. 니혼대학 예술학부 사진학과에 재학 중이던 1961년 광고 제작 프로덕션 라이트퍼블리시티에 취직하여 APA상일본광고사진가협회의 공모전에서 주는 상 등 수많은 상을 받았다. 주요 사진집으로 『오야마 · 다마사부로』 『집』 『맑은 날』 『순간 포착 · 135명의 여자 친구들』 『모모에(야마구치 모모에 사진집)』 『Santa Fe(미야자와 리에 사진집)』 『TOKYO 미래세기』 『완전 소장판 더 가부키자座』 등이 있다.

56 요기샤夜樹社

키키의 1인 기획사 이름. 오쿠스 미치요와 기시베 잇토쿠도 소속되어 있었다. 기시베의 소속은 구제 데루히코의 소개로 이루어진 것이며, '잇토쿠'는 키키가 지은 이름이다.

57 오쿠스 미치요大楠道代 (1946~)

배우. 중국 톈진 출생. 1964년 닛카쓰에 스카우트되어 요시나가 사유리 주연의 영화 〈바람과 나무와 하늘과〉로 데뷔했고, 1967년 〈치인癡人의 사랑〉에서의 나오미 역할을 계기로 연기파 배우가 되었다. 〈악명 시리즈〉와 〈야쿠자 군대 시리즈〉에서 가쓰 신타로의 상대역을 연기했다. 대표작으로 〈소녀가 봤다〉 〈금환식〉 〈치고이너바이젠〉 〈아지랑이좌〉 〈철권〉 〈유메지〉 〈얼굴〉 〈공중정원〉 〈오시카 마을 소동기〉 등이 있다.

58 다나카 요조田中陽造 (1939~)

각본가. 도쿄 출생. 와세다대학을 졸업한 뒤 닛카쓰에 입사하여 스즈키 세이준 감독을 중심으로 한 각본팀 '구루 하치로'에 들어갔고, 닛카쓰 로망 포르노도산 위기에 처했던 닛카쓰에서 1970~1980년대에 제작한 저예산 포르노 영화를 일컫는 말의 전성기를 떠받쳤다. 대표작으로 〈살인의 낙인〉〈꽃과 뱀〉〈아아!! 꽃의 응원단〉〈지옥〉〈치고이너바이젠〉〈세일러복과 기관총〉〈상하이 반스킹〉〈눈의 단장斷章—정열〉〈카바레〉〈유메지〉〈선술집 유령〉〈여름의 정원—더 프렌즈〉〈뷔용의 아내—앵두나무와 민들레〉〈최후의 주신구라아코번藩의 가신들이 주군의 원수를 갚기 위해 적의 저택을 습격한 사건을 제재로 만든 가부키 등의 작품〉 등이 있다.

59 김희로 사건
1968년 2월 재일한국인 2세 김희로가 폭력단원을 사살한 뒤 스마타쿄 온천의 료칸에서 숙박객을 인질로 잡아 농성하며 민족 차별을 고발한 사건. 김희로는 체포되어 재판에서 무기징역을 선고받고 복역하다 1999년 가석방되어 한국으로 출국했다.

60 〈김의 전쟁—라이플마 살인사건金の戦争—ライフル魔殺人事件〉
후지TV 계열에서 방송한 〈실록 범죄사 시리즈〉 첫 번째 작품으로 1991년 방영. 원작은 혼다 야스하루의 『사전私戦』으로 하야사카 아키라가 각본을 맡았다.

61 비트 다케시ビートたけし (1947~)
코미디언 · 배우 · 영화감독. 도쿄 출생. 1983년 오시마 나기사 감독의 영화 〈전장의 메리 크리스마스〉에서 난폭한 중사 역을 호연했고, 주연 영화로 〈피와 뼈〉〈여자가 잠들 때〉 등이 있다. TV 드라마에서 실존 인물을 연기할 때가 많아 오쿠보 기요시연쇄 살인범, 야마구치파일본 최대 규모의 폭력 조직 3대 두목, 도조 히데키쇼와 시대의 군인이자 정치가, 다테카와 단시라쿠고가 등을 연기했다.

62 에노모토 겐이치榎本健一 (1904~1970)

배우·가수·코미디언. 도쿄 출생. 1919년 아사쿠사 긴류칸에서 무대 데뷔했다. 재
즈 싱어 후타무라 데이이치와 피에르브리앙(훗날의 에노켄 일좌)을 창단하며 인기를
끌었고, 유성 영화 〈에노켄의 청춘 취호전醉虎伝〉이 히트하여 '일본의 희극왕'이라
고 불렸다. 대표작으로 〈에노켄의 깜짝 딸꾹 시대〉〈노래하는 에노켄 포물첩〉〈에
노켄·가사기의 오소메와 히사마쓰〉 등이 있으며, 영화연극연구소를 개설하여 후
진 양성과 지도에도 힘썼다.

63 가토 미치오加藤道夫 (1918~1953)

극작가. 후쿠오카현 출생. 배우 가토 하루코의 남편으로 게이오기주쿠대학 재학 중
에 아쿠타가와 히로시 등과 신연극연구회를 결성하여 극작과 희곡 번역을 시작했
다. 1944년 대표작 〈가냘픈 대나무〉를 썼고 1949년부터 분가쿠자 단원으로 합류하
는 한편 게이오기주쿠대학의 강사로도 일했다. 카뮈와 뮈세 번역, 장 지로두 연구
와 연극 연구에 몰두했으나 1953년 서른다섯 살 젊은 나이로 자살했다.

64 미시마 유키오三島由紀夫 (1925~1970)

소설가·극작가. 도쿄 출생. 1941년 숭능과 5학년(열녀섯 살) 때 소설 「꽃이 만개힌
숲」을 써서 〈분게이분카文藝文化〉에 연재. 대표작으로는 소설 『금각사』『가면의 고
백』『사랑의 갈증』『파도 소리』『교코의 집』『오후의 예항』『풍요의 바다』 등이, 희
곡『근대 노가쿠일본의 전통 가면 음악극집』『로쿠메이칸』『사드 후작부인』 등이 있다.

만년에 민병조직 다테노카이楯の会방패회를 결성했고 1970년 11월 25일 자위대의 이치가야 주둔지에서 쿠데타를 촉구하는 연설을 한 뒤 할복자살했다.

65 야마자키 쓰토무山崎努 (1936~)

배우. 지바현 출생. 1960년 〈대학의 산적들〉로 영화 데뷔 후 1963년 구로사와 아키라 감독의 〈천국과 지옥〉에서 유괴범을 연기하여 단숨에 주목받았다. 대표작으로 영화 〈붉은 수염〉 〈카게무샤〉 〈마루사의 여자〉 〈GO〉 〈클라이머즈 하이〉 등이, 드라마 〈필살 시리즈〉 등이 있다.

66 마쓰다 유사쿠松田優作 (1949~1989)

배우. 야마구치현 출생. 1972년 분가쿠자 부속 연극연구소 12기생이 되어 배우에 전념하기 위해 대학을 그만뒀다. 이듬해 형사 드라마 〈태양을 향해 외쳐라!〉에서 청바지를 입은 형사로 고정 출연, 〈늑대의 문장紋章〉으로 영화에 첫 출연했다. 대표작으로 영화 〈인간의 증명〉 〈되살아난 금색 늑대〉 〈야수는 죽어야 한다〉 〈아지랑이좌〉 〈가족 게임〉 〈탐정 이야기〉 〈소레카라〉 〈블랙 레인〉 등이, 드라마 〈우리들의 훈장〉 〈탐정 이야기〉 〈열대야〉 〈화려한 추적―더 체이서THE CHASER〉 등이 있다. 1989년 마흔 살에 암으로 사망했다.

67 〈시간 됐어요 쇼와 원년時間ですよ 昭和元年〉

TBS에서 1974~1975년에 방송(총 26화). 출연진이 거의 다 바뀌었고 무대도 도쿄 유시마의 목욕탕 '가메노유'로 변경됐다. 키키는 모리 미쓰코가 연기한 가메노유 주인의 시어머니 역을 맡았다.

68 〈천국의 아버지 안녕하세요天国の父ちゃんこんにちは〉

TBS의 〈도시바 일요 극장〉에서 1966년부터 1978년에 비정기적으로 방영. 남편을 여의고 두 아이를 키우며 팬티 행상으로 굳세게 살아가는 여성을 그렸다.

69 『사람이 그리워서―여백 많은 주소록人恋しくて―余白の多い住所録』

1994년 주오코론샤에서 출간됐고 1998년 같은 출판사에서 문고본으로 출간됐다.

70 『아버지의 사과편지』

1978년 분게이슌주에서 출간됐고 2005년 같은 출판사에서 리커버 문고본으로 출간됐다. 국내에는 2008년 도서출판 강에서 출간됐다.

71 〈세이코 주타로―숨은 더부살이 부부 항담せい子宙太郎―忍宿借夫婦巷談〉

TBS에서 1977년부터 1978년에 방영. 회사가 도산하여 도쿄 간다의 장례업체에서 더부살이로 일하는 주타로(고바야시 게이주)와 세이코(모리 미쓰코)의 이야기를 그렸다.

72 〈남자는 괴로워―방랑자 도라男はつらいよ―フーテンの寅〉

1970년 개봉한 모리사키 아즈마 감독의 영화. 시리즈 1, 2탄을 감독한 야마다 요지는 이 작품에서 각본만 담당, 5탄부터 감독으로 복귀했다.

73 모리사키 아즈마森﨑東 (1927~)

각본가·영화감독. 나가사키현 출생. 교토대학 법학부를 졸업한 뒤 1956년 쇼치쿠 교토 촬영소에 입사했다. 1965년 쇼치쿠 오후나 촬영소로 이적하여 야마다 요지 감독 등의 조감독과 각본을 맡았다. 1969년 〈희극 여자는 배짱〉으로 감독 데뷔했다. 주요 감독작으로 〈들개〉〈지다이야의 아내〉〈담장 안의 질리지 않는 사람들〉〈맛의 달인〉〈페코로스, 어머니 만나러 갑니다〉 등이 있고, 감독 겸 각본 작품으로 〈로케이션〉〈살아 있는 게 최고야 죽으면 끝이지 당党 선언〉〈닭은 맨발이다〉 등이 있다.

74 〈재밌는 부부おもろい夫婦〉

후지TV에서 1966년부터 1967년(총 26화)에 방영. 천재 라쿠고가 산유테이 가쇼의 희비가 번갈아 찾아오는 일생을 그린 1963년 개봉 영화 〈우스운 녀석〉의 설정을 드라마화했다. 뭘 시켜도 얼간이 짓만 하는 남자(아쓰미 기요시)가 아내(나카무라 다마오)의 사랑을 뒷받침 삼아 훌륭한 라쿠고가로 성장해나간다. 시청률 30퍼센트가 넘는 인기 드라마가 되어 아쓰미 기요시는 야마다 요지와 차기작을 기획하게 되었고, 이에 떠돌이 장수 '구루마 도라지로', 즉 〈남자는 괴로워 시리즈〉가 탄생했다.

75 프랭키 사카이フランキー堺 (1929~1996)

배우. 가고시마현 출생. 게이오기주쿠대학 법학부 재학 시절부터 진주군 캠프에서 재즈 드러머로 활약했다. 1954년에 '프랭키 사카이와 시티 슬리커스' 결성, 그 후 영화계로 진출했다. 대표작으로 〈단게 사젠 시리즈〉〈막말幕末 태양전〉〈나는 조개가 되고 싶다〉〈모스라〉〈사장 시리즈〉〈역전 시리즈〉〈샤라쿠〉 등이 있다.

76 다카쿠라 겐高倉健 (1931~2014)

배우. 후쿠오카현 출생. 1955년 도에이 뉴페이스 제2기생으로 도에이에 들어갔다. 이듬해 영화 〈전광 가라테 치기〉로 주연 데뷔, 대표작으로 〈일본 협객전 시리즈〉

〈아바시리 번외지 시리즈〉〈쇼와 잔협전 시리즈〉〈핫코다산〉〈행복의 노란 손수건〉〈역—스테이션〉〈블랙 레인〉〈당신에게〉 등이 있다.

77 〈이제부터—해변의 여행자들これから—海辺の旅人たち〉

후지TV에서 1993년에 방영. 아내와 이혼하고 정년퇴직을 계기로 해변의 실버타운에 들어간 남자(다카쿠라 겐)는 그곳을 '마지막 거처'라고 생각하는 여러 거주자들과 쉽게 어울리지 못한다. 누구에게나 찾아오는 '노년'을 그렸다.

78 가쓰 신타로勝新太郎 (1931~1997)

배우. 도쿄 출생. 스물세 살 때 다이에이 교토 촬영소와 계약, 1954년 〈꽃의 백호 부대〉로 데뷔했다. 1967년에 가쓰프로덕션을 설립하여 직접 영화 제작에 나섰다. 대표작으로 〈주신구라〉〈악명 시리즈〉〈자토이치 시리즈〉〈야쿠자 군대 시리즈〉〈무호마쓰의 일생〉〈히토키리〉〈미주迷走 지도〉〈제도 이야기〉 등이 있고, TV 드라마와 연극 무대에서도 활약했다.

79 〈속·주정뱅이 박사続·酔いどれ博士〉

1966년 개봉한 이노우에 아키라 감독의 영화. 신도 가네토가 자신의 원작을 각색했다. 여인숙 거리를 무대로 가쓰 신타로가 연기하는 의사가 소동에 휘말려 날뛴다. 키키는 기요카와 니지코가 연기하는 매춘 조직 SX무역상회 사장의 오른팔로 젊은 소설가 지망생을 연기했다.

80 〈카게무샤〉

1980년 개봉한 구로사와 아키라 감독의 영화. 전국 시대의 좀도둑이 무장 다케다 신겐의 그림자 무사로 살아가는 운명을 짊어진 희비극을 그렸다. 칸국제영화제 황금종려상 수상, 당시 일본 영화 역대 흥행 성적 1위를 기록했다.

81 나카다이 다쓰야仲代達矢 (1932~)

배우, 극단 무메이주쿠 주재. 도쿄 출생. 1952년 하이유자 양성소에 들어간 후 1956년 영화 〈불새〉로 데뷔했다. 1975년에 무메이주쿠를 창립하여 후진 양성을 시작했다. 하이유자와 무메이주쿠에서 수많은 셰익스피어 작품의 주연을 맡았다. 대표작으로 영화 〈인간의 조건〉〈야수는 죽어야 한다〉〈요짐보〉〈산주로〉〈천국과 지옥〉〈화려한 일족〉〈금환식〉〈불모지대〉〈카게무샤〉〈203고지〉〈기류인 하나코의 일생〉〈하루와의 여행〉〈해변의 리어〉 등 다수가 있다.

82 〈자토이치〉

1989년 개봉한 가쓰 신타로 감독·각본·주연의 영화. 난투 장면 리허설에서 사망 사고가 발생하는 등 제작이 위태로웠지만 개봉하자마자 크게 흥행했다.

83 히구치 가나코樋口可南子 (1958~)

배우. 니가타현 출생. 스무 살 때 〈폴라 TV 소설·귀뚜라미 다리〉로 주연 데뷔, 1980년 〈계엄령의 밤〉으로 처음 영화에 출연했다. 대표작으로 영화 〈만卍〉〈베드 타임 아이즈〉〈아미타당堂 소식〉〈내일의 기억〉 등이, 드라마 〈초봄 스케치북〉〈로맨스〉〈겨울 운동회〉〈아·응〉 등이 있다.

84 다나카 구니에田中邦衛 (1932~)

배우. 기후현 출생. 하이유자 단원을 거쳐 1957년 영화 〈순애보〉에 첫 출연했다. 1961년 〈대학의 젊은 대장〉에서 젊은 대장의 라이벌 역을 호연하여 〈젊은 대장 시리즈〉에 고정 출연하게 되었고, 1981년부터 시작한 〈북쪽 나라에서〉의 아버지 역할로 전국적인 인기를 얻었다. 대표작으로 영화 〈아바시리 번외지 시리즈〉〈의리 없는 전쟁 시리즈〉〈학교〉〈최후의 주신구라〉 등이 있다.

85 〈포리 도부岡っ引どぶ〉

후지TV의 〈시대극 스페셜〉로 1981년부터 1983년에 총 6화 방영. 원작은 시바타 렌자부로의 시대소설(『시바렌 포물첩 포리 도부』 등)이다. 1991년에는 연속극으로 방영되었는데, 키키는 소매치기인 자신을 붙잡았지만 눈감아준 포리 도부(다나카 구니에)에게 반해 어디든 따라다니는 오센을 연기했다.

86 6월극장六月劇場

1966년 분가쿠자에서 나온 기시다 신, 유키 지호, 구사노 다이고 세 사람과 연출가 쓰노 가이타로, 극작가 야마모토 기요카즈 등이 결성. 쓰노에 의하면 '6월극장'이라는 이름을 지은 사람은 유키 지호인데, "예전부터 연습은 6월 6일에 시작하는 게 규칙이야"라고 말했다 한다. 참고로 6월 6일은 고레에다의 생일이다.

87 〈안녕, 친구あばよダチ公〉

1974년 개봉한 사와다 유키히로 감독의 영화로 마쓰다 유사쿠의 첫 주연작이다. 3년 형기를 마치고 출소한 다케오(마쓰다 유사쿠)는 친한 친구인 우메, 미야비, 류와 함께 큰돈을 손에 넣을 작전을 차례차례 세운다. 키키는 다케오의 누나 미쓰코 역으로 출연했다.

88 하기와라 겐이치萩原健一 (1950~2019)

배우·가수. 사이타마현 출생. 1967년 그룹사운드 '더 템퍼터스The Tempters'의 보컬로서 〈잊지 못할 그대〉로 데뷔했다. 〈신이시여 부탁이에요〉〈에메랄드의 전설〉 등을 히트시켰다. 1972년 영화 〈약속〉으로 배우 데뷔. 같은 해 TV 드라마 〈태양을 향해 외쳐라!〉의 마카로니 형사 역으로 인기를 얻었다. 대표작으로 드라마 〈상처투성이 천사〉〈친애하는 어머님께〉〈외과 의사 히라기 마타사부로〉 등이, 영화 〈도박꾼의 유랑〉〈청춘의 차질〉〈팔묘촌〉〈카게무샤〉〈유괴 보도〉〈연애편지〉〈선술집 유령〉 등이 있다.

89 〈가족 게임家族ゲーム〉

1983년 개봉한 모리타 요시미쓰 감독의 영화로 원작은 혼마 요헤이의 동명 소설이다. 주연 마쓰다 유사쿠는 이 작품에 이어 〈탐정 이야기〉의 호연으로 단번에 평가가 높아졌다.

90 〈친애하는 어머님께前略おふくろ様〉

닛폰TV 계열의 〈금요 극장〉에서 1975년부터 1976년(총 26화)과 1976년부터 1977년(총 24화)에 방영. 구라모토 소의 원안을 바탕으로, 도쿄의 번화가 후카가와에서 수줍음 많은 일식 요리사 청년(하기와라 겐이치)이 주위 사람들과 교류하는 모습을 그렸다.

91 〈상처투성이 천사傷だらけの天使〉

닛폰TV 계열에서 1974년부터 1975년에 방영(총 26화). 출연은 하기와라 겐이치와 미즈타니 유타카로 탐정사무소에서 허드렛일을 하는 두 젊은이를 주인공으로 한 범죄 드라마다.

92 극단 구모雲

1963년 아쿠타가와 히로시 이하 분가쿠자의 중견 단원과 청년 단원 약 서른 명이 퇴단하여 평론가 후쿠다 쓰네아리와 함께 재단법인 현대연극협회를 설립, 협회 산하의 극단으로 창설했다. 1975년 분열 해산, 연극 집단 엔과 극단 스바루昴가 발족했다.

93 기시다 교코岸田今日子 (1930~2006)

배우·성우. 도쿄 출생. 아버지는 극작가이자 분가쿠자의 창설자인 기시다 구니오고 배우 기시다 신과는 사촌 관계다. 지유 학원 졸업 후 분가쿠자 연습생이 되었다. 1953년 〈탁한 강〉으로 영화 데뷔 후 1963년 아쿠타가와 히로시 등과 함께 분가쿠자를 퇴단, 극단 구모를 거쳐 1975년 연극 집단 엔의 설립에 참가했다. 대표작으로 영화 〈파계〉 〈모래의 여자〉 〈이누가미 일족〉 등이 있다.

94 기시다 신岸田森 (1939~1982)

배우·극작가·연출가. 도쿄 출생. 1960년 분가쿠자 부속 연극연구소에 입단했다. 1964년 유키 지호와 결혼(1968년 이혼)한 후, 이듬해 분가쿠자 단원으로 승격, 1966년 키키 등과 함께 극단 6월극장을 결성했다. 1968년 쓰부라야프로덕션의 특수 촬영 TV 드라마 〈괴기 대작전〉에서 주연을 맡았다. 대표작으로 영화 〈저주의 집 피를 빠는 눈〉 〈우타마로─꿈이란 걸 알았다면〉 〈흑장미 승천〉 〈자토이치와 요짐 보〉 등이, TV 드라마 〈돌아온 울트라맨〉 〈파이어맨〉 〈상처투성이 천사〉 〈태양전대 선발칸〉 등이 있다.

95 〈탐정 이야기探偵物語〉

닛폰TV 계열에서 1979~1980년에 방영(총 27화). 사립 탐정 구도 슌사쿠가 다양한 사건을 수사해나가는 탐정 드라마로 마쓰다 유사쿠의 대표작이다. 키키는 제9화 〈행성에서 온 소년〉에 출연했다.

96 구사노 다이고草野大悟 (1939~1991)

배우. 타이완 타이중시 출생. 1961년 분가쿠자 부속 연극연구소에 들어간 후 1966년에 단원으로 승격했다. 1967년 6월극장에 합류, 연극 무대를 중심으로 활약 하는 한편 오카모토 기하치, 신도 가네토 감독의 작품 및 가쓰프로덕션에서 제작한 TV와 영화에 다수 출연했다.

틀니를 빼다

　이 인터뷰를 하기 전, 키린 씨가 "잠깐만" 하고 나를 다른 방으로 불러 병원에서 받은 PET⸱양전자 방출 단층 촬영의 약자로 암 진단에 쓰인다 사진을 보여주었다. 온몸의 뼈에 암이 전이됐음을 나타내는 검은 점이 흩어져 있었다. 뼈로 전이된 것은 지금까지 정기적으로 받아온 중립자선 치료로도 어찌할 수 없다고 했다.

　"이렇게 돼서 이제 임종 준비에 들어갈 테니, 당신이랑은 역시 이 영화가 마지막이네." 남은 생은 올해 말까지일 거라고 들은 모양이었다. 키린 씨는 그렇게 설명하더니 후련한 표정으로 먼저 방을 나갔다. 인터뷰를 시작하긴 했지만 머릿속은 방금 봤던 PET 사진으로 가득해서 내가 뭘 물었는지, 키린 씨가 어떻게 대답했는지, 녹취록이 완성될 때까지의 기억이 완전히 날아가버렸다.

　단 한 가지, "감독의 영화에 나가는 건 이게 마지막이야"라고 키린 씨가 거듭 말했을 때 이제 그건 받아들여야만 하는 현실이라고 이해하면서도 "아뇨, 아뇨"라는 애매한 대답밖에 못 했던 나의 한심함에 화가 났던 것만

───────────────

이 인터뷰는 2018년 3월 30일 시부야에 있는 분부쿠에서 진행됐다.

은 기억하고 있다.

당초 예정으로는 이날 〈어느 가족〉뿐만 아니라 보다 화제의 폭을 넓힌 질문을 준비해둬서 그걸로 긴 인터뷰를 마무리 지으려 했지만, 이제 거의 식사다운 식사를 하지 않는다던 키린 씨의 목소리가 두 달 전과는 달리 눈에 띄게 힘이 없어서, 계속 말을 하게 만드는 것이 가슴 아파 도중에 끝냈다.

그럼 다행이네.
난 정말로 예쁘다고 생각했을 뿐인데.

키키   〈어느 가족〉의 구상은 신센神泉의 라멘집에서 들었지. "아, 다음에 할 거야? 그럼 나갈까" 정도였지만. 아까도 그 라멘집에 다녀왔어.

고레에다   그러셨어요? 저도 의외로 그 가게를 좋아해요.

키키   우리 손자가 좋아해서. 육수를 뽑아 만드는 제대로 된 라멘이긴 한데 왠지 라멘으로서의 성취감이 없어(웃음).

고레에다   확실히 젊은 스태프를 데려가면 다들 "뭔가 좀 부족해요"라고 하더라고요.

키키   그렇지? 나이를 먹어서 식욕은 없지만, 뭔가 먹어둬야겠다 싶을 때 딱 좋아. 뭐랄까, 의외로 그런 배우도 있잖아. 기용해보긴 했는데 성취감이 없달까, 좀 부족하달까.

고레에다 　(웃음) 과연, 그렇게 말씀을 시작하시나요. 오늘은 〈어느 가족〉 얘기를 하려고 하는데요, 각본을 키린 씨께 드리면 "왜 이런 사람이 이 집에 있어?" "이 사람은 이런 인물이 아니지 않아?" 하고 언제나 솔직하게 물으시잖아요. 그러면 저는 '아, 그렇구나. 그렇다면 이 사람은 왜 여기에 있을까' 하고 존재의 필연성을 생각해서 각본에 반영해나가죠. 늘 있는 일이긴 하지만, 이번 〈어느 가족〉에서는 특히 그런 측면이 강했어요. 이번에 부탁드린 하쓰에 역도 물론 처음부터 키린 씨를 전제로 썼는데요, 키린 씨의 그런 솔직한 질문에 대한 대답을 찾는 형태로 하쓰에 주위의 인물 조형을 구축해나갔달까요. 그래서 각본 초기 단계에서는 상당히 두리뭉실한 상태였고, 그대로 여름 장면만 먼저 찍었죠.

키키 　맞아, 여름에 온 가족이 해수욕을 하러 가는 장면이지.

고레에다 　그때 키린 씨가 약속된 촬영 현장에 와서 다른 배우들에게 "이 장면은 찍지만 편집될 수도 있어"라고 말씀하셔서(웃음), '출연하는 사람들에게 편집할 장면을 찍는 감독으로 보여서야 면목이 없는데' 하며 내심 초조했어요. 처음에는 실제 경치만이라도 찍어두자는 생각이었거든요. 이 작품은 1년 동안 벌어지는 이야기니까 계절감이 잘 드러나면 좋을 것 같아서 제작부를 설득했죠. 하지만 모처럼 왔으니 아이들을 걸게 하자, 그렇다면 온 가족이 바다에 가는 장면도 찍자, 그런 흐름으로 조금씩 계획이 바뀌어서 찍게 된 거예요. 그래서 실은 저한테도 아직 영화의 전체상이 보이지 않았죠.

키키　　배우들도 그저 평범한 가족이 아니라는 것만은 알고 있어서, 다들 막연한 와중에 서로의 얼굴을 보며 바닷가를 걸었던 것 같아.

고레에다　　하지만 그 장면을 찍은 덕분에 여러 가지가 보이게 됐고, 그 부분을 중심에 놓고 앞뒤를 만들어나가는 작업이 되어서 결과적으로는 아주 좋았어요. 그 가운데 한 가지 놀랐던 게 있는데요, 그 바다 장면이 이번 영화의 첫 촬영이었지만 키린 씨에게는 영화 속 마지막 출연 신이죠.

키키　　응, 그 뒤 곧바로 죽으니까. 살아 있는 동안에는 마지막이었지.

고레에다　　솔직히 말해 그날 키린 씨는 몸이 좀 안 좋았던 게 아닐까 싶었어요.

키키　　안 좋았어.

고레에다　　역시 안 좋으셨어요?

키키　　응. 안 좋은데 가혹한 촬영이다 했지(웃음). 여름인데도 추워서, 이렇게 춥다니 어찌 된 일인가 싶었어. 다들 추워했고.

고레에다 그런데 죽기 직전 여름의 해수욕장 장면을 처음에 찍고, 겨울로 들어선 뒤부터 그때까지의 신을 순서대로 찍어나갔잖아요. 편집으로 이어 붙였더니 영화 속 하쓰에 씨가 어느 정도 정정한 모습부터 죽음을 향해 기력이 사라져가는 흐름이 훌륭하게 표현됐어요.

키키 그 여름 장면은 아직 뭐가 뭔지 몰랐으니 기력이 없었지.

고레에다 그런 거예요?(웃음)

키키 요컨대 주체성이 없으니까. (각본이 아직 확정되지 않아서) 뭘 하는지 모르니까 뭔가 둥실둥실 그곳에 있었고, 왠지 카메라가 이쪽을 향하고 있으니 뭘 좀 말해볼까, 하는 정도였지. (안도) 사쿠라[1] 씨가 반들반들한 얼굴로 눈앞에 있어서 "언니, 자세히 보니까 예쁘네"라고 나도 모르게 말해본다든가.

고레에다 오늘은 우선 그 부분을 여쭤보고 싶었어요. 그 대사는 제가 쓴 각본에는 없어요. 근데 키린 씨가 불쑥 그렇게 말했잖아요. 왜 그렇게 말씀하셨어요?

키키 진심으로 그렇게 생각했거든. 여름의 빛과 피부의 아름다움, 걸친 옷도 엉망이고 먹는 것(옥수수)도 먹는 태도도 엉망이지만, "예쁘네 언니, 자세히 보면 예쁜 얼굴이야"라고 살짝 말해보고 싶어졌어. 그래서 나도 모르게 말했더니 사쿠라 씨가 어떻게 대답하면 좋을지 모르겠다는 표정을 지었지. 그게 좋더라.

고레에다   이건 다 보고 나서 '안도 사쿠라는 자세히 보면 예쁠지도 몰라'라고 모두가 생각하는 영화가 됐죠.

키키   동감이야.

고레에다   키린 씨는 왜 그걸 예견하는 듯한 말을 했을까요. "진심으로 그렇게 생각했을 뿐이야"라고 하시지만, 그뿐만은 아닌 것 같아서요.

키키   그렇게 깊은 뜻은 없었는데.

고레에다   그래요?(웃음) 하지만 그 대사 덕분에 저는 각본에 하쓰에가 얼굴에 집착하는 에피소드를 몇 개 추가했고요, 사쿠라 씨를 어떻게 예쁘게 찍을 것인가 하는 연출의 방향성까지 정해진 면이 있어요.

키키   그럼 다행이네. 난 정말로 예쁘다고 생각했을 뿐인데.

고레에다   그걸 모성이라 불러도 좋을지 모르겠지만, 사쿠라 씨가 연기

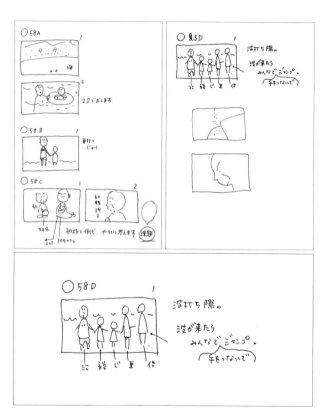

고레에다가 직접 그린 콘티.

한 '아이를 낳은 적이 없는 노부요'가 한 여자애를 거둠으로
써 표정이 아주 부드러워지죠. 어느 시점부터인지 그것을 성
스럽다고 생각하면서 찍었어요. 기점이 된 게 그 여름 장면
에서 키린 씨의 대사고요.

키키   성스러운 걸로 말하자면 남편 역을 연기한 릴리 씨와 사쿠라
씨의 러브신도 그래. 장대비가 쏟아져 밖에서 놀던 아이들이
"뭐 하고 있었어?" 하며 집으로 뛰어 들어오지. 그 아이들에
게 수건을 펄럭 덮어씌우면서 얼버무리잖아. 그런 형태로 일
상을 휘릭 보여주는데 다들 잘하는구나, 좋은 신이구나 생각
하며 봤어요. 또 보통 영화라면 알몸을 좀 감춘다거나 카메
라도 조심하겠지만, 두 사람 다 '스태프가 봐도 상관없어. 카
메라에 안 찍히면 돼'라는 양 떳떳하게 벗고 있잖아. 고레에
다 감독도 그걸 태연한 얼굴로 찍고 있으니 의외로 엉큼한
사람이었구나 싶었지(웃음). 하지만 멋진 장면이죠. 정말이지
여러 의미로 성스러웠어요.

고레에다 여름 장면에서 하나 더 여쭙고 싶은 게 있어요. 그 장면의 라
스트 컷은 하쓰에를 연기한 키린 씨의 라스트 컷이기도 한데
요, 가족이 해변에서 뛰어노는 모습을 보는 옆얼굴이 무언가
중얼거렸어요. 하지만 무슨 말을 하는지 현장에서는 몰랐죠.
편집 때도 어지간히 해독이 안 됐지만, 반복해서 편집감독이
랑 봤더니 알겠더군요. "고마웠어"라고 말했다는 걸요.

키키   아아…… 정말 그랬어?

고레에다   확실히 그렇게 말했어요. 그래서 닭살이 돋았죠. 그 대사도
         저는 각본에 안 썼으니까요. 좋은 옆얼굴이야, 마지막에 어
         울리는 굉장한 장면이야, 하고 생각했지만 거기에다 "고마웠
         어"라니. 피가 이어지지 않은 가족을 향해서 말이죠.

키키   그렇게 말했구나……. 뭐, 하지만 그 여름의 바닷가에서 그
         런 느낌이 들긴 했어. 소 뒷걸음치다가 쥐 잡은 격인데, 말하
         자면 고레에다 감독이 배우를 믿어주는 결과 그런 식으로 찍
         게 된달까. 믿음을 살 정도의 배우는 아니지만. 고레에다 감
         독의 영화에 나온 사람이라면 다들 그렇게 생각하지 않을까.

대본은 누구나 읽을 수 있지.
하지만 그 대본 속에서 자신이 무슨 색 물감이 되면
그림이 확 돋보일지를 생각해야 해.

고레에다   그것과 관련해서 여쭙고 싶은 게 있어요. 얼마 전 〈모리의 정
         원〉[2]을 봤거든요. 화가 구마가이 모리카즈[3]의 만년의 하루를
         그린 영화인데, 키린 씨는 야마자키 쓰토무 씨가 연기하는
         모리카즈의 아내 히데코를 연기했죠. 아주 훌륭한 작품이었
         는데요. 거기에도 애드리브랄까, 키린 씨가 생각해낸 대사가
         있죠?

297

키키   아니, 애드리브라 해도 진짜 애드리브가 아니라. 난 그 자리에서 처음 말하는 걸 진정한 애드리브로 여기는데, 상대 배우가 당황하거나 감독을 무시하는 것처럼 보이면 미안해졌거든. 그래서 일단 감독에게 미리 말하게 됐어요. 즉 상정하는 범위 안에서 움직이는 셈이니 나로서는 진정한 애드리브의 묘미를 기대하지 못한달까, 미리 생각하고 한 거라는 느낌이라 솔직히 불만이긴 해요.

고레에다   키린 씨가 죽은 자식 이야기를 하는 장면이 있는데요, 그 대사는 대본에는 없었죠?

키키   없었지만 그것도 어려운 부분이야. 일부러 죽은 자식 이야기를 꺼내는 건 그 집에는 좀 안 어울릴 것 같았거든. 모리카즈 씨가 평소 했던 말 중에 "난 쩨쩨한 인간이라서 아직도 살아 있어"라는 게 있어요. 영화에는 안 나왔지만. 그래서 나(히데코)도 이렇게 오래 살고 있고 남편(모리카즈)도 아흔이 넘었지만 아직 살아 있다고 말할 때, 그런 남편을 보면서 나도 모르게 "우리 애는 그렇게 빨리 죽어버렸는데"라는 말을 좀 해보고 싶어졌어. 감정이입을 한 듯 만 듯 애매한 느낌이 돼버렸지만, '뭐, 이 정도로 됐다' 싶었지. 난 끝난 뒤에는 뭐든 괜찮다고 생각해버리거든(웃음). 그렇게 의미심장하게 말한 것도 아니고, 그렇다고 담백한 것도 아니지만 슬쩍 목소리가 나와버린 느낌은 낸 것 같아.

고레에다   아주 좋던걸요. 영화는 구마가이 모리카즈의 집과 정원이라
는 좁은 공간 속에서 점차 우주를 보는 이야기인데 일상의
묘사가 계속되죠. 유토피아는 아니지만 행복한 부부의 시간
이 이어지는 가운데 많은 사람들이 스키야키 냄비에 둘러앉
은 떠들석한 장면이 끝나고, 문득 모리카즈와 아내 둘만 남
았을 때 키린 씨의 그 대사를 통해 비로소, 아니 유일하게 죽
음 이야기가 나와요. 그때까지 봐왔던 것이 확 바뀌죠. 아주
담백하지만 쐐기를 하나 박은 느낌이 들었어요.

키키   그랬나…… 그랬다면 다행이고.

고레에다   그런 대사가 어떻게 나왔는지 생각해봤는데요, 키린 씨는 대
본 전체를 읽고 거기에 자신과 모리카즈 씨를 뒀을 때 뭔가
부족하다고 생각해서 그 대사를 하신 게 아닐까 해요.

키키   응, 맞아. 부족했어.

고레에다   그 점이 대단해요. 통상적인 애드리브는 그 자리에서 문득
떠오른 생각일 때가 많아서 전 별로 좋아하지 않거든요.

키키   감독은 좋게 보지 않지.

고레에다   하지만 키린 씨가 거기에 던져 넣는 대사나 연기는, 〈모리의
정원〉에서도 그렇고 〈어느 가족〉의 "고마웠어"도 그렇고 아

마도 전체를 보면서 뭐가 부족한지, 거기에 대해 자신이 어떤 한마디를 더해서 보완할 수 있을지를 아주 연출적인 눈으로 보고 있는 것 같아요.

키키 그렇게까지 의식하는 건 아닌데. 〈어느 가족〉은 생각했던 게 반사적으로 불쑥 나왔을 뿐이지 거기서 말하는 편이 좋다고 판단한 건 아니었어. 〈모리의 정원〉은 대본을 읽고 '어딘가에서 자식 이야기를 슬쩍 하자'라는 생각이 있었지. 마주 보고 절절히 하는 게 아니라, 혼잡한 틈을 타서 해도 좋다고. 연출이라고 하면 쑥스러워.

고레에다 아뇨, 연출적이라고 생각해요.

키키 단, 사물을 부감해서 보는 면은 있을지도 몰라. 대본을 읽고 이해하는 것의 중요성을 모리시게 씨가 끔찍하게 싫어하는 신극에서 배웠으니까(웃음).

고레에다 그렇게나 거슬러 올라가나요.

키키 응, 분가쿠자에서 배웠어. 대본은 누구나 읽을 수 있지. 하지만 그 대본 속에서 자신이 무슨 색 물감이 되면 그림이 확 돋보일지를 생각해야 해. 훌륭한 연출가만 있다면 상관없지만, 그렇지 않을 때 어떻게 본인을 살릴지까지 포함해서 캔버스에 자신의 색이 놓일 자리를 생각하며 대본을 읽어요. 그걸 분가쿠자에서 철저하게 배웠어.

왜 그걸 안 잊어버리냐면, 모리시게라는 분이 전혀 대본을 중시하지 않는 인물이었거든. 신극을 깔보는 거야(웃음). "뭐가 다키자와 오사무[4]야, 뭐가 우노 주키치[5]야. 다앙신, 난 말이지……" 하면서 경멸했어. 난 그 틈새에 있었기 때문에 양쪽의 좋은 점과 부족한 점을 모두 느끼고 있었고. 확실히 신극은 말끝을 '~했어요'라고 해야지 '~했어'라고 하면 안 된다는 둥, 그런 시시한 것에 집착해서 극이 재미없어지거든. 배우를 시작하는 시점에 이 둘을 봤던 게 나한테는 영향이 컸지. 덕분에 부감해서 보는 버릇이 들었어요.

이건 여담인데, 〈인체—신비의 거인 네트워크〉[6]라고 야마나카 신야[7] 교수가 하는 NHK 프로그램이 있거든. 요전에 거기에 나갔어. 내가 암을 경험했고 지금도 앓고 있어서 불려간 거야. 그 프로그램에서 '우리 몸 가운데 심장에만 암이 안 생긴다'라는 얘기가 나왔어. 심장은 점차 괴사하는 거라서 세포가 부활하지 않는대. 그래서 심장이 고장나면 죽는다고. 그런데 지금 미국 어딘가에 있는 선생의 연구가 진행돼서, 세포를 부활시켜 심장을 살리는 치료가 진척을 보이고 있는 모양이야. 그래서 내가 "그럼 이번에는 심장이 암에 걸리는 거 아녜요?"라고 물었더니 야마나카 선생이 "그건 연구자의 시각이네요"래(웃음). 연구자는 그렇게 생각한다는 거지.

듣고 보니 나한테는 늘 이쪽에서 보면 어떨까 저쪽에서는 어떨까를 생각하는, 사물을 부감해서 보는 버릇이 있구나 싶었어. 이쪽에 웃는 사람이 있으면 저쪽에는 우는 사람도 있다든지, 그렇게 사물을 보는 습성과 버릇이 있는 모양이야. 나에게는 심술궂은 면이 잔뜩 있는데, 그 심술보도 아무래도 거기서 왔지 싶어요.

노년에 들어 어쩌다가 운 좋은 만남 덕에
이렇게 나를 고집해주는 사람이 생겼다는 건
아주 감사한 일이에요.

고레에다   이번에는 "틀니를 빼고 싶다"라고 키린 씨가 제안하셨죠.

키키   이제 화면에 나오는 내 얼굴에 질렸어요. 빼면 완전히 달라지잖아.

고레에다   달라지죠.

키키   양갓집 할머니라면 못 빼겠지만, 그런 판잣집에 사는 할머니니까.

고레에다   머리를 기르고 싶다고 말한 것도 키린 씨였죠. 늙은이가 머리를 기르면 징그러우니까, 라고요.

키키   응, 그랬지.

고레에다   그것도 무척 좋았어요. 그 장면에서 효과를 발휘한 느낌이 들어요.

키키　　내가 죽었을 때 내 머리카락을 아키(마쓰오카 마유[8])가 빗는 장면 말이지. 그건 나도 굉장히 좋았어. 좀 더 몸까지 나오게 찍어줬다면, 하고 생각하긴 했지만(웃음). 관객 입장에서는 시체의 얼굴은 보고 싶지 않을 테니 얼굴부터 찍을 필요는 없어도, 좀 더 몸을 포함해서 말이야. 얼굴을 쓰다듬으며 머리를 빗는 게 좋을까 싶기도 했지만, 머리카락만이라도 뭐, 괜찮았어. 시체의 머리카락이라는 걸 아니까.

고레에다　　이마 언저리는 살짝 넣었어요.

키키　　틀니니 머리카락이니 그런 하찮은 걸로 문득 아이디어가 떠오르거든. 그래서 분위기상으로는 〈태풍이 지나가고〉의 어머니랑 다른 사람이 된 것 같아.

고레에다　　왜 다르냐면, 아마 사소한 부분을 바꾸기 때문일 거예요. 뭘 먹을 때 먹는 방식이라든지, 고타쓰에 앉아 있을 때 앉는 폼과 다리를 벌린 형태라든지. 그런 판잣집에 살고, 이제까지 나쁜 짓도 해왔을 법한 할머니가 밥을 먹는 거니까 이렇게 다리를 벌리고 이런 식으로 먹겠지, 판단하고 연기하시죠. 우동을 먹으며 발톱을 깎는 컷이 초반에 있는데요, 그 할머니가 화면에 불쑥 나온 순간 그때까지 그 사람이 지내온 칠십몇 년은 〈태풍이 지나가고〉의 아파트 단지에 사는 할머니와는 꽤나 다

인터뷰 때의 한 컷. 키린 씨가 분부쿠를 방문한 것은 이때가 마지막이 되었다.

르다는 게 쓱 보이죠. 단지에 사는 사람이 딱히 고상한 인물은 아니지만 일단 공단 주택에 살긴 하니까요.

키키 그야 고레에다 감독의 어머니와는 다르지요(〈태풍이 지나가고〉는 고레에다의 실제 경험을 바탕으로 각본을 썼다). 그러고 보니 딸이 처음에 〈어느 가족〉 예고편을 봤을 때 "엄마는 안 나오던데" 했어. 얼마 뒤 또 예고편을 본 모양인지 "역시 엄마가 나오더라. 틀니를 뺀 거야?!" 하면서 놀랐고. 딸로서는 부모가 자신의 추한 얼굴을 세상에 드러내는 건 상상도 못 했겠지. 그런 건 신경 쓸 일은 아니지만 말이야. 무엇보다 본인이 전혀 상관없어 하니까.

고레에다 먹는 방식에 관해 말하자면, 사회복지사 아저씨가 집을 방문하는 장면에서 키린 씨가 귤을 먹죠. 먹는 방식에도 놀랐어요.

키키 어떻게 먹었는데?

고레에다 껍질을 안 벗긴 채로 베어 물고는 알맹이를 갉아서 떼어내듯 드셨어요. 전 따로 말씀드린 게 아무것도 없었는데 말이죠.

키키 아아, 이가 없으니까. 잇몸으로 갉아서 먹은 거야. 분명 그렇게 했어.

고레에다 그런 장면이 여기저기 있어요. 키린 씨는 이번에 의도적으로 좀 징그러워 보이게 했죠.

키키   징그럽달까, 이가 없는 사람과 생활하면 이렇다는 거지요. 요즘은 할아버지 할머니랑 생활한 적이 없는 사람이 많잖아. 그래서 인간이란 나이를 먹으면 이렇게 된다는 걸 보여주고 싶었어. 배우로서는 솔직히 본인의 이상한 모습, 추한 모습을 보인다는 게 무척 부끄럽지만, 그런 묘한 사명감과 결점을 내보이려는 악취미가 있는 모양인지 그리 돼버려(웃음).

고레에다   악취미라고 말씀하셨지만, 그게 아니라 이번에 제가 하려고 했던 걸 분명 헤아려주셨다는 느낌이 들어요. 부부의 알몸 러브신도 그렇고 이번에는 본연의 것, 육체적인 것을 중시하고 싶어서 어떻게 영화에 집어넣을지 의식하고 있었죠. 촬영 중에 유리 역을 맡은 사사키 미유[9]의 이가 빠져서 결과적으로 그게 키린 씨의 틀니 에피소드와 겹쳐졌지만, 유리의 이가 빠지는 에피소드도 추가했고 쇼타(조 카이리[10])의 성기가 아침에 커져 있는 에피소드도 원래 썼었어요. 그런 육체적인 것을 이제까지 별로 묘사하지 않았으니, 이번에는 가족 이야기 속에 그런 것을 들여놓으려고 쓰기 시작한 각본이었죠. 키린 씨는 아마도 그걸 받아들이고서, 아이가 성장해나가는 한편 할머니가 늙어가는 모습을 육체적으로 어떻게 보여줄지 계산하셨을 거예요.

키키   응, 그건 해두자고 생각했어.

고레에다   "틀니 빼도 돼?"라고 하셨을 때 "아키랑 전통 후식집에 가는 장면에서는 어떻게 할까요?"라고 여쭸더니 "오시루코팥을 설탕으로 달게 조린 국물에 떡이나 경단, 조린 밤 등을 넣은 음식으로 이 영화에서 키키가 먹는 오시루코에는 직사각형의 큰 떡이 들어 있다라면 먹을 수 있어. 떡을 빨아 먹으면 되잖아" 하셨죠. 실제로 그 장면을 찍어보니 떡 먹는 방식이 또 너무 좋았어요. 분명 이 이야기 속에는 그런 육체적인 존재감이 필요하다는 판단을 어딘가에서 하신 거죠.

키키   응, 그건 그 집을 봤을 때 했지.

고레에다   그 집에 지지 않을 정도로 강한 것을 보여주려고 하신 거죠. 귤 먹는 방식이나 발톱을 자르는 것도 그렇고요, 머리카락도 그렇고요, 그런 육체적인 것이 상당히 강렬하게 등장하니까 집에 지지 않는 느낌이 들어요.

키키   지지는 않지만 사람들이 싫어해.

고레에다   죽은 뒤에 머리카락을 빗는 장면 말인데요, 머리를 꽤 오랫동안 감지 않은 상태였죠?

키키   응, 안 감았어.

고레에다   안 감은 머리를 만지는 건······.

키키   꺼림칙하지.

고레에다   게다가 죽었으니까요. 살아 있어도 아마 꺼림칙할 텐데요.
         하지만 아키가 그 머리카락을 만지면서 우는 게, 단순히 그
         저 슬퍼서만은 아니라는 느낌으로 찍힌 것 같아요. 그 뒤 시
         체는 마루 아래 묻히지만, 아직 그곳에 있다는 여운을 위해
         서는 머리카락이 필요했구나 싶었어요. 과연 키린 씨가 처음
         에 설정하신 게 이렇게 힘을 발휘하는구나 하고 깊이 납득했
         습니다.

키키   그런 건 직감으로 설계하니까. 지금처럼 하나하나 짚어주면
         과연 그렇구나, 하고 회상하지만 현장에서는 그렇게까지 논
         리를 세우지 않거든. 그래도 그런 아이디어를 채용해주는 건
         감사하지요. 틀니만큼은 감독이 깜짝 놀라면 미안하니까 "좀
         빼볼게"라고 미리 말했지.

고레에다   육체적인 부분에서 하나 더, 역시 대단하다고 생각했던 건
         여름 바다 장면에서 키린 씨가 정강이 언저리에 모래를 뿌
         리는 연기예요. 저는 완전히 까먹고 있었지만 모래를 뿌리는
         것 자체는 제가 각본에 썼죠.

키키   응, 쓰여 있었어.

고레에다   모래를 뿌리면서 키린 씨가 "이 검버섯 좀 봐"라고 말해요. 그

대사는 제가 안 썼거든요. 그것도 자신의 몸에 대한 대사죠. 제가 각본에 썼던, 단순히 다리에 모래를 뿌리기만 하는 연기였다면 좀 센티멘털한 느낌이 들었을 텐데 거기서 "이 검버섯 좀 봐"라고 말함으로써 너무 감상적이지만은 않게 됐죠.

키키   아야세 하루카가 다리에 모래를 뿌리는 게 아니니까 말이야. 난 후기고령자만 75세 이상의 고령자를 가리킴니까 "이 검버섯 좀 봐"인 거지.

고레에다   정말 좋았어요. 각본의 부족한 점을 키린 씨가 보완해주셨죠.

키키   그런가. 망치는 부분도 꽤 있을 텐데(웃음).

고레에다   아뇨, 아니에요. 말씀을 듣고 새삼 느꼈는데요, 역시 키린 씨는 영화 전체를 부감했을 때 뭐가 빠져 있고 그에 대해 본인은 뭘 할 수 있을지, 뭘 할 수 없을지를 아주 엄격하게 보고 계세요. 그 엄격한 눈은 자신에게도 향해 있고 연출가에게도 향해 있죠. 그래서 키린 씨와의 작업에는 매번 각오가 필요해요. 각본의 안이한 부분도 지적당하니까요. 하지만 각본을 쓰는 단계에서 그렇게 솔직한 지적을 받을 수 있다는 건 대단한 행운이에요.

키키   그래도 귀찮잖아, 감독 입장에서는.

고레에다   그렇지 않아요.

키키   그건 감독한테 역량이 있기 때문이야.

고레에다   하지만 그런 관계로 영화를 만들 수 있는 건 즐거운 일이죠. 키린 씨에게서 느닷없이 튀어나오는 대사를 듣고, 왜 여기서 "예쁘네" 했을까 생각하며 그 뒤를 쓴다거나 하는 거 말예요. 그걸 현장에서 확인하진 않지만요.

키키   응, 현장에서 그건 얘기하지 않지.

고레에다   여쭤봤다가는 오히려 "그런 것도 몰라?"라는 말을 들을 수도 있으니까요(웃음).

키키   아니, 그런 실례되는 말은 안 하는걸. 얼마 전에 배급사 가가 GAGA에서 연락이 왔는데, 〈태풍이 지나가고〉에서 어머니 역을 연기한 내가 보스턴의 클로트루디스어워즈에서 최우수 여우조연상을 받았다는 거야. '아, 그렇구나'라는 느낌이었는데, 딸이 "엄마, 여기 여우조연상 후보에 올랐던 배우 이름이 몇 개 쓰여 있는데, 이 사람은 올해 아카데미에서 여우조연상을 받았어. 이 사람을 제치고 수상한 거야" 하고 알려주더라고. "그럼 난 엄청난 사람이네?" 했지(웃음). 잊힌 무렵이랄까, 노년에 들어 어쩌다가 운 좋은 만남 덕에 이렇게 나를 고집해주는 사람이 생겼다는 건 아주 감사한 일이에요. 그래도 감독 영화에 나가는 건 이게 마지막이야.

고레에다   곤란한데요(웃음). 마지막이라는 말씀 마시고 앞으로도 잘
                  부탁드려요.

  4월 9일. 아직 완성 전 단계이긴 했지만 편집 도중의 〈어느 가족〉을 본
칸국제영화제 집행위원장터에리 프레모으로부터 "경쟁 부문에 선정됐습니
다"라는 기쁜 연락을 받고 나는 곧장 야야코 씨에게 연락했다. 5월에 비
행기를 타고 프랑스까지 갈 체력이 과연 키린 씨에게 남아 있을지 걱정
되어, 본인과 이야기하기 전에 가장 냉정하게 판단해줄 야야코 씨에게
상담하고 싶었기 때문이다.
  "본인에게 물어보겠지만 아마 간다고 하실 거예요." 야야코 씨는 곧바
로 답을 줬다. 4월 11일. 전화로 이야기를 나눈 키린 씨는 이제부터 로스
앤젤레스로 여행을 떠난다며 들떠 있었다. "하이, 미스터 고레에다……"
하고 '에다'에 악센트를 주며 나를 부르더니 "축하해. 지금 다 같이 아카
사카의 '스나바'에서 소바를 먹고 있었어. 당신, 운을 다 써버린 거 아니
야? 괜찮아, 런던에 들렀다가 야야코랑 함께 칸에도 갈 거니까요. 기대하
고 있을게. 미스터 고레에다" 했다.
  키린 씨에게 〈어느 가족〉 이야기를 처음 한 시기는 확실치 않지만, 분
명 그 라멘집에서였던 것으로 기억한다. 테이블 맞은편에 앉은 키린 씨
에게 짧은 플롯을 건넸다. "할게" 하고 웬일로 금방 수락해주었다.

  제작 노트를 쓰기 시작한 것은 2015년 6월 12일. 첫 페이지에는 '좀도
둑 가족万引き家族이 영화의 원제'이라고 쓰여 있고, 다음 페이지에 「아이에게

낚시 도구를 훔치게 한 혐의」[11]라는 오사카에서 일어난 사건을 전하는 기사가 있다. 몇 페이지 뒤에는 「연금 부정 수급 '생활비를 위해' 아버지의 죽음을 숨기고 1,200만 엔 착취」[12]라는 제목의 기사 복사본을 풀로 붙여놓았다. 시작이 두 사건이었던 것은 틀림없다. 이 단계에서 훔친 낚싯대로 낚시를 하는 아버지를 릴리 씨에게, 최종적으로 마루 아래에 묻히는 할머니를 키린 씨에게 부탁하려고 이미 구상해뒀다.

플롯 초고가 완성된 것은 8월 20일, A4 열두 장. 8월 하순에 가나가와의 지가사키칸이라는 료칸에서 합숙하며 고쳐 쓴 결과 A4 열여덟 장이 되었다. 제목은 '소리를 내서 불러줘'. 9월, 〈바닷마을 다이어리〉의 영화제 상영에 참석하기 위해 스페인으로 향하는 비행기 안에서 다시 수정 작업을 거쳐 제목을 '파도'로 변경. 이 단계에서는 쇼타가 TV 야구 중계에서 본 파도타기 응원을 해수욕장에 가서 하고 싶어 한다는 설정이었다. 이와 병행해서 〈태풍이 지나가고〉의 마무리와 〈세 번째 살인〉[13]의 자료 조사. 2017년 봄. 〈세 번째 살인〉의 완성을 기다리며 본격적인 준비에 들어갔다.

5월 13일과 14일 이틀에 걸쳐 아역 오디션. 25, 26일에 아키(이 무렵에는 미즈에라는 이름이었다) 역 오디션. 마쓰오카 마유 씨를 만나고 고민에 빠진다. 당초 생각했던 아무런 장점도 없는 젊은 여성 역과는 다르지만, 찍어보고 싶다. 6월 4일, 각본가 사카모토 유지[14] 씨와의 대담 준비를 위해 다시 본 〈문제 있는 레스토랑〉[15]에서 마쓰오카 씨의 연기가 너무도 훌륭해서 결심을 굳혔다. 이와 병행하여 아동보호시설을 취재. 6월 5일, 릴리 씨와의 대담에서 "이번에는 성애 장면을 찍고 싶다"라고 전한다.

7월 29일, 배우 대면식. 도호 스튜디오 중정에서 '가족사진'을 찍는다. 키린 씨가 "틀니를 빼고 연기하고 싶다"라고 제안한다. 동시에 "(마쓰오카 씨 같은) 이런 예쁜 애가 그 집에 있을 필요성을 모르겠어"라는 의문도 던진다. 아무래도 키린 씨는 내가 내 취향의 여자를 배역과 관계없이 캐스팅했다고 여긴 듯, "남자는 이렇다니까……"라고 중얼중얼 투덜거린다. 이 의심은 반드시 떨쳐내야 한다. 마쓰오카 씨가 가엾다.

10월 29일. 로스앤젤레스에서 도쿄로 돌아오는 비행기에서 아키의 설정으로 '하쓰에(키린 씨)를 버린 전 남편의 손녀'라는 아이디어가 떠올랐다. 아키를 둘러싼 이야기를 그 '가족'으로 회수하는 흐름을 더했다. 11월 7일, 니시카와 미와의 지적을 받아 막과자 가게에서 "여동생한텐 시키지 마"라는 말을 들은 쇼타의 마음속에 죄책감이 싹트고, 그로 인해 그때까지 절대시하던 오사무(릴리 씨)에 대한 신뢰가 무너져간다는 세로축을 강화했다. 스나다 마미[16]로부터도 감상이 도착했는데, 그 가족에게는 무언가 큰 목적(범죄)을 향해 행동을 취하는 식의 흐름이 필요하지 않겠냐고 한다. 일리 있는 말이다. 하지만 그렇게 하고 싶지는 않다. 경찰도 그렇게 생각한다. 그 가족에게는 무슨 '흉계'나 '목적'이 있었을 거라고. 하지만 그런 건 없었다. 그건 '우리에게는' 이해되지 않는다. 그런 흐름으로 구성했다.

12월 2일, 의상 피팅. 각본을 읽은 키린 씨로부터 저녁에 전화가 왔다. 아키의 본가 설정에 대해 말한다. "그렇게 행복한 집(전 남편의 아들 가정)에서 그런 아이(아키)로 컸다는 게 아무래도 납득이 가지 않아서……. 하쓰에의 비중을 늘리고 싶었다는 건 알겠는데, 난 그냥 외롭고 고독한 걸로 충분해. 얼마든지 있어요, 그런 사람……." 그 말을 듣고 반대로 아키에게는 뛰어난 여동생이 있고 아키가 그만둔 바이올린도 계속한다, 아키는 그 여동생의 이름을 풍속점성적인 서비스를 제공하는 가게에서 가명으로 쓴다는 설정을 생각해냈다.

2017년 7월 29일. 첫 번째 대면식 후 도호 스튜디오에서.

12월 15일, 겨울 편 크랭크인. 오사무의 공사 현장 장면부터 촬영이 시작되었다. 릴리 씨는 사실 뛰어난 운동신경의 소유자고, 그렇기 때문에 둔하고 굼뜬 남자 연기에 아주 능숙하다. 오사무의 이 '도움 안 되는 느낌'은 실로 훌륭하다. "왜 이런 예쁜 애가……" 하고 키린 씨가 존재를 의문시했던 마쓰오카 씨는 기죽지 않고 촬영 사이사이에 키린 씨 곁에 붙어 앉아 오디션에서 연신 떨어진 이야기 같은 걸 적극적으로 털어놓으며 이야기꽃을 피웠다. 나는 '정면으로 승부하는구나' 생각했다.

12월 28일. 키린 씨와 마쓰오카 씨의 전통 후식집 장면. 입에 넣고 빨아먹던 떡을 마쓰오카 씨의 그릇에 넣는 애드리브를 한 키린 씨도, 그것을 받아넘긴 마쓰오카 씨도 모두 훌륭했다. 밤에 편집해서 키린 씨 장면을 마쓰오카 씨에게 메신저로 보냈더니 "이런 설득력을 가지고 언젠가 카메라에 찍히고 싶어요"라는 믿음직한 감상이 돌아왔다.

처음에는 "당신 얼굴은 기억하기 어려워. 분명 다른 현장에서 만나도 모를 거야"라는 키린 씨의 지적에 마쓰오카 씨는 "맞아요. 그런 말 자주 들어요"라고 대답했지만, 머지않아 "당신 CF에 많이 나오지?" "네, 감사하게도요." "그건 분명 얼굴에 특징이 없어서일 거야. 다양한 역할을 하기에 유리하지" 하고 평가가 완전히 뒤집혔다. 새해가 밝고 세트 촬영이 시작된 무렵에는 "당신 말이야…… 만약 성형을 한다면 어딜 고치고 싶어? 난 코" 하며 친근함이 담긴 질문을 해서 나도 겨우 이제 괜찮구나, 하고 안심했다.

2018년 1월 27일, 크랭크업. 곧바로 편집 작업에 들어간다. 편집은 한 달. 통상적인 기간의 절반. 크랭크업으로부터 두 달 남짓한 속도로 〈어느 가족〉은 완성됐다. 키린 씨의 병세가 악화될 것을 예견했던 건 아니지만, 결과적으로는 서둘러 마무리해서 다행이었는지도 모른다.

칸국제영화제에서의 키린 씨는 한 달 반 전에 비해 상당히 여위어서 걷는 게 고작이라는 인상을 풍겼다. 그럼에도 참가해주신 데 감사하며, '어떻게든 시간을 맞췄다……'라는 마음과 '키린 씨를 무리하게 만든 건 아닐까'라는 마음 사이에서 괴로워하고 있었다.

기자회견 자리에서 키린 씨에게 누군가 손을 들어 질문했다. "왜 일본 감독들이 다들 당신과 작업하고 싶어 하는 걸까요?" "글쎄…… 난 잘 모르겠네요." 수줍은 것도 있었겠지만, 그 한마디로 키린 씨는 '네, 이제 끝'이라는 양 대답을 마무리해버려서 내가 그 뒤를 이어받는 형태로 왜 키린 씨에게 나와달라고 하는지, 감독에게 키린 씨 같은 배우가 있다는 게 얼마나 행복한 일인지를 이야기했다. 말하는 도중 나란히 자리에 앉아 있던 마쓰오카 씨가 울음을 터트렸다는 걸 알았다. 마쓰오카 씨도 키린 씨의 상태를 보고 병세의 진행을 알아차렸을 터다. 하지만 눈물의 이유는 그뿐만은 아니었던 것 같다. 감수성 풍부한 그다운 눈물이었다. 이때 아키라는 역할을 마쓰오카 씨에게 부탁하기를 정말 잘했다고 진심으로 생각했다.

레드카펫은 키린 씨와 팔짱을 끼고 걸었다. 즐긴다거나 경사스러운 기분과는 거리가 멀었고, 내 팔을 꽉 붙드는 키린 씨의 손이 무언가에 매달리는 것 같아서 괴로웠다. 넘어지시지 말기를. 그것만 생각했다.

2010년. 〈진짜로 일어날지도 몰라 기적〉 첫 촬영 전날 가고시마에서 키린 씨와 밥을 먹었다. 테이블에 마주보고 앉자 키린 씨는 느물게 내본을 꺼냈다. "있잖아…… 이 영화에서 어른은 모두 조연이잖아. 얼굴 클로즈업 같은 건 안 찍어도 돼. 다들 등으로 마음을 표현할 수 있는 능숙한 사람들이니까. 말 안 해도 알겠지만요……." 과연 키린 씨구나 싶었다. 물

론 아이가 주연인 영화라고는 생각했지만, 성인 캐스팅이 계획대로 실현되어서 각자의 클로즈업을 한 컷 정도는, 혹은 극적인 장면이나 결정적인 대사를 준비하는 편이 좋지 않을까…… 하는 마음이 슬슬 들었던 참이기 때문이다. '아차, 위험했어…….' 나는 그리 생각하고 당초의 예정대로 구성을 되돌렸다.

실제로 촬영을 시작해보니 가장 놀라웠던 건 하시즈메 이사오 씨의 연기였다. "아무것도 안 할 거예요……." 카메라를 향해서도 그렇게 말하고 입꼬리로 생긋 웃는다. 그리고 정말로 아무것도 안 한다. 아무것도 안 할 뿐만 아니라 움직이려고조차 하지 않는다. 자신이 움직이지 않음으로써, 반대로 많이 움직이는 아내 역의 키린 씨나 멈출 줄 모르는 아이들의 묘사와 대조를 이루려 하고 있다. 작품 전체를 부감하여 자신의 연기와 몸을 두어야 할 곳을 밝혀나가고자 하는 그 태도는 그야말로 키린 씨와 똑같았다. 두 분이 사이좋은 이유를 알 것 같았다.

가게에서 나온 키린 씨는 내 팔을 붙들고 천천히 발걸음을 내딛었다. 며칠 동안 가고시마의 병원에서 중립자선 치료를 받았던 듯 "몸이 힘들어"라고 말했다. 호텔로 가는 길에 유야 씨 이야기가 나왔다. 마침 여자 문제로 연예 정보 프로그램에 오르내리던 시기였다. "저기, 당신은 남자로서 어떻게 생각해? 이번만은 나도 좀체 용서가 안 돼. 기자회견이라도 열어서 전부 얘기해버릴까 싶은데……" "아아…… 그러세요…… 기자회견 말이죠……" "나한테 내내 거짓말을 했는걸……." 그렇게 이야기하던 중에 조금씩 키린 씨에게 생기가 돌아오는 것이 느껴졌다. 결국 기사회견은 열리지 않았다. 솔직히 나는 안도했다.

칸의 공식 상영이 끝나 장내에 불이 들어오고 기립 박수가 시작되었다. 이 박수의 길이가 나중에 마케팅용으로 쓰이기도 해서, 되도록 오래 끌고 싶다는 게 홍보 담당자 측 의향이다. 영화제 디렉터도 곁에서 박수 소리를 듣고 있어서, 좀 더 이어질 것 같다고 판단하면 들어가려는 우리를 막으며 "스테이" 하고 무서운 눈초리로 째려본다.

그러나 키린 씨는 이럴 때 '얼른 들어가지 않으면 뭔가 바라는 게 있는 것처럼 보여서 모양 빠진다'라고 생각한다. 나는 그 두 의향 사이에 끼인 상태로 발걸음을 뗄 타이밍을 판단해야만 하니, 주위에서 어떻게 보든 간에 감동하고 있을 여유 따윈 전혀 없었다.

단, 박수에 화답하며 손을 흔들고 머리를 숙이다 객석에서 야야코 씨와 사쿠라 씨의 어머니인 안도 가즈[17] 씨의 우는 얼굴을 발견했을 때, 아아…… 이 두 쌍의 모녀를 여기에 데려올 수 있어서 정말 잘됐다…… 하고 본론과는 좀 동떨어진 포인트에서 눈물을 글썽이고 말았다.

6월 9일 개봉 첫날 무대 인사에서 다시 만난 키린 씨는 더욱 작아져 있었고, 단상에 올라갈 때 말고는 휠체어에 앉아 있었다. 되도록 안 움직여서 에너지 소모를 막으려는 것 같았다. 그래도 "오늘은 자물쇠의 날이라서……" 하며 6월 9일에 자물쇠를 차고 인사를 하며 웃음을 자아내기도 하고, 축하 케이크를 만들러 와준 파티시에 요로이즈카 씨를 마쓰오카 씨에게 소개해주려고도 하는 등 곳곳에서 키린 씨다운 유머를 발휘했다.

추도문에도 썼지만 이날 헤어질 때 휠체어에 앉은 채 키린 씨는 나에게 이런 말을 했다. "이제 할머니는 잊고 당신은 당신의 시간을 젊은 사람을 위해 써. 난 더 이상 안 만날 테니까."

6월 24일, 신작 준비 때문에 파리로 향했다. 전화로는 몇 번인가 얘기를 나눴지만 키린 씨는 본인의 말대로 완고하게 나와 만나기를 거부했다. 나는 10월 크랭크인 예정인 신작 준비에 들어갔다.

8월 14일, 야야코 씨가 메일로 키린 씨가 넙다리뼈 골절로 입원 중이라고 연락해왔다. 19일, 수술 예후가 나빠서 꽤 심각한 상황이라고 추가 메시지가 왔다. 만날 수 있을지 모르겠지만 일단 귀국하기로 했다. 22일, 결국 뵙지 못하고 키린 씨의 자택 우편함에 편지를 넣어뒀다. 23일, 파리로 돌아왔다.

9월 15일, 아침. 키린 씨가 돌아가셨다는 연락을 받고 다시 귀국. 공항에서 곧장 쓰야通夜원래는 고인을 묻기 전 친족이나 지인이 밤새 고인 곁을 지키는 것을 뜻하나 현대에는 두 시간 정도의 반半쓰야가 일반화되고 있다 자리로 향한다. "아직 칸국제영화제 수상 축하를 제대로 못 했네요" 하며 현관에서 야야코 씨가 포옹한다. 뉴욕에서 이제 막 돌아온 갸라와 잠시 이야기를 나눈다. 테이블에 앉자 모토키 씨가 나를 배려해서 말을 걸어줬다.

"고레에다 감독을 안 만나셔도 진짜 괜찮겠어요?" 하고 모토키 씨가 키린 씨에게 물었더니, 처음에는 "괜찮아. 벌써 작별인사는 했고 난 이미 충분히 만났잖아. 그이를 만나고 싶어 하는 사람은 아주 많으니까, 이제는 젊은 사람에게⋯⋯"라고 말씀한 모양이고, 다시 한번 모토키 씨가 "정말 괜찮아요?"라고 물었을 때는 "그야 죽어가는 모습을 미요(배우 아사다 미요코그는 쓰야의 조문객 접대를 맡았다)뿐만 아니라 감독한테도 확실하게 보여주는 편이 거름이 되겠지만, 못 만나기 때문에 남길 수 있는 감상이란 것도 있잖아⋯⋯. 게다가 (카트린) 드뇌브[18]가 연기를 너무 잘하면 싫으니까⋯⋯. 그래서 좀 심술부리고 있는 거야(웃음)"라고 말씀했다 한다.

"이 양반이 농담으로라노 이렇게 평범한 질투의 밀을 하다니, 히고 그때 생각했어요⋯⋯." 모토키 씨는 그때의 모습을 떠올리며 의아한 듯한 표정을 짓고 있다. 그걸 듣고 조금 납득이 되었달지, 경망하게도 살짝 기뻐졌다. '그랬구나⋯⋯ 질투해주셨구나⋯⋯.' 쓰야에서 돌아오는 길, 혼자가 되었을 때 9월 15일이 내 어머니의 기일이기도 하다는 사실을 깨닫고 조금 울었다.

9월 24일. 2년 전에는 키린 씨와 함께 갔던 산세바스티안국제영화제에 참석해 평생공로상이라는 큰 상을 받았다. 이번에는 릴리 씨도 함께여서 든든하다. 트로피를 받는 시상식장 무대 뒤에서 출연 순서를 기다릴 때, 장내가 어두워지며 갑자기 이제까지의 내 작품을 소개하는 VTR이 흘러나오기 시작했다. 〈환상의 빛〉[19]부터 〈어느 가족〉까지 열세 편의 영화를 축약한 영상 위로 월즈 엔드 걸프랜드World's End Girlfriend의 〈공기인형〉[20] 주제곡과 요시노 히로시[21] 씨의 「생명은」[22]이라는 시 낭독이 울려 퍼진다. "생명은/ 저 자신만으로는 완결될 수 없도록/ 만들어져 있는 것 같다." 배두나 씨가 낭독하는 생명과 생명의 연쇄를 축복하는 그 시가 키린 씨의 화면에 겹쳐졌을 때, '아아, 키린 씨는 이제 없구나' 하고 확실히 자각했다. 그리고, 그럼에도 불구하고 그는 이렇게 영화 속에서 계속 살아가는구나, 하며 나는 위쪽을 올려다봤다. 눈물을 참기 위해서는 아니었다.

1   안도 사쿠라安藤サクラ (1986~)

배우. 도쿄 출생. 배우 오쿠다 에이지, 작가 안도 가즈 사이에서 둘째 딸로 태어났다. 언니는 영화감독 안도 모모코다. 2007년 아버지 오쿠다 에이지가 감독한 영화 〈바람의 바깥쪽〉으로 주연 데뷔했고 대표작으로 〈러브 익스포저〉〈가족의 나라〉〈백 엔의 사랑〉 등이 있으며, NHK 연속 TV 소설 〈만푸쿠〉에서 주인공을 맡았다. 고레에다 감독의 〈어느 가족〉에 출연하여 일본아카데미상 최우수 여우주연상을 받았다.

2   〈모리의 정원モリのいる場所〉

2018년 개봉한 오키타 슈이치 감독의 영화. 아흔일곱 살에 세상을 떠날 때까지 현역 화가였던 구마가이 모리카즈를 주인공으로 만년의 어느 하루를 그렸다.

3   구마가이 모리카즈熊谷守一 (1880~1977)

화가. 기후현 출생. 1890년 도쿄미술학교 입학. 1915년부터 니카전二科展공익사단법인 니카회에서 주최하는 공모전에 계속 출품했고, '화단의 신선'으로 불렸다. 1922년 명문가 딸 오에 히데코와 결혼했다. 만년의 스무 해 동안은 거의 나오지 않으며, 밤에는 아틀리에에서 몇 시간 동안 그림을 그렸고 낮에는 자택의 뜰에서 시간을 보냈다.

4   다키자와 오사무滝沢修 (1906~2000)

배우·연출가. 도쿄 출생. 쓰키지소극장의 연습생으로서 첫 무대를 밟았고, 선우 우노 주키치 등과 함께 극단 민게이를 창설, 대표를 맡았다. 대표작으로 〈불꽃의 사람〉〈세일즈맨의 죽음〉〈갈매기〉〈오토라고 불리는 일본인〉〈광기와 천재〉 등이 있다. 1970년대부터는 〈그 여동생〉〈안네의 일기〉 등의 연출도 맡았다.

5 우노 주키치宇野重吉 (1914~1988)

배우·연출가·영화감독. 후쿠이현 출생. 극단 민게이를 창설했고 〈밑바닥에서〉 〈갈매기〉 〈고도를 기다리며〉 〈유즈루〉 등의 무대에 출연했다. 주요 영화 출연작으로 〈애처愛妻 이야기〉 〈제5 후쿠류마루〉 〈금환식〉 등이, 영화 감독작으로 〈가없이 사랑스러운〉 〈이오지마〉 등이 있다. 장남은 배우 겸 가수인 데라오 아키라다.

6 〈인체―신비의 거인 네트워크〉

NHK 스페셜의 대규모 특별 기획으로 2017년 9월에 시작한 다큐멘터리 특별 방송. 사회는 다모리와 야마나카 신야가 맡았다.

7 야마나카 신야山中伸弥 (1962~)

의학자·교토대학 iPS세포연구소 소장·교수. 오사카 출생. 고베대학 의학부를 졸업한 뒤 국립오사카병원 정형외과에서 임상연수의로 근무하다 오사카시립대학 대학원 수료 후 캘리포니아대학 샌프란시스코캠퍼스 글래드스턴연구소에서 iPS세포 연구를 시작했다. 2012년 「성숙 세포가 초기화되어 다능성多能性을 가지는 것의 발견」으로 노벨 생리학상·의학상을 존 거든과 공동 수상했다.

8 마쓰오카 마유松岡茉優 (1995~)

배우. 도쿄 출생. 여덟 살 때 연예기획사에 들어갔고, 2008년 어린이 방송 〈오하스타〉에서 '오하 걸'을 맡았다. 2013년 NHK 연속 TV 소설 〈아마 짱〉에 출연하여 전국적인 인기를 얻었으며, 2017년 〈제멋대로 떨고 있어〉로 첫 영화 주연을 맡았다. 출연작으로 〈키리시마가 동아리활동 그만둔대〉 〈더 클로니클〉 〈치하야후루〉 등이 있다.

9 사사키 미유佐々木みゆ (2011~)

아역 배우. 영화 출연작으로 〈심부름센터 엘레지〉〈어느 가족〉 등이 있다. 미사와 홈, 아마존 등의 CF에도 출연했다.

10 조 카이리城桧吏 (2006~)

배우. 도쿄 출생. 일곱 살 때 스카우트되어 연예계 활동을 시작했다. 영화 출연작으로 〈옆자리 괴물 군〉〈어느 가족〉 등이 있다. 2018년 NHK 대하드라마 〈세고돈西郷どん〉에서는 정치가 사이고 기쿠지로의 어린 시절을 연기했다.

11 「아이에게 낚시 도구를 훔치게 한 혐의」

2015년 3월, 오사카 스이타시의 낚시 용품점에서 장남(14), 차남(12), 장녀(9)로 이루어진 초·중학생 삼남매에게 낚시 용품 세트를 훔치게 한 절도 혐의로 아버지(36)와 어머니(33)가 체포되었다. 부모는 "아이가 멋대로 했다"라고 주장했지만 조사를 통해 휴대폰 문자로 아이에게 절도를 지시한 정황이 밝혀졌다. 또 아버지는 방수공으로 월 약 40만 엔의 수입이 있음에도 생활보호비를 부정 수급했다는 사실이 드러났다. 가족은 낚시가 취미여서 오사카 호쿠세쓰 지역의 낚시 용품점에서 절도를 반복했으며, 부모는 도둑질이 발각될 때마다 점원 앞에서 아이를 엄하게 꾸짖고 사죄하는 식으로 체포와 신고를 피해왔다.

12 「연금 부정 수급 '생활비를 위해' 아버지의 죽음을 숨기고 1,200만 엔 착취」

2010년 7월 15일, 도쿄 아다치구의 민가에서 호적상 111세인 남성의 시체가 발견되었다. 다음 달 27일, 남성이 생존하고 있는 것처럼 위장해 공립학교 공제조합(도쿄

지요다)으로부터 유족 공제 연금 약 915만 엔을 부정 수급한 사기 혐의로 남성의 장녀(81)와 손녀(53, 둘 다 무직)가 체포되었다.

13 〈세 번째 살인〉

2017년 9월에 개봉한 고레에다의 열두 번째 영화. 변호사가 살인범의 마음 깊이 숨어 있는 진의를 변호하는 입장에서 바라보며 새로운 진실을 상상하는 법정 서스펜스. 주연은 후쿠야마 마사하루와 야쿠쇼 고지가 맡았다.

14 사카모토 유지坂元裕二 (1967~)

각본가·희곡가. 오사카 출생. 제1회 후지TV 영시나리오 대상을 열아홉 살에 수상하며 데뷔했다. 1991년의 〈도쿄 러브스토리〉를 비롯하여 〈라스트 크리스마스〉〈최고의 이혼〉〈우먼〉〈마더〉 등 다수의 화제작을 만들어냈다. 2008년 〈우리들의 교과서〉로 무코다 구니코상을, 2011년 〈그래도, 살아간다〉로 예술선장 문부과학대신 신인상 방송 부문을 수상했다. 고레에다와 사카모토의 대담은 고레에다 히로카즈의 대담집 『세계와 지금을 생각한다 1』에 수록됐다.

15 〈문제 있는 레스토랑問題のあるレストラン〉

후지TV 계열의 〈목요 극장〉에서 2015년에 방영한 드라마. 마쓰오카 마유는 극도의 대인공포증 때문에 늘 파카에 달린 후드를 뒤집어쓰고 있는 셰프를 호연했다.

16 스나다 마미砂田麻美 (1978~)

영화감독·소설가. 도쿄 출생. 게이오기주쿠대학 종합정책학부를 졸업한 뒤 가와세

나오미, 이와이 슌지, 고레에다 히로카즈 감독의 제작 현장에 프리랜서 감독 조수

로 참여했다. 2011년 다큐멘터리 영화 〈엔딩노트〉로 감독 데뷔, 2013년에 스튜디오

지브리를 제재로 삼은 〈꿈과 광기의 왕국〉이 개봉됐다. 2019년 TV 드라마 〈준이치〉

의 각본을 담당하는 한편, 연작 단편집 『한순간의 구름 사이에』가 2016년 〈책의 잡

지〉 상반기 베스트 1에 선정되었다.

17 안도 가즈安藤和津 (1948~)

작가 · 방송인. 도쿄 출생. 전 CNN 캐스터로 할아버지는 내각총리대신을 역임한 이누카

이 쓰요시다. 조치대학 문학부를 중퇴하고 2년간의 영국 유학 후 1979년에 배우 오쿠다

에이지와 결혼했다. 큰딸은 영화감독 안도 모모코, 작은딸은 배우 안도 사쿠라다.

18 카트린 드뇌브Catherine Deneuve (1943~)

배우. 프랑스 파리 출생. 10대 시절부터 영화에 출연하기 시작했다. 1964년 영화

〈쉘부르의 우산〉이 히트하여 세계적인 스타가 되었고, 1992년 〈인도차이나〉로 아

카데미상 여우주연상 후보에 올랐다. 〈로슈포르의 숙녀들〉〈세브린느〉〈마지막 지

하철〉〈방돔 광장〉〈어둠 속의 댄서〉〈8명의 여인들〉 등 다수의 대표작이 있으며,

고레에다의 최신작 〈파비안느에 관한 진실〉에서는 주연을 맡았다.

19 〈환상의 빛〉

1995년 12월에 개봉한 고레에다의 첫 영화로 원작은 미야모토 데루의 동명 소설이

다. 원인 불명의 자살로 남편을 잃은 여성이 슬픔을 치유해나가는 과정을 조용한

시선으로 묘사했다. 주연은 에스미 마키코. 그 밖에 아사노 다다노부, 나이토 다카

시 등이 출연했다. 베니스 국제영화제에서 촬영상을 수상했다.

20 〈공기인형〉

2009년 9월에 개봉한 고레에다의 여덟 번째 영화. 러브돌이 인간을 사랑한다는 고다 요시이에의 걸작 단편집 『고다 철학당 공기인형』의 표제작을 모티프로 삼아 고레에다가 각본을 새로 썼다. 주연은 배두나. 그 밖에 이타오 이쓰지, 이우라 아라타 등이 출연했다.

21 요시노 히로시吉野弘 (1926~2014)

시인. 야마가타현 출생. 사카타상업고등학교를 졸업한 뒤 데이코쿠석유에 취직했다. 전후 폐결핵으로 요양하던 중 시를 짓기 시작했고, 1952년에는 〈시가쿠詩学〉에 투고했다. 1957년 자비 출판 시집 『소식』을 출간했으며, 대표작으로 시집 『10와트의 태양』 『햇살을 받으며』 『꿈 그을음』 『생명은』 『두 사람이 정답게 있으려면』, 산문집 『일본의 사랑시』 『시를 권함─시와 말의 통로』 등이 있다.

22 「생명은生命は」

1999년 가도카와하루키사무소에서 출간한 『요시노 히로시 시집』에 수록. 영화 〈걸어도 걸어도〉 상영회를 주재한 센다이시의 교사가 뒷날 "고레에다 감독이 그리는 영화의 세계관과 비슷한 것 같아서"라며 이 시를 고레에다에게 보냈다. 그 가운데 "생명은/ 그 안에 결여를 품고서/ 그것을 타자로부터 채운다"라는 구절이 〈공기인형〉의 세계와 겹쳐서 요시노의 허락을 얻어 영화에서 사용했다.

부기 附記

쓰야 후 다시 파리로 돌아온 내게 "추도문을 부탁드려도 될까요?"라는 야야코 씨의 메일이 왔다. 고민 끝에 수락했다. 크랭크인 직전이라 아무래도 고별식 참석을 위해 귀국할 수 없어서 하시즈메 이사오 씨에게 대독을 부탁드리게 되었다. 상당한 부담감을 안고 호텔 방에서 사흘 밤 내내 썼다. 내용 면에서는 이 책에 수록한 인터뷰와 중복되는 부분도 있지만, 고별식에서 하시즈메 씨가 낭독한 전문을 그대로 싣는다.

추도문

먼저 고별식 자리에서 직접 작별 인사를 드리지 못하는 무례를 용서해
주세요. 유족분들, 자리에 계신 여러분, 죄송합니다. 그리고 무엇보다 키
린 씨, 미안해요. 하지만 어쩌면 제가 그 자리에 나타나 울먹이는 목소리
로 안녕을 고하는 것은 키린 씨가 전혀 바라지 않을 일일지도 모릅니다.
망연히 서 있는 저의 팔꿈치 언저리 셔츠를 슬쩍 잡으며 "저기…… 당신
가족도 아닌데 언제까지 그런 슬픈 표정으로 있을 거야" 하고 늘 그랬듯
장난꾸러기 같은 미소로 제 얼굴을 들여다보는, 그런 당신의 모습이 눈
에 선합니다.

추도문은 '남의 죽음을 슬퍼하고 아파하는' 것, 고별식은 문자 그대로
'헤어짐을 고하는' 자리라고 사전에 쓰여 있습니다. 키린 씨가 중병을 앓고
있었던 이상 언젠가는 이날이 올 거라고 각오했지만, 그럼에도 역시 이렇
게 갑자기 이별을 고하게 되리라고는 솔직히 생각지 못했기에 어찌할 바를
모르겠습니다. 꽤 오래 전에 저희 어머니가 돌아가셨는데, 지금은 어머니
를 두 번 잃은 듯한 슬픔의 늪에 빠져 좀처럼 거기서 헤어나올 수 없을 것
같습니다. 그만큼 저에게 당신의 존재가 특별했던 것이겠지요.

키린 씨와 저는 2007년에 처음 만났으니 고작 10년 남짓 알고 지낸 사

이입니다. 그러니 제가 이야기할 수 있는 건 당신 인생의, 그리고 배우로서의 긴 커리어 가운데 마지막 몇 페이지에 불과합니다. 그런 제가 추도문을 쓰는 중대한 임무를 맡을 자격이 있을지 진심으로 걱정이 앞서지만, 고민 끝에 받아들이기로 했습니다.

지금 이 추도문을 낭독하고 계신 하시즈메 이사오 씨는 키린 씨와는 분가쿠자의 연구소 동기로, 서로를 "하시즈메 군" "차키"라고 부르는 오랜 인연입니다. 한번은 두 분께 부부 연기를 부탁드렸는데, 촬영 중간 가고시마에서 저녁 식사를 함께할 때 두 분이 만담 같은 대화를 주고받았습니다. 카운터에 나란히 앉아 튀김을 먹으며 키린 씨가 무척 좋아하는 위자료나 성형수술 이야기로 웃음을 터트리는 사이사이로 연기론이, 그것만은 날카롭게 흘러나왔습니다. 거기서 50년이 넘는 세월에 걸쳐 길러진, 서로의 인간성과 연기에 대한 존경이 배어 나와 정말 부러웠습니다. 언젠가 저도 두 분과 이런 대화를 대등하게 나눌 수 있는 관계가 되고 싶다, 그렇게 생각했습니다. 그 바람은 끝내 이루어지지 않은 채 끝났지만, 그래도 이렇게 제가 쓴 추도문을 하시즈메 씨가 대독해주심으로써 조금은 두 분 사이에 비집고 들어간 듯한 기쁜 착각이 듭니다.

키린 씨와 저는 거의 스무 살 정도 나이 차가 있지만, 저희 둘의 관계는 실례를 무릅쓰고 말씀드리자면 '마음이 맞았다'라고밖에 표현할 길이 없을 것 같습니다. 그리고 무엇보다 만난 타이밍에 인연이 있었습니다. 2007년은 제가 어머니를 모델로 한 영화 〈걸어도 걸어도〉를 준비하기 시작한 해이며, 키린 씨는 그 전해에 맹우였던 구제 데루히코 씨를 떠나보냈습니다. 만약 구제 씨가 살아 계셨다면 키린 씨는 과연 함께 작품을 만들 연출가로서 저를 선택하고 이끌어주셨을까, 가끔 그런 생각이 머릿속을 스쳤습니다.

구제 씨가 드라마로 만들려고 했으나 실현하지 못했던 〈도쿄 타워〉의 어머니 역을 당신이 영화에서 연기한 경위를 생각하면, 거기서는 역시 이루지 못했던 '뜻' 같은 것을 느낄 수밖에 없기 때문입니다. 물론 키린 씨가 저의 등 뒤로 구제 씨의 모습을 겹쳐 보는 일은 단 한 번도 없었지만 저는 당신과 구제 씨 사이에 확실히 존재하며, 한번 끊어졌던 '인연'의 일부를 이어받은 듯한 기분이었습니다.

키린 씨가 왜 유독 저를 아껴주었는지 잘 알 수 없지만, 어쩌면 제가 TV 출신이라 영화의 세계에 스승이나 기댈 수 있는 선배가 아무도 없었던 것이 그 이유 중 하나였을지 모릅니다. 영화계에서 고아와 다름없던 저를 가엾게 여겨 마음 써주신 것이겠지요. 그래서 영화가 개봉할 때마다 제가 아닌 프로듀서에게 전화를 걸어 관객이 얼마나 들었는지 확인하시고는, "그럼 다음에도 찍을 수 있겠네. 다행이다, 다행이야……" 하며 신경 써주셨습니다. 부족한 아들을 염려하는 어머니로부터의 전화는 최근 작품까지 계속 이어졌습니다.

키린 씨께는 여러 음식을 얻어먹었습니다. 당신은 가게에 들어가면 셰프에게 "코스를 전부 먹고 싶은데 양은 반으로 해줘"라고 지시하거나, 초밥집에서 "있으나마나 한 시간 때우기용 음식 같은 건 필요 없으니까 맛있는 순서대로 절반만 내줘" 하고 무리한 주문을 하셨습니다. 그리고 모리시게 히사야 씨나 아쓰미 기요시 씨, 구제 데루히코 씨에 얽힌 추억담을 그분들의 몸짓과 말투를 능숙하게 흉내 내며 제게 들려주셨지요. 독차지하는 게 아까울 정도로 귀중한 이야기에 귀를 기울이며 저는 그저 맞장구를 칠 뿐이었습니다. 당신은 가게에서 나올 때 "얼마 나왔을 것 같아?"하며 또다시 장난꾸러기 같은 말투로 웃어 보이고는 "싸지? 그래서 낮에 오는 거야. 밤에는 비싸서……"하셨는데, 그럴 때 보여주는 서민적인 얼굴 역시 무척 매력적이었습니다.

저는 당신과 보내는 시간이 당연히 그 자체로 몹시 즐거웠지만, 아무래도 저는 인생 어딘가에서 친어머니와 보내지 못했던 아들로서의 시간과 후회를 어떻게든 만회하고 싶다, 다시 시작하고 싶다는 이루지 못할 소망을 키린 씨와 함께 지내며 이뤄보려 했는지도 모릅니다. 말로 표현한 적은 없지만 그런 저의 마음은 관찰안이 날카로운 키린 씨이니만큼 처음부터 꿰뚫어보셨겠지요. 키린 씨에게 어머니를 투영하며 영화를 찍고, 키린 씨와 식사하며 이야기를 나눔으로써 저는 제 어머니에 대한 애도 작업을 조금씩 진행할 수 있었던 것 같습니다. 그 작업 도중에 저는 또 한 명의 어머니를 잃고 다시 애도 작업을 시작하게 되고 말았습니다.

앞서 '마음이 맞았다'라는 건방진 표현을 썼습니다만, 그렇다고 모든 가치관이 일치했던 것은 물론 아닙니다. 좋아하는 각본가로 제가 무코다 구니코 씨의 이름을 가장 먼저 들었을 때, 당신은 드물게 굳은 표정으로 "흐음…… 어디가?"하며 제 얼굴을 정면에서 들여다보셨습니다. 이 키린 씨의 "흐음…… 어디가?" "흐음…… 왜?"라는 공격을 받을 때는 얼마나 설득력 있게 되받아치느냐로 그 사람의 평가가 정해집니다.

식은땀을 흘리며 무코다 씨 각본의 매력을 말했더니 "아아…… 우리랑 일을 안 하게 된 뒤의 작품 말이지……" 하고 당신이 내뱉은 그 한마디는, 안도감과 쓸쓸함이 뒤섞인 불가사의한 울림을 품고 있었습니다.

무코다 씨의 느린 펜에 진저리를 내면서도 구제 씨와 함께 TV에서 마음껏 놀았다는 자부심과 그 후 병에 걸린 무코다 씨가 진지한 드라마로,

그리고 문장의 세계로 향한 것을 당신이 어떻게 생각하셨는지는 제 나름 대로 상상할 수 있을 듯합니다. 흘러가 사라져 나중에 남지 않는 TV와 광고의 말끔함은 아마 그 무엇에도 구애받지 않는다는 당신의 근사한 철학과 그야말로 아주 '마음이 맞았던' 게 아닐까요.

2005년 당신이 무코다 씨와 같은 병에 걸린 뒤 '나중에 남는' 영화로 일의 중심을 옮겨, '단역'으로서 독특한 인상을 남기겠다고 입장을 바꿔 주연도 포함하여 작품을 짊어지는 역할을 수락하게 된 것. 거기에 어떤 심경의 변화가 있었는지 직접 여쭤보지는 않았지만, 저도 당신의 그 변화를 뒤쫓듯이 영화 출연을 의뢰했습니다.

간혹 저와의 만남과 작품 제작이 당신의 발걸음이나 행동에서 당신의 매력인 '경쾌함'을 빼앗아버리지는 않을까 걱정하던 때도 있었습니다. 하지만 아무래도 그건 기우였던 듯합니다. "TV 연속극은 이제 체력이 안 돼"라고 하면서도 연예 정보 프로그램이 불꽃놀이 중계 같은 출연 요청에 계속 응하던 이유를 여쭈었을 때, "내가 연예인으로서 지금 시대에 얼마큼 의미와 가치가 있는지 시험하는 거야"라고 당신은 대답하셨습니다.

가벼운 발놀림과 '잡맛'을 굳이 버리려 하지 않던 당신의 자세는 TV 출신인 제 눈에 또 하나의 커다란 매력으로 비쳤습니다. 그렇기에 당신의 부고를 전하는 뉴스에서 여러 사람들이 당신을 "배우" "대배우"라고 부르는 데 약간의 거북함을 느낍니다. 그런 구분은 실은 당신의 존재를 오히려 '왜소'하게 만들어버리는 게 아닐까라는 생각조차 듭니다. 분명 키린 씨도 그렇게 느끼고 있지 않을까요.

"난 재주가 좋지 않으니까"
"난 그렇게 꺼내 보일 게 많지 않아"

이 말은 배우로서의 자신에 대한 평가로, 출연 의뢰를 거절할 때 자주 하던 말씀입니다. 〈태풍이 지나가고〉라는 영화 때도 한번 수락했던 각본을 들고 사무실에 오셔서, 안 된다는 제 앞에서 몇 번이나 이 말씀을 반복하셨죠. "꼭 부탁드립니다" "무리야" 하며 책상 위에서 각본과 말이 한 시간이나 오간 적이 있었습니다.

하지만 그런 망설임은 막상 촬영이 시작되면 손톱만큼도 느끼지 못할 정도로 죽을 힘을 다해 그 역할로 살아가려고 하십니다. 대기실에서 영화 의상으로 갈아입은 뒤 아파트 창가에서 정좌하고 진지하게 대사를 외우려 하던 신인 배우 같은 당신의 모습이 지금도 선명하게 눈앞에 떠올라 사라지지 않습니다.

그런 당신이 작년 봄 〈어느 가족〉의 출연을 의뢰드렸을 때는 아직 각본도 완성되지 않았는데 시원스레 수락해주셨지요. 반쯤 거절당할 것을 각오했던 저는 당신의 태도에 안도하는 한편 의아함을 느꼈습니다.

촬영이 끝나고 3월 30일에 사무실을 방문한 당신이 보여주신 PET 사진에는 암의 전이를 나타내는 작고 검은 점이 온몸의 뼈로 퍼져 있었습니다. 남은 수명은 그해 말까지일 거라고 통보받았다며, "그러니까 역시 당신 작품에 나가는 건 이게 마지막이야"라고 말씀하셨습니다. 그리 멀지 않았다는 것을 알고는 있었던 '그때'가 눈 깜짝할 사이에 코앞으로 다가오자 할 말을 잃었습니다.

저는 당신에게 죽는 역할을 맡긴 것을 후회했습니다. 하지만 어쩌면서는 그 사실을 훨씬 전부터 알고 있었기에 당신과 만나게 해두고픈 배우를 출연자로 고르고, 경망스럽게도 영화 속에서 먼저 당신과 작별하려 했던 것인지도 모릅니다. 키린 씨도 그런 생각으로 이 역할을 수락하신 게 아닌지요?

"고레에다 감독의 영화는 이게 마지막이야"라는 선언은 작년 12월에 촬영이 시작되고 곧바로, 당신이 취재하러 온 기자들에게 이미 했던 말이었으니까요. 영화는 완성되어 6월 8일에 개봉했습니다. 키린 씨는 거기서 우리 둘의 관계를 완전히 마무리 지을 작정이었겠지요. 제 팔을 붙들고 지팡이를 짚으며 단상에 올라간 그날, 당신은 헤어질 때 저에게 이렇게 말했습니다.

"이제 할머니는 잊고 당신은 당신의 시간을 젊은 사람을 위해 써. 난 더 이상 안 만날 테니까."

정말 그 말대로, 다음 날부터 제가 아무리 차를 마시러 가자고 청해도 완고하게 거절하셨습니다. 저는 당황했습니다. 당신만큼 각오가 돼 있지 않았기 때문입니다. 골절로 입원하셨을 때도 만나지 못한다는 것을 알면서 저는 당신의 자택 우편함에 편지를 넣으러 갔습니다. 편지 내용은 당신에게 직접 전하지 못했던 감사의 말을 늘어놓은, 독선적이고도 그저 부끄러운 것이었습니다.

그리고 당신은 눈 깜짝할 사이에 먼 곳으로 떠나버렸습니다. 부고를 접하고 서둘러 달려간 쓰야 자리에서 세 달 만에 만난 당신은 당당하고 온화한 아름다움에 싸여 있었습니다. 그 모습을 봤을 때 당신이 저를 만나려 하지 않았던 건 제가 당신을 잃는 것을, 그리고 그 슬픔을 너무 오래 끌지 않게 하려는 다정함이었다는 것을 그제야 깨달았습니다.

저는 영화 속에서 피가 이어지지 않은 손녀가 그랬듯 당신의 머리카락과 이마를 손끝으로 만졌습니다. 그리고 당신이 영화 속에서 마지막으로 했던 말을 관 속의 당신에게 돌려드렸습니다.

사람이 죽는 것은 그 존재가 보편화하는 것이라고 생각합니다. 저는 어머니를 잃은 뒤 오히려 어머니의 존재를 온갖 것 속에서, 거리에 스쳐 지나가는 생판 모르는 사람들 속에서 발견할 수 있게 되었습니다. 그렇게 생각하며 슬픔을 극복하려 했습니다. 아내이자 어머니이고, 언니이자 할머니인 당신을 잃은 유족분들의 슬픔은 물론 헤아릴 수 없이 깊을 테지요.

하지만 이 헤어짐은 당신이라는 존재가 육체를 떠나 온 세계에 보편화한 것이라고, 그렇게 받아들일 수 있는 날이 남겨진 사람들에게 언젠가 찾아오기를 진심으로 바랍니다.

개인적인 이야기를 딱 하나만 더 하는 것을 용서해주세요. 키린 씨, 당신이 떠난 9월 15일은 제 어머니의 기일이기도 합니다. 어머니와 헤어진 날 이렇게 또다시 어머니가 만나게 해준 당신과 작별하는 운명이란 것이, 제 안의 외로움을 한층 더 견디기 힘들게 만듭니다.

어머니를 잃고 당신과 만났다는 억지는 옳지 않을지도 모릅니다. 하지만 어머니를 잃은 것을 어떻게든 작품으로 만들려고 했기 때문에 키린 씨를 만날 수 있었던 것만은 틀림없습니다.

그러니 뒤에 남겨진 저는 당신을 잃은 것을, 그 슬픔을, 이번에도 마찬가지로 어떻게든 다른 것으로 승화시켜야만 합니다. 그것이 인생의 아주 짧은 순간을 함께 달렸던 사람으로서의 책임이겠지요. 그렇게 하는 것이 저 같은 고아를 거두어 곁에 두고 애정을 쏟아주신 당신에 대한 최소한의 보은이라고 생각합니다.

이미 먼 길을 떠난 등을 뒤쫓듯이, 관 속의 당신을 향해 마지막으로 했던 말을 한 번만 더 반복하며 작별 인사를 마무리하려 합니다.

키린 씨,
저를 만나줘서 고맙습니다.
안녕.

2018년 9월 30일
고레에다 히로카즈

네 개의 눈

고레에다 히로카즈는 눈眼의 사람이다. 그 눈은 예컨대 호박을 닮았다. 윤기도 물론이거니와 몇천만 년이라는 세월에 걸쳐 수지가 화석화해 다시 태어난 유일한 식물 기원의 보석이라는 점에서도, 그 돌이 따스하고 부드러운 광채를 발하는 '태양의 돌'로 불리면서 유구한 시간을 거쳐 곤충을 가둬버리는 섬뜩함까지 겸비하고 있다는 점에서도 왠지 통하는 데가 있다.

그리고 그 드문 시선. 마치 어린아이가 본 적 없는 것을 응시하는 양 똑바로, 골똘히, 그저 세상을 바라본다. 그저 바라본다는 것은 지극히 어려운 일인데, 어른은 대개 어떤 선입관이 머릿속을 스쳐서 대상이 지닌 순수한 면을 조금이라도 왜곡해 받아들이기 일쑤기 때문이다. 게다가 사람은 모르는 것을 보면 되도록 재빨리 자기 안에서 판단을 내려 안심하고 싶어 하는 법이다. 그런데 그의 눈은 언제까지나 단정 짓지 않고 고요히, 그저 관찰하기를 선택한다.

걸핏하면 그 시선을 받는 입장에서는 아무리 명랑하고 다정한 눈길이라 해도 일종의 공포 체험이 될 때조차 있다. 고레에다 감독 앞에서 아무리 폼을 잡아봤자 그렇게 무의미하고 우스운 일은 없을 것이다. 그의 눈동자 바로 앞에 서면 나 자신이 어느 정도의 사람인가, 이 입에서 나온 말도, 몸이 표현하는 동작도 대체 무슨 의미가 있나 하며 공허한 비지땀이 배어난다. 그러므로 언제나 진실한 모습으로밖에 있을 수 없다. 한없이 본연의 모습으로 있거나, 만에 하나 거짓이라 해도 참된 거짓말을 하거나, 라는 마음가짐으로 대치해야만 한다.

분명 어떤 어중이떠중이가 시야를 가로막더라도 고레에다 감독의 눈은 그 현상을 똑바로, 골똘히, 그저 계속 바라보다가 이윽고 그들을 고레에다 작품이라는 이 세상을 투영하는 거울로 승화시켜버릴 터다.

키키 키린은 눈眼의 사람이다. '야부니라미藪睨み'란 사시, 혹은 시각이나 사고방식이 얼토당토않다는 뜻인데 그의 눈이 '야부니라미'인 것을 두고 한국의 어느 영화평론가가 이렇게 평했다. "현재를 보는 눈과 과거 혹은 미래를 동시에 보는 눈을 가지고 있다. 그래서 이 배우는 신비롭고도 무섭다."백은하 소장(백은하배우연구소)이 쓴 『키키 키린: 그녀가 남긴 120가지 말』(항해, 2019)의 추천사 중 일부.

실제로 그는 눈앞의 사물이나 사람을 바라보면서도 여기가 아닌 어딘가를 상상하고 있는 것처럼 느껴질 때가 많았다. 단, 실제로는 보지 않는 것 같아도 전부를 보고 있었다. 무서울 정도로 정확하게. 그야말로 그가 등을 돌리고 있는 곳 앞에 펼쳐진 광경까지도 보였던 것인지 모른다.

아이는 이유 따윈 아무래도 좋다. 마음이 편한가 불편한가, 단지 그뿐이다. 실제로 당시 고작 한 살이었던 내 아들은 그가 다가오면 반드시 "할머니, 보지 맛! 보지 마!" 하고 필사적으로 뒷걸음질 치며 그 시선을 멀리했다. 그런 말을 들은 본인은 깔깔 웃으며, 감탄하며 말한다. "대단한데, 이 애는 내가 보고 있다는 걸 잘 아네!"

고레에다 히로카즈의 눈과 키키 키린의 눈이 '마주친' 것은 그야말로 사건이다. 적어도 두 사람에게는 서력에서의 기원전과 기원후 정도의 변이가 있었음이 틀림없다. 두 사람은 친한 친구도, 부모 자식도, 사제지간도 아니다. 하지만 그 모든 것이기도 하다고 말할 수 있으리라.

영화라는 플랫폼에서 만나는 눈과 눈. 그 양쪽이 잘 맞지 않을 때는 서로를 미워하는 경우도 있거니와 체념이라는 이름의 침묵이 덮쳐올 만큼 불행해질 수도 있다. 그러나 융합될 경우에는 적당한 긴장감 속에서 절묘한 호흡이 탄생하며, '감독의 눈'이 바라는 '배우의 몸'으로서 창조의 힘이 향하는 대로 영화라는 마물에 생명이 빨려 들어간다. 허나 안타깝게도 창작의 현장에서 그런 지복은 좀처럼 보기 드문 모양이다. 그만큼 이 두 사람의 시선이 마주쳤다는 것이 기적적인 사건이었던 셈이다.

12년 동안 여섯 편의 영화에서, 두 사람은 감독과 배우로 함께 걸었다. '평범한 일상'을 그리는 일의 어려움과 필연성을 이 정도까지 함께 나눌 수 있었던 관계도 희귀할 것이다. 그곳에 흐르는 희극성과 슬픔의 변천을 포착하는 눈들은 훌륭한 정합성을 가진다. 원래 극단적이리만치 위로 올라가려는 마음이 없는 키키 키린은 작품에도, 감독에게도, 본인에게조차 기대를 하지 않은 채 반세기 이상 배우를 해왔다. 그런 이상도 의욕도 없이, 진심인지 거짓인지 "의뢰받은 순서대로 일을 할 뿐이야"라고 말하는 그가, 정신을 차리고 보니 고레에다 감독과는 거듭해서 일을 해온 것이다. 더 이상은 말할 필요도 없을 터다.

키키 키린이 세상을 떠나기 몇 주 전, 입원해 있던 국립 병원의 병실에서 꾼 꿈 이야기를 해줬다. 정확히 말하자면 목소리를 내기 어려워진 무렵이라 필담이었다.

8월 22일은 무코다 씨가 비행기 추락 사고를 당한 날.

구제 씨 삼촌이 나루토 해협에 뛰어든 날이었지.

어젯밤엔 고레에다 감독이 스태프와 함께 트렁크를 내던지고 입구에서 자고 있었어.

아아, 역시 왔구나 했더니 그 뒤 집중치료실에서 따로따로 자고 있기에 안심했어. 옛날 남자랑 드뇌브가 만났던 카페로 연출하려고, 여기서 로케이션 헌팅을 한 뒤에 기자회견을 하고 몇 명인가 만날 거라고 했어.

밖에서 보면 옛날 마로니에 꽃이 펴서 좋겠구나, 바깥 로비랑(무엇보다 영상이 말이야). 문제는 도쿄도의 국립 건물을 쓰는 거니까 고이케 씨현 도쿄 도지사 고이케 유리코랑 아베 씨당시 총리였던 아베 신조한테는 모른 척하고. 또 무슨 말을 들으면 곤란할 텐데.

이 무렵 고레에다 감독은 카트린 드뇌브 주연의 신작 준비를 위해 파리와 도쿄를 엄청난 빈도로 오가고 있었다. 그럼에도 불구하고 몸 상태가 좋지 않은 키키 키린을 걱정해서 몇 번이고 만남을 청해줬다. 하지만 그 말을 전할 때마다 키키 키린은 잠자코 고개를 가로저었다. 실제로 〈어느 가족〉이 칸국제영화제에서 황금종려상을 수상하여 감독이 전 세계로부터 축하를 받는 와중에, 그는 고레에다 감독에게 직접 이렇게 말했다고 한다. "이제 할머니는 잊고 당신은 당신의 시간을 젊은 사람을 위해 써. 난 더 이상 안 만날 테니까."

구체적인 여명 선고를 받고 자신의 기력이 쇠퇴하는 것을 여실히 느꼈을 때, 키키 키린이 가장 먼저 한 행동은 '물러나는' 것이었다. 그것도 가장 소중한 상대일수록 단호하게 이별을 고했다. 쓰던 물건 정리와 뒷자리 준비는 진작 끝마쳤고, 사람과의 관계에 있어서도 상당히 일방적으로 '감사'와 '사죄'와 '작별'을 상대에게 전했다. 40년 넘게 별거해온 남편 우치다 유야에게도 어느 날 전화로 그렇게 했다. 이보다 더 키키 키린다움을 관통하는 에피소드는 없다. 단김에 쇠뿔 빼듯, 상대가 어떻게 생각하건 본인의 매듭을 짓겠다는 자세가 키키 키린 그 자체다.

무슨 일이 있을 때마다 키키 키린이 고레에다 감독에 대해 했던 말이 있다.

"현장에 있는 고레에다 감독은 여하튼 기쁜 표정이야. 영화를 찍는 게 즐거워서 견딜 수 없다는 듯이. 아이부터 노인까지 상대하는 거니까 그야 일이 잘 풀리기만 하는 건 아니잖아. 하지만 결코 화내지 않고, 참을성 있게, 아무렇게나가 아니라 정성껏, 누구에 대해서도 평등하게, 실로 연기를 재미있어 하면서 만들어. 배우라면 누구든 이런 감독의 현장을 한 번은 경험했으면 좋겠어."

이 세상에 태어나 천직을 만나는 사람은 그리 많지 않을 것이다. 그 가운데 이 두 사람은 틀림없이 '감독'과 '배우'라는 사명을 지니고 태어났을 터다. 기적적으로 같은 나라에서 태어나, 약간의 시기 차이는 있었지만 같은 시대를 살아가며 교감한 맹우. 그중 한 조각이 없어진 지금, 이번에는 이 두 사람을 가까이에서 지켜본 사람으로서, 또한 가족으로서, 내가 고레에다 감독에게 말할 차례다.

"고레에다 씨, 어머니를 만나줘서 고맙습니다."

우치다 야야코

마치며

"아아, 무서워라. 남는 게 진짜 싫어."

2016년 3월 14일. 〈스위치〉의 「키키 키린과 함께」라는 특집호 인터뷰 때 키린 씨가 테이블 위에 놓인 IC 레코더를 보고 한 말이다. 월간지라 계속 서점에 진열되는 건 아니라고 설득하여 간신히 양해를 구했다.

원래부터 TV나 광고의 좋은 점은 남지 않는 것이라고 자주 말했다. 흘러가 사라지는 말끔함을 더없이 사랑했고, 바로 그렇기에 마음껏 놀 수 있었던 것인지도 모른다. 또 키린 씨의 "배우는 '가짜 모습'. 오히려 '연예인'이라는 분류 속에 몸을 두는 편이 나답다"라는 말이 진심이라면, "뒤에 남겨야 할 연기론 같은 건 내게는 없다"라는 말 역시 거짓은 아닐 터다.

그러나 앞서 나온 〈월간 바람과 록〉에서는 "내가 죽으면 나의 이야기꾼은 아사다 미요코밖에 없지 않을까 해서"라고, 물론 애정이 담긴 말투이긴 했지만 '불안'을 드러내며 직접 무언가를 써볼까 한다고도 말했다. "지금 쓰고 계세요?"라는 야나이 씨의 질문에는 "아니, 아직 한 줄도 안 썼어"라고 대답해 다 함께 웃었지만.

본인이 쓴 그 문장을 실제로 보는 일은 우리에게 허락되지 않았다. 그래서 적어도 이런 형태로 연기를 둘러싼 키린 씨의 '이야기'를 문자로 남기고, 그것이 잡지가 아닌 한 권의 책으로서 책장에 꽂히게 되는 것을 이 기회에 용서해주시길 바란다.

또 이 책을 출판하기 위해 힘써주신 〈스위치〉의 아라이 도시노리 편집장, 마키노 도모히토 씨, 작가 호리 가오루 씨께 이 자리를 빌려 감사의 인사를 전하고 싶다. 『키키 키린의 말』은 나에게 아주 소중한 책이 되었다.

그리고 근사한 문장을 기고해주신 우치다 야야코 씨. 작가로서 날카로우면서도 상냥한 '눈'을 가진 야야코 씨의 문장의 세계에서 키린 씨와 함께할 수 있다는 건 분에 넘치는 영광이었다.

추도문을 제외하고 키린 씨와의 약속을 지켜 1년 가까이 '이야기꾼'으로서의 취재 의뢰는 TV든 잡지든 전부 거절해왔기에(그야말로 추도문에 모든 것을 담았다는 게 본심이라서), 일주기에 나오는 이 책의 집필을 일단 중단해뒀던 '애도 작업'으로 여기며 내 나름대로 임해봤다.

프랑스에서 촬영하던 영화도 어제 드디어 완성했고, 키린 씨 본인의 말마따나 '키린 씨 의존증'이 되지 않도록, 이제부터는 키린 씨의 부재를 어떻게든 받아들이고 또 앞으로 나아가야 한다고 생각하고 있다.

사랑해야 할 대상이 이제 여기에 존재하지 않고, 손에 닿지 않는다. 하지만 바로 그렇기 때문에 그 '부재'를 그립게 여긴다. 이 '그리워하는' 일을 업으로 삼는 불행한 체질의 인간이 작가가 된다고 생각하는데, 그런 뜻에서 이 책은 나에게 이제는 수신되지 않는 '연애편지'일 것이다.

2019년 7월 14일
고레에다 히로카즈

두 예술가가
함께 보낸 순간

　고레에다 히로카즈를 만난 적이 있다. 감독이 〈파비안느에 관한 진실〉을 들고 강릉영화제에 참석했을 때 왓챠의 유튜브 채널 인터뷰어로 섭외되었다. 그의 책『영화를 찍으며 생각한 것』을 번역했던 게 인연이 됐다. 번역가가 된 이래 가장 흥분되는 순간이었지만 인터뷰라면 해본 경험은커녕 당해본 경험도 없었기에 걱정이 컸다. 연락을 받은 뒤 만사를 제쳐두고 감독의 영화와 책을 다시 봤다. 기존 인터뷰도 샅샅이 뒤졌다. 준비하면 할수록 고민이 깊어졌다.

　인터넷에는 감독의 명성만큼이나 신작 관련 자료가 차고 넘쳤다. 프랑스에서 서양 배우들과 찍은 그 영화를 두고, 일본의 각종 언론에서는 "프랑스에서 촬영한 소감은?" "캐스팅 비화는?"과 같은 대동소이한 질문으로 인터뷰를 풀어나가고 있었다. 우리 인터뷰를 볼 사람들에게도 기본적인 정보를 제공해줘야 하므로, 나라고 다른 질문을 할 수 있을 것 같지는 않았다. 하지만 그런 낡은 질문들이 감독을 피로하게 만들까 봐 겁이 났다. 귀중한 기회이니만큼 정해진 각본을 따라가는 게 아니라 생생한 대화를 나누고 싶다는 욕심도 있었다. 끙끙거리는 사이에도 시간은 야속하게 흘렀다. 하루하루 피가 마르는 기분이었다.

인터뷰 당일, 강릉 시내의 한 카페에서 작은 테이블을 사이에 두고 감독과 나는 마주 앉았다. 긴장으로 벌벌 떠는 초짜 인터뷰어에게 감독은 근사한 중저음으로 "괜찮을 거예요" 하고 싱긋 웃었다. 내 질문지를 보고는 "뭐이렇게 성실하게 준비했어요?" 농담도 던졌다. 주인공이 늘 가지고 다니는 삼각형 물건의 정체가 무엇이냐는 물음에는 "진짜 뭔지 알고 싶어요?" 하며 장난스러운 미소를 짓기도 했다. (정답은 3색 형광펜이었다!)

반면 영화의 주제에 대해 이야기할 때는 가슴이 철렁 내려앉을 정도로 예리한 눈빛으로 돌변했다. "'진실'이란 기본적으로 인간은 손에 넣을 수 없는 거라고 생각한다. 객관적인 진실은 주관적으로 사는 인간이 이해하지 못하는 것이다"라고 말하는 목소리에는 그 맞은편에 나만 앉아 있는 것이 아쉬울 정도의 열기가 담겨 있었다.

마지막으로 카메라에 대한 첫 기억을 물었을 때, 감독은 팔짱을 끼고 깊은 생각에 잠겼다. 과거를 한참 거슬러 올라가 어린 시절 집에 있었던 작은 필름카메라에 관한 이야기를 꺼냈다. 설날에 신사에 가려고 카메라를 찾았더니 사라지고 없어서, 가족 모두가 기분이 착 가라앉았다고 했다. 그의 영화 〈태풍이 지나가고〉에서처럼 돈이 궁한 아버지가 전당포에 맡겨버렸던 것이다. "아픈 기억이네요" "슬픈 추억이죠" 하며 우리는 쓰게 웃었다. 그 순간 감독과 나는 틀림없이 어떤 감정을 공유했다. 우리가 '대화'를 나눴구나, 비로소 생각했다. 인생에 다시없을 멋진 순간이었다.

감독은 촉박한 일정에도 내가 준비한 질문을 다 할 수 있도록 배려해줬고, 스태프 모두에게 사인까지 해준 뒤 유유히 카페를 떠났다. 그날 강릉에는 보슬비가 내렸다. 감독이 택시를 기다리며 우산 아래 골똘히 생각에 잠겨 있는 모습을 나는 먼발치에서 한참 바라봤다. 내 오랜 우상을 만났다는 실감은 그제야 심장에서 전신으로 서서히 번져 뒤늦게 다리에 힘이 풀렸다. 그러고 나서 이 책의 의뢰가 들어왔다. 단 1초도 고민하지 않고 곧장 하겠다고 답장을 썼다. 감독에 관한 것이라면 나는 뭐든 하고 싶었다.

감독에 대해 조사할 때 나는 한 가지 확신을 얻었다. 감독은 이른바 '고분고분한 범생'에게는 관심이 없다. 감독이 흥미를 느끼는 건 스태프라면 "이 장면에서 이건 좀 아닌데요" 하고 반대 의견을 말할 수 있는 사람, 배우라면 "이 캐릭터가 여기 있을 필요성을 모르겠어"라는 식으로 각본에 의문을 던질 수 있는 사람이다. 바로 키키 키린처럼 말이다.

'고분고분한 범생' 타입인 나는, 고백하건대 번역을 하는 내내 키키 키린이 부러웠다. 뾰족한 개성을 마음껏 펼칠 수 있었던 삶이, 연기뿐만 아니라 일상 대화에서도 엿보이는 천재적인 언어 센스가, 오랜 세월 나의 우상을 자극했던 대단한 재능이. 평범한 사람이 피나게 노력해도 가지 못하는 경지에 아무렇지 않은 얼굴로 서 있는 이들에게 나는 늘 속수무책으로 끌린다. 그들의 모나고 까다로운 면까지 사랑하고 마는 것이 범생 타입의 숙명이라 생각한다.

번역을 마치고 〈앙: 단팥 인생 이야기〉를 봤다. 진부한 표현이지만 화면에 키키 키린이 등장한 순간 압도되고 말았다. 그간 고레에다 영화에서 익히 봐온 '드세지만 귀여운 면이 있는 어머니'와는 완전히 다른 모습이었다. 거리의 부산함에 위축된 왜소한 노인. 그 노인은 벚나무길 근처의 어느 노라야키 가게를 보고 발걸음을 멈췄다. 만개한 벚나무 아래에서, 짧은 감탄사를 내뱉으며 숨을 깊게 들이마신 후 가게 앞으로 가 굽은 손을 팔랑이며 점장을 불렀다. 사연이 있어 오랜만에 외출한 인물, 천진한 면이 있지만 심지는 단단한 인물이라는 것이 그 짧은 몇 장면으로 고

스란히 전해졌다. 아, 이제는 이 연기를 두 번 다시 볼 수 없구나. 애도의 마음은 뒤늦게 찾아와 한동안 계속되었다.

"유키, 네 뒤로 다들 너의 연기를 뒤쫓아 왔잖아. 모모이 가오리도 그렇고, 다나카 유코도 그렇고. 하지만 현시점에서 너를 능가하는 건 한 명도 없지." 나는 이 부분을 번역하며 영화 〈시민 케인〉에 등장하는 대사를 떠올렸다. "Some people can sing. Some can't(어떤 이들은 노래할 수 있지만 어떤 이들은 못 한다)." 노래라면 모모이 가오리도 다나카 유코도 할 수 있다. 다만 키키 키린처럼은 하지 못할 뿐. 그 유일무이한 개성이 이 세상에서 사라졌다는 사실에 나 같은 일개 팬도 진한 아쉬움을 느끼는데, 하물며 오랜 세월 특별한 관계였던 감독의 심정이야 오죽할까.

감독을 위해, 또 키키 키린과 그를 아끼는 팬들을 위해 내가 바칠 수 있는 최대한의 존경과 사랑을 담아 번역하고 싶었다. 두 예술가가 함께 보낸 순간이 읽는 분들께도 온전히 가닿기를 바라본다.

2021년 봄
이지수

영화

2008

걸어도 걸어도

■ 키린 씨 배역

요코야마 도시코(주인공 요코야마 료타의 어머니)

어느 여름날, 료타는 아내 유카리, 아들 아쓰시와 함께 본가에 간다. 이날은 15년 전 세상을 떠난 형의 기일. 하지만 실직했다는 말을 꺼내지 못하는 료타에게 부모님과의 재회는 고통일 뿐이다.

©2008 〈걸어도 걸어도〉 제작위원회

[원안·감독·각본·편집] 고레에다 히로카즈 [출연] 아베 히로시, 나쓰카와 유이, YOU, 다카하시 가즈야, 키키 키린, 하라다 요시오, 다나카 쇼헤이 외 [촬영] 야마자키 유타카 [조명] 오노시타 에이지 [녹음] 쓰루마키 유타카 [미술] 이소미 도시히로, 미쓰마쓰 게이코 [의상] 구로사와 가즈코 [음악] 곤치치 [홍보미술] 가사이 가오루 [기획] 야스다 마사히로 [배급] 시네콰논 [제작] 티브이맨유니언, 엔진필름, 반다이비주얼 [상영시간] 114분 [개봉일] 2008년 6월 28일 [수상] 산세바스티안 국제영화제 각본가협회상, 마르델플라타국제영화제 최우수 작품상 외. 키키는 이 작품으로 호치영화상 여우조연상, 낭트3대륙영화제 최우수 여우상, 키네마준포 베스트 텐 여우조연상, 블루리본상 여우조연상, 도쿄스포츠영화대상 여우조연상 등을 받았다.

2011

진짜로 일어날지도 몰라 기적

■ 키린 씨 배역

오사코 히데코(주인공 형제 고이치와 류노스케의 할머니)

부모님의 이혼 때문에 가고시마현과 후쿠오카현에 따로 떨어져 사는 초등학교 6학년 형 고이치와 4학년 동생 류노스케. 언젠가 다시 가족 넷이 함께 살기를 바라는 두 형제는 우연히 하루 중 첫 기슈 신칸센이 스쳐 지나갈 때 그 자리에 있으면 소원이 이루어진다는 소문을 듣고 친구들과 계획을 짜기 시작한다.

©2011 〈진짜로 일어날지도 몰라 기적〉 제작위원회

[감독·각본·편집] 고레에다 히로카즈 [출연] 마에다 고키, 마에다 오시로, 하야시 료가, 나가요시 호시노스케, 우치다 갸라, 하시모토 칸나, 이소베 렌토, 오다기리 조, 오쓰카 네네, 키키 키린, 하시즈메 이사오, 나쓰카와 유이, 하라다 요시오 외 [촬영] 야마자키 유타카 [조명] 오노시타 에이지 [녹음] 쓰루마키 유타카 [미술] 미쓰마

쓰 게이코 [음악] 구루리 [배급] GAGA [제작] JR히가시니혼기획, 반다이비주얼, 시로구미 외 [특별협찬] 규슈여객철도(JR규슈) [상영시간] 128분 [개봉일] 2011년 6월 11일 [수상] 산세바스티안 국제영화제 최우수 각본상, 아시아태평양영화제 최우수 감독상 등을 받았다.

2013   ■ 키린 씨 배역
그렇게 아버지가 된다   이시제키 사토코(주인공의 아내 노노미야 미도리의 엄마)

엘리트 인생을 걸어온 주인공 료타는 어느 날 6년 동안 소중히 키워온 아들이 출산 후 병원에서 다른 사람의 자식과 뒤바뀐 아이라는 사실을 알게 된다. 혈연인가, 이제까지 함께 보낸 시간인가. 두 가족은 갈등과 고뇌 끝에 어떤 결단을 내린다.

©2013 후지TV · 어뮤즈 · GAGA

[감독 · 각본 · 편집] 고레에다 히로카즈 [출연] 후쿠야마 마사하루, 오노 마치코, 마키 요코, 릴리 프랭키, 니노미야 게이타, 황쇼겐, 후부키 준, 키키 키린, 나쓰야기 이사오 외 [촬영] 다키모토 미키야 [조명] 후지이 노리키요 [녹음] 쓰루마키 유타카 [미술] 미쓰마쓰 게이코 [의상] 구로사와 가즈코 [배급] GAGA [제작] 후지TV, 어뮤즈, GAGA [상영시간] 120분 [개봉일] 2013년 9월 28일 [수상] 칸국제영화제 심사위원상, 산세바스티안 국제영화제 관객상, 밴쿠버국제영화제 관객상 등을 받았다.

2015   ■ 키린 씨 배역
바닷마을 다이어리   기쿠치 후미요(주인공 세 자매의 이모할머니)

가마쿠라에 사는 고다가의 큰딸 사치, 둘째 딸 요시노, 셋째 딸 치카 세 자매 앞으로 15년 전 집을 나간 아버지의 부고가 날아든다. 장례식에 참석하기 위해 야마가타로 향한 세 사람은 거기서 배다른 여동생인 열네 살 소녀 스즈를 만난다. 사치는 의지할 데 없어진 스즈에게 함께 살자고 제안하고, 스즈는 고다가의 막냇동생으로 가마쿠라에서 새로운 생활을 시작한다.

©2015 요시다 아키미 · 쇼가쿠칸/후지TV · 쇼가쿠칸 · 도호 · GAGA

[감독 · 각본 · 편집] 고레에다 히로카즈 [출연] 아야세 하루카, 나가사와 마사미, 가호, 히로세 스즈, 오타케 시노부, 쓰쓰미 신이치, 후부키 준, 릴리 프랭키, 키키 키린 외 [촬영] 다키모토 미키야 [조명] 후지이 노리키요 [녹음] 쓰루마키 유타카 [미술] 미쓰마쓰 게이코 [의상] 이토 사치코 [음악] 간노 요코 [푸드스타일리스트] 이지마 나미 [홍보미술] 모리모토 지에 [원작] 요시다 아키미 『바닷마을 다이어리』 [배급] 도호, GAGA [제작] 후지TV, 쇼가쿠칸, 도호, GAGA [상영시간] 126분 [개봉일] 2015년 6월 13일 [수상] 산세바스티안 국제영화제 관객상, 일본 아카데미상 최우수 작품상 · 최우수 감독상 · 최우수 촬영상 · 최우수 조명상 외. 키키는 이 작품으로 TAMA영화상 최우수 여우상을 받았다.

2016

태풍이 지나가고

■ 키린 씨 배역

시노다 요시코(주인공 시노다 료타의 어머니)

인기 없는 소설가 료타는 생활비를 벌기 위해 탐정 사무소에서 일하며, 헤어진 아내 교코에 대한 미련도 못 버리고 있다. 어느 날 아파트 단지에서 홀로 지내는 어머니 요시코의 집에 모인 료타와 교코, 그들의 열한 살짜리 아들 신고는 태풍 때문에 돌아가지 못하게 되어 하룻밤을 함께 보낸다.

©2016 후지TV · 반다이비주얼 · AOI Pro · GAGA

[원안 · 감독 · 각본 · 편집] 고레에다 히로카즈 [출연] 아베 히로시, 마키 요코, 고바야시 사토미, 릴리 프랭키, 이케마쓰 소스케, 요시자와 다이요, 하시즈메 이사오, 키키 키린 외 [촬영] 야마자키 유타카 [조명] 오노시타 에이지 [녹음] 쓰루마키 유타카 [미술] 미쓰마쓰 게이코 [의상] 구로사와 가즈코 [음악] 하나레구미 [배급] GAGA [제작] 후지TV, 반다이비주얼, AOI Pro, GAGA [상영시간] 117분 [개봉일] 2016년 5월 21일 [수상] 필름스프롬더사우스영화제 실버 미러(최우수 작품상), 다카사키영화제 최우수 남우신인상(요시자와 다이요), 클로트루디스어워즈 최우수 여우조연상(키키 키린) 등을 받았다.

2018

어느 가족 | ■ 키린 씨 배역
시바타 하쓰에(주인공 시바타 오사무의 어머니)

작은 단층집에서 오사무와 노부요 부부, 아들 쇼타, 노부요의 여
동생 아키, 오사무의 어머니 하쓰에가 살고 있다. 어느 겨울날
이웃 단지의 복도에서 떨고 있는 어린 여자아이를 두고 볼 수
없었던 오사무는 그 애를 집으로 데려와 딸로 키우기로 한다.
하지만 어느 사건을 계기로 가족은 뿔뿔이 흩어지고, 저마다 껴
안고 있는 비밀과 슬픈 소망이 차례차례 드러난다.

©2018 후지TV · GAGA · AOI Pro.

[감독 · 각본 · 편집] 고레에다 히로카즈 [출연] 릴리 프랭키, 안도 사쿠라, 마쓰오카 마유, 이케마쓰 소스케, 조 카
이리, 사사키 미유, 고라 겐고, 이케와키 지즈루, 키키 키린 외 [촬영] 곤도 류토 [조명] 후지이 이사무 [녹음] 도
야마 가즈히코 [미술] 미쓰마쓰 게이코 [의상] 구로사와 가즈코 [음악] 호소노 하루오미 [배급] GAGA [제작] 후
지TV, AOI Pro, GAGA [상영시간] 120분 [개봉일] 2018년 6월 8일 [수상] 칸국제영화제 황금종려상(최우수 작품
상), 로스앤젤레스영화비평가협회상 외국어영화상, 세자르상 외국어영화상, 아카데미상 외국어영화상 후보,
일본아카데미상 최우수 작품상 · 최우수 감독상 · 최우수 각본상 · 최우수 여우주연상(안도 사쿠라) 등을 받았
다. 키키는 이 작품으로 호치영화상 여우조연상, 닛칸스포츠영화대상 여우조연상, 일본아카데미상 최우수 여
우조연상, 마이니치영화콩쿠르 여우조연상을 수상했다.

CF

2007

미쓰칸 | 긴노쓰부 말랑말랑 낫토 도롯마메낫토 제품명

고레에다가 연출을 담당. 도롯마메의 새로운 식감과 맛에 자기
도 모르게 놀라며 탄성을 지르고 한입 가득 먹는 '실감/먹기'
편, "우리 애, 왜 결혼을 안 하는 걸까⋯⋯"라고 중얼거리며 낫토
를 휘젓는 '실감/섞기'편이 방송되었다.

[제작] 하쿠호도

2015

이토추상사 | '한 명의 상사맨, 무수한 사명' 시리즈

이토추상사에서 일하는 직원을 밀착 취재하듯 평소 업무 풍경
과 입사식, 정년 퇴임식 등 직원의 '일상'을 보여주는 다큐멘터
리 기법의 CF 시리즈. 2015~2016년에 고레에다가 종합 연출을
담당했고 2015~2017년에 키키가 내레이션을 맡았다(총 9편).
[제작] 선 애드

TV

2014
과외수업 어서 오세요 선배님 | 카메라를 통해 세계와 만나자
고레에다 히로카즈(영화감독)

유명인이 모교를 방문해 과외수업을 진행하는 시리즈 방송의 첫 번째 회차. 고레에다가 방문한 곳은 초등학
교 3학년까지 지낸 모교, 네리마 구립 기타마치초등학교. 수업 주제는 '카메라를 통해 세계를 발견한다'. 아이
들은 '알고 싶은 것, 모르는 것'을 알게 해주는 도구로서 카메라를 들고 취재에 나선다. 키키는 이야기(내레이
션)를 담당했다.

[방송일] 2014년 12월 26일 [방송국] NHK [제작] NHK, 티브이맨유니언

출전

잡지 〈스위치〉

2008년 7월호 고레에다 히로카즈×키키 키린 「보고 있어주는 사람」

2015년 6월호 키키 키린 「꼬인 새끼줄 같은 세계에서」 (인터뷰어: 고레에다 히로카즈)

2016년 6월호 키키 키린 「놀려고 태어난 것인가」 (인터뷰어: 고레에다 히로카즈)

2018년 6월호 키키 키린 「연출적인 연기, 대화적인 연기」 (인터뷰어: 고레에다 히로카즈)

*각 기사의 원제를 수정하고 대폭적인 개고와 가필을 했습니다.

참고문헌

이노우에 미쓰하루,『내일—1945년 8월 8일·나가사키明日—1945年8月8日·長崎』(슈에이샤, 1982)

가토 하루코,『한 사람의 여자ひとりのおんな』(후쿠타케쇼텐, 1992)

구제 데루히코,『집의 냄새 거리의 소리—옛날 소반이 있었던 무렵家の匂い—町の音—むかし卓袱台があったころ』(슈후노토모샤, 2001)

구제 데루히코,『뒤늦은 대유언서今さらながら 大遺言書』(신초샤, 2004)

구제 데루히코,『대유언서大遺言書』(신초샤, 2003)

구제 데루히코 외,『구제학원久世塾』(헤이본샤, 2007)

구제 데루히코,『사람이 그리워서—여백 많은 주소록ひと恋しくて—余白の多い住所録』(주오코론샤, 1994)

구제 데루히코,『폐하陛下』(신초샤, 1996)

고바야시 다쓰오,『구제 데루히코vs 무코다 구니코久世光彦vs.向田邦子』(아사히신문출판, 2009)

사이토 후미,『진빨강ひたくれなゐ』(단카신문사, 1994)

무코다 구니코, 『무코다 구니코의 연애편지向田邦子の恋文』(신초샤, 2002)

무코다 구니코, 『아수라처럼阿修羅のごとく』(다이와쇼보, 1981)

무코다 구니코, 『아버지의 사과편지』(강, 2008)

무코다 구니코, 『데라우치 간타로 일가寺内貫太郎一家』(산케이신문사출판국, 1975)

무코다 구니코, 『겨울 운동회冬の運動会』(신초샤, 1985)

야마다 다이치, 『오늘 아침의 가을·봄까지의 축제今朝の秋·春までの祭』(다이와쇼보, 1989)

야나이 미치히코, 〈월간 바람과 록月刊 風とロック〉 특집 「키키 키린」(바람과 록, 2007년 8월호, 2013년 4월호)

〈조사정보調査情報〉(주식회사 도쿄방송 편성고사부방송국 내부에서 방송 내용의 적합성을 검토하는 부서, 1986년 9월호)

〈조사정보調査情報〉(TBS 미디어종합연구소, 2010년 3·4월호, 2011년 11·12월호)

사진 출처

가와우치 린코(117, 152, 159, 180, 200, 222, 288)

고레에다 히로카즈(137, 139, 172, 316, 319)

다카야나기 사토루(304)

다키모토 미키야(46, 102)

미야모토 다케시(12, 26)

신쓰보 겐슈(127, 256)

혼마 다카시(34, 62)

TAKA MAYUMI(347)

1943년	1월 15일 나카타니 게이코결혼하기 전 본명, 도쿄시 간다구에서 태어난다. 아버지는 사쓰마비파(긴신류) 연주자 나카타니 조스이로 당시 경찰이었으며, 어머니 나카타니 기요코는 카페를 운영하고 있었다.
1961년 18세	분가쿠자 소속 연극연구소 1기생으로 입단한 뒤, 예명을 유키 지호라고 짓는다.
1962년 19세	스기무라 하루코를 따라 오즈 야스지로 감독의 〈꽁치의 맛〉 촬영 현장에 동행한다.
1963년 20세	분가쿠자 분열 시 스기무라 하루코의 부탁으로 극단에 남는다.
1964년 21세	동기생이던 배우 기시다 신과 약혼한다. TBS 드라마 〈일곱 명의 손주〉에 도호쿠 방언을 구사하는 가정부 역으로 고정 출연하며 인기를 얻는다. 이 드라마를 통해 연기 인생의 큰 영향을 주게 될 배우 모리시게 히사야, 연출가 구제 데루히코, 각본가 무코다 구니코와 만난다. 와타나베 유스케 감독의 영화 〈악녀悪女〉에 출연한다.
1965년 22세	4월 1일 기시다 신과 결혼식을 올린다. 분가쿠자의 정식 단원이 된다.

1966년 23세   분가쿠자를 떠난다. 기시다 신, 쓰노 가이타로 등과 6월극장을
결성한다. TBS 드라마 〈도시코 씨〉에서 주연을 맡는다. 도이 시
게루 감독의 영화 〈남자 조심〉으로 영화 데뷔한다. 이어서 이노
우에 아키라 감독의 영화 〈속·주정뱅이 박사〉에 출연한다.

1967년 24세   6월극장 창립 공연 〈영혼에 킥오프魂ヘキックオフ〉에 출연한다.
TBS 드라마 〈허슬 부인ハッスル奥様〉에서 주연을 맡는다.

1968년 25세   기시다 신과 이혼한다. TBS 드라마 〈아고주로 사건 일지顎十郎捕
物帳〉에 출연한다.

1970년 27세   구제 데루히코가 연출한 TBS 연속 드라마 〈시간 됐어요〉에서
대중탕 마쓰노유의 종업원 하마코 역으로 출연한다.

1971년 28세   6월극장을 떠난다. 에자키 미오 감독의 영화 〈다니오카 야스지
의 엉망진창 가키도 강좌谷岡ヤスジのメッタメタガキ道講座〉에 출연
한다.

1973년 30세   로큰롤 뮤지션 우치다 유야와 재혼하였으나, 1년 반 만에 별거
하고 계속 별거 생활을 이어간다.

1974년 31세   TBS 드라마 〈데라우치 간타로 일가〉에 주인공 간타로의 엄마

인 데라우치 긴으로 출연한다. 젊은 나이로 백발노인 연기를 훌륭하게 해내 호평을 받는다. TBS 드라마 〈시간 됐어요 쇼와 원년〉에 모리 미쓰코가 연기한 주인공 가메야마 데루노의 어머니 쓰네 역으로 출연한다. 사와다 겐지가 주연한 가토 아키라, 후지타 도시야 감독의 영화 〈불꽃의 초상炎の肖像〉에 출연한다.

1975년 32세   TBS 드라마 〈데라우치 간타로 일가 2〉에 출연한다. 세가와 마사하루 감독의 영화 〈더 드리프터스의 봉이다!! 꼼짝 마!!ザ・ドリフターズのカモだ!!御用だ!!〉에서 나카모토 고지의 여동생 역으로 출연한다.

1976년 33세   외동딸 우치다 야야코가 태어난다.

1977년 34세   현 TV아사히의 경마 방송에 출연하여 유키 지호라는 예명을 팔고, 이후 '키키 키린'으로 예명을 바꾼다. TBS 드라마 〈무〉에 가정부 가네다 구미코 역으로 출연한다. 고 히로미와 부른 삽입곡 〈도깨비의 록〉이 히트한다. 고 히로미와 야마네 시게유키 감독의 영화 〈악어와 앵무새와 물개ワニと鸚鵡とおっとせい〉에 주연으로 출연한다.

1978년 35세   스즈키 노리부미 감독의 영화 〈트럭 탄 녀석 돌격 첫별호トラック野郎 突撃一番星〉와 TBS 드라마 〈무 일족〉에 출연한다. 고 히로미와

함께 부른 〈사과 살인 사건〉이 히트한다. 후지필름의 TV CF에 첫 출연한다.

1980년 37세   스즈키 세이준 감독의 〈치고이너바이젠〉에 출연한다. 피프후지모토의 회장 요코야 이사오와 함께 찍은 피프에레키반의 TV CF가 전국 방송되며 큰 인기를 얻는다. 후지컬러 프린트 CF에서 본인이 제안한 "아름다운 사람은 더 아름답게, 그렇지 않은 사람은 나름대로……"라는 대사를 선보이며 엄청난 유행을 일으킨다.

1981년 38세   요시나가 사유리 주연의 NHK 드라마 〈유메치요 일기〉와 마쓰다 세이코가 주연한 사와다 신이치 감독의 영화 〈들국화의 무덤野菊の墓〉에 출연한다. 무코다 구니코가 항공기 사고로 사망한다.

1985년 42세   영화판 〈유메치요 일기〉와 스즈키 세이준 감독의 영화 〈카포네크게 울다ヵポネ大いに泣く〉, 데메 마사노부 감독의 영화 〈겐카이 쓰레즈레부시玄海つれづれ節〉에 출연한다.

1986년 43세   NHK 연속 TV 소설 〈왈가닥 아가씨〉에 출연한다. 이 작품으로 이듬해 제37회 예술선장 문부과학대신상을 수상한다.

1988년 45세   이치카와 곤 감독의 〈학っる〉에 출연한다.

1989년 46세   후지TV 드라마 〈간진호 이야기鑑真号物語〉와 TBS 드라마 〈미소라
                      히바리 이야기〉에 출연한다.

1990년 47세   NHK 대하 드라마 〈나는 듯이翔ぶが如く〉에 출연한다.

1991년 48세   NHK 연속 TV 소설 〈너의 이름은君の名は〉과 이마이 다다시 감독
                      의 영화 〈전쟁과 청춘戦争と青春〉에 출연한다. 하나다 후카시 감
                      독의 영화 〈리틀 신드바드 작은 모험자들リトル・シンドバッド 小さな冒
                      険者たち〉에 딸 우치다 야야코와 모녀지간으로 출연한다.

1993년 50세   요시나가 사유리가 주연한 반도 다마사부로 감독의 영화 〈꿈의
                      여자〉에 출연한다.

1995년 52세   7월 딸 우치다 야야코와 배우 모토키 마사히로가 결혼한다.

1996년 53세   1970년대 후반 이후 오랜만에 고 히로미 주연의 구제 데루히코
                      연출 TBS 드라마 〈도련님 님〉에 출연한다.

1998년 55세   TBS 드라마 〈데라우치 간타로 일가 98 가을 스페셜〉에 출연한
                      다. 다나카 레이코와 함께 출연한 아지노모토의 '혼다시일본요

리에서 국물을 내는 데 쓰이는 분말 조미료' CF가 시작되고 7년간 이어
진다.

2000년 57세   NHK 대하 드라마 〈아오이 도쿠가와 삼대葵 德川三代〉와 TV아사
히 드라마 〈하늘의 눈동자天の瞳〉에 출연한다.

2001년 58세   스즈키 세이준 감독의 영화 〈피스톨 오페라ピストルオペラ〉에 출
연한다.

2002년 59세   NHK에서 10분 교양 프로그램 〈일본어 세시기 대키린日本語歳
時記 大希林〉 방영이 시작된다. 소비자 호감도가 가장 높은 여성
CF 탤런트 1위에 선정된다.

2003년 60세   1월 망막박리로 왼쪽 눈을 실명한다.

2004년 61세   TBS 드라마 〈무코다 구니코의 연애편지〉와 영화 〈한오치半落ち〉
에 출연한다. 이 영화로 요코하마영화제 여우조연상 등을 수상
한다.

2005년 62세   1월 유방암 판정을 받고, 오른쪽 가슴 적출 수술을 한 뒤 배우
로 복귀한다.

2006년 63세 드라마 〈도쿄 타워〉에 출연한다. 촬영 직전에 연출을 맡으려던 구제 데루히코가 사망한다. TBS 드라마 〈우리들의 전쟁僕たちの 戰爭〉에 출연한다.

2007년 64세 오다기리 조가 주연한 마쓰오카 조지 감독의 영화 〈도쿄 타워〉에 출연한다. 젊은 날의 엄마를 딸 우치다 야야코가 연기한다. 일본아카데미상 최우수 여우주연상, 닛칸스포츠영화대상 여우조연상 등을 수상한다. TV아사히 드라마 〈점과 선点と線〉에 출연한다.

2008년 65세 고레에다 히로카즈 감독의 영화 〈걸어도 걸어도〉에 출연한다. 키네마준포 베스트 텐 여우조연상, 호치영화상 등 다수의 상을 수상한다. 자수포장을 받는다.

2009년 66세 모리시게 히사야가 사망한다.

2010년 67세 이상일 감독의 영화 〈악인〉에 출연한다. 일본아카데미상 최우수 여우조연상을 수상한다.

2011년 68세 고레에다 히로카즈 감독의 〈진짜로 일어날지도 몰라 기적〉에 손녀 우치다 갸라와 함께 출연한다.

2012년 69세   하라다 마사토 감독의 영화 〈내 어머니의 인생〉에 출연한다. 이
영화로 일본아카데미상 최우수 여우주연상 등을 수상한다. 히
라카와 유이치로 감독의 영화 〈츠나구ッナグ〉에 출연한다.

2013년 70세   고레에다 히로카즈 감독의 영화 〈그렇게 아버지가 된다〉에 출
연한다. 제36회 일본아카데미상 수상 소감에서 전신으로 암이
전이됐다는 사실을 알린다.

2014년 71세   후시하라 겐시 감독의 다큐멘터리 영화 〈진구 키린 나의 신神宮希
林 わたしの神樣〉에 출연한다. 욱일소수장旭日小綬章 일본에서 국가 또는
공공에 공헌하거나 현저한 공적을 쌓은 사람에게 수여하는 훈장을 받는다.

2015년 72세   하라다 마사토 감독의 영화 〈뛰어드는 여자와 뛰쳐나가는 남
자〉와 가와세 나오미 감독의 영화 〈앙: 단팥 인생 이야기〉에 출
연한다. 야마지 후미코 영화상 여자배우상 등을 수상한다. 고레
에다 히로카즈 감독의 〈바닷마을 다이어리〉에 출연한다.

2016년 73세   고레에다 히로카즈 감독의 영화 〈태풍이 지나가고〉에 출연한다.
아시안필름어워드에서 공로상을 수상한다.

2017년 74세   영화 〈인생 후르츠〉의 내레이션을 맡는다.

2018년 75세   오키타 슈이치 감독의 영화 〈모리의 정원〉과 고레에다 히로카

즈 감독의 영화 〈어느 가족〉에 출연한다. 〈어느 가족〉이 칸 국

제영화제에서 황금종려상을 수상한다. 후지TV 다큐멘터리 〈넘

어지는 영혼 우치다 유야転がる魂 内田祐也〉의 내레이션을 맡는

다. 8월 13일 대퇴골 골절로 15일 긴급 수술을 받는다. 9월 15일

도쿄도 시부야구 자택에서 가족이 지켜보는 가운데 세상을 떠

난다. 9월 30일 도쿄도 미나토쿠의 고린지에서 장례식이 거행

된다. 오모리 다쓰시 감독의 영화 〈일일시호일〉이 개봉된다.

2019년   직접 기획한 히비 유이치 감독의 영화 〈에리카38〉이 개봉된다.